ADAC Reiseführer

Bretagne

von Frank Maier-Solgk

Intro

Unterwegs

Die umfriedeten Pfarrbezirke und Morlaix – Stein gewordene Manifestation des Glaubens 55

Nordwestliches Finistère – Land der Kirch- und Leuchttürme 65

Südwestliches Finistère – Land der Spitzenhauben und steilen Kaps 79

Südküste – geheimnisvolle Steinreihen und Gräber unserer Vorfahren 92

Argoat – das Landesinnere: auf den Spuren der Mythen und Legenden 107

Département Loire-Atlantique – Sümpfe, Salz und Metropole 116

Bretagne Kaleidoskop

Karten und Pläne

☐ Service

Leserforum

Die Meinung unserer Leserinnen und Leser ist wichtig, daher freuen wir uns von Ihnen zu hören. Wenn Ihnen dieser Reiseführer gefällt, wenn Sie Hinweise zu den Inhalten haben – Ergänzungs- und Verbesserungsvorschläge, Tipps und Korrekturen – dann kontaktieren Sie uns bitte:

Redaktion ADAC Reiseführer
ADAC Verlag GmbH
Am Westpark 8, 81365 München
Tel. 089/76 76 41 59
reisefuehrer@adac.de
www.adac.de/reisefuehrer

Bretagne Impressionen

Vom Meer umschlossen

Kaum ein Gebiet Europas ist an seiner Küste dramatischer vom Meer gezeichnet und wirkt zugleich im Landesinneren friedlicher als die Bretagne. Deren Binnenland ist von Hecken und Wiesen, verschlafenen Dörfern und einsamen Kapellen, eleganten Spitzgiebeln und hohen Kirchtürmen geprägt. **Armor** und **Argoat** sind die alten keltischen Namen für das Land am Meer und das (einstige) Land des Waldes, die beiden natürlichen Gegensätze dieser immer noch urwüchsigen und auf ihre Eigenart bedachten Region. Schon Paul Gauguin war Ende des 19. Jh. auf der Suche nach der Einfachheit und Ausdrucksstärke eines nur mit natürlichen Elementen konfrontierten Lebens und viele Reisende sind noch heute aus ähnlichen Gründen unterwegs nach Finistère, ans Ende der Welt. Weit nach Westen in den Atlantik hinaus ragt die Halbinsel **Armorika** (keltischer Name für die Bretagne). Es ist die wilde, elementare Seite, deretwegen das **Finistère**, das westlichste Département mit seiner zerklüfteten Felsküste bereist wird. Dort sind die Ursprünglichkeit der Natur und die Eigenart bretonischer Kultur und Kunst am stärksten spürbar. Wind und Meer haben eine faszinierende Szenerie schaurigschöner Küstenromantik geschaffen.

Dass die Bretagne eine der beliebtesten Urlaubsregionen Frankreichs ist, verdankt sie wohl in erster Linie der insgesamt 2500 km langen, in ihrer Vielfalt beeindruckenden Küste. **Côte d'Émeraude** (Smaragdküste), **Côte de Granit Rose** (Rosafarbene Granitküste) und **Côte des Légendes** (Küste der Legenden) lauten die viel versprechenden Namen der *Kanalküste* im Norden. Sie bietet wie die dem Atlantik zugewandte Westküste sämtliche Facetten einer stimmungsvollen Küstenlandschaft: felsige Steilküsten, enge, feinsandige Buchten und bizarre Felsenmeere. Der *Süden* der Halbinsel präsentiert sich flacher, in jeder Hinsicht milder und lockt mit seinen langen Sand-

Oben: *Bretonische Trachtenzier: Kinder im traditionellen Festtagsgewand*
Oben Mitte: *Schon auf den ersten Blick erkennt man, dass diese steinerne Schöne aus dem Bigoudenland kommt*
Oben rechts: *Sommerliches Badevergnügen: der belebte Sandstrand von St-Lunaire im fröhlichen Streifen-Look*
Unten: *Wo Stürme dramatische Naturschauspiele inszenieren – Pointe de Pen-Hir am westlichen Ende der Halbinsel Crozon*

stränden vor allem die Badeurlauber an. Überall aber vollzieht sich die Durchdringung von Land und Meer in fjordartigen Buchten, den **Abers**, die weit ins Landesinnere reichen und wie in **Dinan**, **Morlaix** und **Vannes** malerische Binnenhäfen geschaffen haben, deren Kais bis fast an den Marktplatz reichen.

Versteinerte Geschichte

An der Südküste finden sich die meisten Zeugnisse der mehr als 6000 Jahre alten **Megalithkultur**. Wie Leuchttürme in der Landschaft stehen hier Großsteine (*Menhire*) sowie Steinreihen (*Alignements*) und Halbkreise (*Cromlechs*) als mysteriöse Zeugen der Vorzeit. Bemerkenswert sind auch die **Gräber**. Oft ist ihr innerer Kern, der Dolmen, freigelegt, manchmal noch mit Erde oder Bruchsteinen bedeckt.

Bretonische Frömmigkeit und Kirchenkunst

Setzte man sich mit dem Tod schon vor mehreren tausend Jahren durch einen aufwendigen Gräberkult auseinander, so fand diese Faszination auch in späteren Epochen bretonischer **Kunst** ihre Fortsetzung. Im 16. und 17. Jh. wurde in den umfriedeten Pfarrbezirken, **Enclos Paroissiaux**, dem Memento-Mori-Gedanken nun in christlicher Form steinerner Ausdruck verliehen. Schon zuvor hatte man Heidnisches mit Christlichem verbunden und den Menhiren hier und da ein Kreuz aufgesetzt sowie sie mit christlicher Symbolik versehen. Die Pfarrbezirke, von denen sich die meisten im nördlichen Teil des **Département Finistère**, in der ehemaligen Grafschaft Léon, nahe Morlaix, befinden, sind sichtbarer Ausdruck bretonischer Frömmigkeit. Sie stellen die interessantesten Schöpfungen der Renaissance-Kunst dieser Region dar. Zwei Welten werden hier in beeindruckender Weise einander gegenübergestellt: Eine Mauer erhebt sich zwischen der dörflichen Umgebung und dem **Friedhof**, in dessen Mitte ein **Kalvarienberg** (*Calvaire*) aus dunklem, meist verwittertem Granit die Leiden Christi schildert. Naive, bäuerliche Fantasie manifestiert sich hier in ihrer ganzen erzählerischen Ausführlichkeit. Bis zu 200 Figuren bevölkern diese aufwendigen Kreuzigungsszenen der Sakralkunst. Doch Kalvarienberge gibt es nicht nur innerhalb der Pfarrbezirke, gelegentlich findet man sie auch an einsamen Wegkreuzungen in der Landschaft in der Form einfacher Kreuze. Der Übergang in die paradiesische Welt eines prachtvoll geschmückten, farbig-fröh-

lichen **Kirchenraums** erfolgt in den mit Apostelfiguren verzierten **Vorhallen**, die an die südliche Front der Kirchen angrenzen. Im Kircheninneren kann der Besucher häufig etwas andernorts vielfach Zerstörtes entdecken: Die mit größter Raffinesse aus Holz oder Granit angefertigten **Lettner** trennen Chor und Hauptschiff, Geistlichkeit und Volk, voneinander. Die beiden schönsten kann man in der Kapelle **St-Fiacre** bei Le Faouët und in der **Chapelle de Kerfons** bewundern.

Die bretonische Kunst ist besonders interessant im Detail: Ein Beispiel sind die mit grotesken Figuren geschmückten

Oben: *Paul Gauguin: ›Zwei Bretoninnen auf der Straße‹*
Mitte rechts: *Der Grand Menhir in Locmariaquer: Hier ist nur ein Zipfel von ihm zu sehen*
Mitte links: *Sagenumwobener Artuswald: Im Fôret de Paimpont tagte die Tafelrunde*
Unten: *Dinan doppelt schön: Die mittelalterliche Stadt spiegelt sich im Hafenwasser*

Holzbalken (*Sablières*), die das Hauptschiff am oberen Rand zwischen Seitenwand und Decke verbinden. Sie sind oft mit den merkwürdigsten Fabeltieren verziert und stellen in zwanglosem Durcheinander Szenen aus dem bäuerlichen Alltagsleben vermischt mit grotesken Fabeln und biblischen Geschichten dar. Farbenfrohe und prachtvoll geschnitzte **Holzaltäre**, die man auch in den äußerlich unscheinbarsten Kapellen findet, verleihen den Kirchenräumen eine heitere Atmosphäre, während unzählige **Statuen** die Verbundenheit der Bretonen mit ihren angeblich 7777 Heiligen zum Ausdruck bringen. Eher selten und daher umso wertvoller sind **Wandmalereien**, von denen die eindrucksvollsten in den Kapellen von **Kernascléden** und **Kermaria-an-Iskuit** fantastisch anmutende Totentänze vorführen.

Sakral- und Profanarchitektur

Bedeutende Beispiele gotischer **Kirchenbaukunst** in der Bretagne sind die Kathedralen von Dol-de-Bretagne, Tréguier und Quimper sowie die Wallfahrtskirchen von Locronan und Le Folgoët. Romanische Kirchenbauten sind dagegen kaum unverändert erhalten. Noch überwiegend romanisch geprägt ist das Innere der Kirchen des Mont Saint-Michel, von Loctudy, Pont-Croix und Quimperlé.

Reich wie nicht viele andere Regionen aber ist die Bretagne an **Burgen**, **Schlössern** und **Herrenhäusern**, die dem Land ein ganz eigenes romantisches Flair verleihen. Sie zeigen sich in den unterschiedlichsten Stilen, Größen und Funktionen: als ausgedehnte, stark befestigte mittelalterliche Wehranlagen wie in Vitré und Fougères im Osten des Landes, als zentrales Bollwerk der Stadtbefestigung wie in St-Malo oder Dinan, als einsam in der Landschaft stehendes herzogliches Jagdschloss wie Suscinio oder als herzogliches Stadtschloss wie in Nantes. An vielen von ihnen lässt sich der Übergang vom reinen **Wehrbau**, einem hoch aufragenden Wohnturm oder einem von Wassergräben umgebenen quadratischen Kastell, zum repräsentativen **Schlossbau** der Renaissance erkennen. Häufig gehen Stilelemente der **Gotik** und der **Renaissance** eine interessante Verbindung ein. Ein schönes Beispiel dieser Kombination ist etwa das Stammschloss der Familie Rohan in Josselin. Zu den stimmungsvollsten gehört die Burg Combourg, in deren düsteren Mauern der Dichter und Politiker François René de Chateaubriand einen Teil seiner melancholischen Jugend verbrachte.

In allen vier Départements der heutigen Region Bretagne, **Ille-et-Vilaine** im

Osten, **Côtes-d'Armor** im Norden, **Finistère** im Westen und **Morbihan** im Süden, begegnet man im historischen Zentrum der Städte der typisch bretonischen Bauweise: drei- bis vierstöckige, in mehreren Stufungen vorkragende **Fachwerkbauten**, die sich über die engen Altstadtgassen hinweg am Dachfirst fast berühren. Neben den Häusern aus Granit, einem Material, das seit dem 17. Jh. vorrangig verwendet wurde, prägen sie das Gesicht vieler bretonischer Altstädte, sei es in Dinan, Vitré, Vannes, Quimper oder Mor-

Mitte links: *Sportlich – der Hafen von Paimpol lädt zum Segeln ein*
Mitte rechts: *Gotisch – das Château de la Bretesche bei Missilac ist heute ein Hotel*
Oben rechts: *Figurenreich – den Calvaire von Guimiliau zieren über 200 Skulpturen*
Unten rechts: *Naturerlebnis – das blühende Cap Fréhel an der Smaragdküste*

laix. Die Bretonen pflegen diese alten Viertel mit großem Engagement und Einfühlungsvermögen. Oft sind in diesen Fachwerkhäusern Restaurants eingerichtet, in denen den Gast eine fabelhafte, an Meeresfrüchten reiche Küche erwartet.

Der Reiseführer

Dieser Band stellt das Reiseziel Bretagne mit Ille-et-Vilaine, Côtes-d'Armor, Morlaix, Finistère, der Südküste, Argoat und Loire-Atlantique in *neun Kapiteln* vor. Auf besondere Höhepunkte bei Sehenswürdigkeiten, Hotels, Restaurants, Naturerlebnissen, Festen etc. verweisen die **Top Tipps**. Den Besichtigungspunkten sind jeweils **Praktische Hinweise** mit Tourismusbüros sowie Hotel- und Restaurantempfehlungen angegliedert. **Übersichtskarten** und **Stadtpläne** erleichtern die Orientierung. **Bretagne aktuell A bis Z** informiert über Anreise, Einkaufsmöglichkeiten, Essen und Trinken, Festivals und Events, Klima und Reisezeit, Kultur live sowie Sportmöglichkeiten, Unterkunft und Verkehrsmittel im Land. Hinzu kommt ein umfassender **Sprachführer**. Ein **Kaleidoskop** interessanter Kurzessays zu regionalspezifischen Themen rundet den Reiseführer ab.

Geschichte, Kunst, Kultur im Überblick

Menhire und Kirchen im Land der langen Kriege um Macht, Glauben und Unabhängigkeit

um 600 000 v. Chr. Schon in der Altsteinzeit finden sich erste Spuren menschlichen Lebens auf dem Gebiet der heutigen Bretagne. Dieses westliche Ende des armorikanischen Massivs bildete damals noch eine Landeinheit mit den heutigen britischen Inseln.

um 4500–2000 v. Chr. In die Zeit des Neolithikums (Jungsteinzeit) fällt der Höhepunkt der Megalithkultur. Es entstehen die bedeutenden Steinreihen (Alignements) und Menhir-Anordnungen in Halbkreisform (Cromlechs) vor allem in der

Prächtige Steine wie der Menhir de St-Uzec gehören zum vielseitigen Bild der Bretagne

Gegend von Carnac, die singulär stehenden Menhire (bret. men = Stein, hir = lang) und Dolmen (Steintische) genannten Großgräber vor allem am Golf von Morbihan.

ab ca. 500 v. Chr. Aus dem mitteleuropäischen Raum wandern die Kelten ein. Fünf keltische Stämme (Namneten, Redones, Veneter, Osismer, Curiosoliten) siedeln an verschiedenen Punkten der Bretagne und vermischen sich mit der ansässigen Bevölkerung. Es entsteht eine eigenständige, überlegene Kultur (neu entwickelte Eisenwaffen, Druidentum). Die Naturfrömmigkeit der keltischen Religion mit ihrem Unsterblichkeitsglauben und dem Fruchtbarkeitskult lebt in manchen christlichen Bräuchen weiter fort. Auf die Kelten geht auch der von der traditionsbewussten Bevölkerung heute noch gern verwendete Name der Bretagne Armorika (Land am Meer) zurück.

56 v. Chr. Nach der Niederlage der Veneter in der Seeschlacht vor dem Golf von Morbihan und ihrer anschließenden Vertreibung durch die Römer unter Caesar beginnt die Romanisierung des Landes. Aus dieser römischen Epoche, die insgesamt 400 Jahre andauerte, haben sich jedoch kaum Spuren erhalten.

5.–7. Jh. Nach dem Rückzug der Römer aus Britannien erobern die Angelsachsen das Land und vertreiben die christianisierten keltischen Briten nach Wales, Cornwall und in die Bretagne, die somit den Insel-Kelten ihren heutigen Namen verdankt (kleines Britannien). Im Laufe dieser bis ins 7. Jh. dauernden Einwanderungswelle erfolgt die Christianisierung des Landes und die erneute Übernahme der keltischen Sprache. In dieser Epoche der Rekeltisierung erhält das Land den gelegentlich heute noch verwendeten keltischen Namen Breiz. Die Bretagne ist in dieser Zeit kein zusammenhängendes, einheitliches Reich – viele kleine Herrschaftsgebiete bestehen nebeneinander. Erste Klostergründungen erfolgen wie z. B. in Landévennec (Finistère). Die Anführer der Missionare werden die ersten Bischöfe der neu errichteten Diözesen. Die bedeutendsten Gründungsväter der bretonischen Bistümer werden als die sieben heiligen Gründer der Bretagne verehrt: Brioc (St-Brieuc), Corentin (Quimper), Maclou (St-Malo), Patern (Vannes), Paul-Aurelien (St-Pol-de-Léon), Samson (Dol-de-Bretagne) und Tugdual (Tréguier). Neben den genannten verleihen Tausende von Heiligen den Orten der Bretagne ihren Namen. Die keltische Einwanderung lässt sich noch an vielen Ortsnamen wie z. B. Tregastel, Ploumanac'h, Landévennec ablesen, die noch die alten keltischen Bezeichnungen für Siedlung (tre), Pfarrgemeinde (plou) oder Einsiedelei (lan) beinhalten.

6. Jh. Entstehung des ersten bretonischen Königreiches Cornouaille (im Südwesten der Bretagne) unter dem legendären König Gradlon.

799 In der karolingischen Epoche üben die Frankenherrscher Druck auf die Bretagne aus. Karl der Große erobert den größten Teil des Landes und gründet zur Sicherung seines Reiches eine Grenzmark, die er der Herrschaft seines Neffen Roland unterstellt. Die Hauptstadt dieser Grenzmark wird Nantes.

818 Die Bretonen unter ihrem Anführer Morvan leisten Widerstand gegen ihre Unterwerfer und weigern sich, die ihnen auferlegten Tributforderungen (an Ludwig den Frommen) zu bezahlen. Angesichts des Scheiterns einer völligen Einnahme des Landes und in der

Absicht, die Befriedung der Region zu betreiben, wird Nominoë, Graf von Vannes, 831 als ›missus imperatoris‹ (Gesandter des Kaisers) zum Herzog der Bretagne ernannt.

845 Die erneute Verweigerung der Tributzahlungen durch Nominoë führt zu Auseinandersetzungen, die schließlich in der Schlacht von Redon zu einem für die Bretonen siegreichen Ende kommen. Der fränkische König Karl der Kahle muss der Unabhängigkeit der Bretagne zustimmen.

851 Die Schlacht von Grand Fougeray bringt den Bretonen nun die formale Billigung als Königtum ein. Nominoës Sohn Erispoë wird von Karl als erster König der Bretagne anerkannt. Die Ländereien von Angers, Rennes, Nantes und Retz (südlich der Loire) tritt der fränkische König an die Bretagne ab. Das Land erreicht zu dieser Zeit seine größte Ausdehnung.

9./10. Jh. Die Normannen fallen in der Bretagne ein, zerstören fast alle Abteien der karolingischen Epoche sowie zahlreiche Städte, darunter Nantes, und setzen sich in den Küstenregionen fest. Die Mönche der zerstörten Klöster retten sich, so sie können, und fliehen nach Aquitanien, Burgund und in die Champagne.

939 Der bretonische Herzog Alain Barbe-Torte besiegt die Normannen bei Nantes, St-Brieuc und Dol und vertreibt sie aus der Bretagne.

11.–14. Jh. Das bretonische Herzogtum kann sich, teilweise unter englischem Einfluss, etablieren. König Ludwig VI. von Frankreich erkennt die Schutzherrschaft der normannischen Herzöge, die englische Könige

Eine begehrte Frau: Anne de Bretagne ist Gattin von Karl VIII. und heiratet später Ludwig XII.

geworden waren, über die Bretagne an. Die Oberhoheit des englischen Hauses Plantagenet über die Bretagne dauert von 1148 bis 1203. Nach der Ermordung Herzog Arthurs durch den englischen König Johann ohne Land und einer Periode der Unsicherheit erstarkt das Herzogtum in erneuter Hinwendung zu Frankreich unter dem Kapetinger Pierre Mauclerc (Pierre de Dreux). In der Folgezeit entstehen einige romanische Sakralbauten wie z. B. die Basilika Notre-Dame-de-Locmaria in Quimper und das Kloster von Daoulas. Zugleich werden die großen Grenzbefestigungen im Osten der Bretagne, Vitré und Fougères, errichtet.

1341–64 Eine Zeit der politischen Ruhe endet mit dem Tod Herzogs Jean III., der kinderlos stirbt, was den bretonischen Erbfolgekrieg auslöst. Dieser regionale Krieg ist Teil des Hundertjährigen Krieges zwischen Frankreich und England. In der Bretagne rivalisieren die Häuser Blois und Montfort. Der Krieg endet nach wechselndem Kriegsglück mit dem Sieg des Hauses Montfort unter dem Heerführer Olivier de Clisson, der über den von Frankreich unterstützten Konnetabel Bertrand du Guesclin schließlich die Oberhand behält.

1365–1442 Unter den beiden Herzögen Jean IV. de Montfort und Jean V. folgt eine Zeit der kulturellen Blüte, in der mit dem Bau der herzoglichen Residenzen von Nantes und Suscinio und zahlreicher gotischer Kirchen wie in Le Folgoët, St-Pol-de-Léon (Kreisker) sowie der Kapellen von Kernascléden und St-Fiacre begonnen wird.

1458–88 Unter der Herrschaft des Herzogs Fran-

Imposant und trutzig – die malerische Burg von Vitré wurde nie eingenommen ▷

◁ *Guimiliau – in der Renaissance gerieten die Kalvarienberge besonders prachtvoll*

çois II. kommt es nach einer Phase der Befriedung zum endgültigen Bruch zwischen dem Herzogtum und Frankreich. Die Auseinandersetzung endet 1488 in der Schlacht bei St-Aubin-du-Cornier mit einer vernichtenden Niederlage des bretonischen Heeres und einem Unterwerfungsvertrag unter den französischen König Karl VIII.

1488–1514 Als Erbtochter von François II. wird Anne de Bretagne 1488 als Elfjährige Herzogin der Bretagne. Kurz darauf gibt sie Maximilian von Österreich das Jawort. Der französische König Karl VIII., der in dieser Eheschließung eine Umzingelung seines Reiches durch die Habsburger sieht, belagert die Stadt Rennes und zwingt die bretonische Herzogin zur Änderung ihrer Heiratspläne. Ihre Hochzeit mit Karl VIII. 1491 bindet die Bretagne endgültig an das französische Königshaus. Nach dem Tod Karls VIII. heiratet Anne 1499 entsprechend dem zuvor vereinbarten Ehevertrag in Nantes den Thronerben König Ludwig XII.

1532 Der Anschluss der Bretagne an Frankreich wird schließlich formell vollzogen: In Vannes unterzeichnen die Abgeordneten des Ständeparlaments die Vereinigungsakte. Die Bretagne erhält zwar Sonderrechte auf dem Gebiet der Rechtsprechung, der Finanzen und des Militärs, bleibt aber fortan unter der französischen Krone. Sitz der Verwaltung und des Parlaments wird Rennes. Auf kulturellem, künstlerischem und wirtschaftlichem Gebiet erlebt die Bretagne im 16. Jh. eine Zeit der Blüte. Der wachsende Tuchhandel, der bis nach Übersee reicht, verhilft einer ganzen Region im Westen des Landes zu Wohlstand und führt im Gebiet zwischen Morlaix und Landerneau zum Bau zahlreicher Kirchen und umfriedeter Pfarrbezirke (Enclos Paroissiaux) mit den berühmten Calvaires. Es ist dies der Höhepunkt der religiösen Volkskunst in der Bretagne.

2. Hälfte 16. Jh. Die Hugenottenkriege zwischen den Protestanten und der katholischen Liga, die Frankreich mehr als 40 Jahre erschüttern, führen auch in der Bretagne zu Verwüstungen. Der bretonische Gouverneur und Herzog Mercœur aus dem Haus der Guise kämpft an der Seite der Liga mit der Absicht, das Königshaus unter Heinrich IV. zu schwächen und sich der ihm widersetzenden Bretagne zu bemächtigen.

1598 Mit dem Edikt von Nantes beendet König Heinrich IV. die Religionskriege und gesteht den Hugenotten Religionsfreiheit und Schutzgebiete zu, in denen sie ihre Religion frei ausüben können.

1675 Der Bauernaufstand der Bonnets Rouges (Rotmützen) gegen die Einführung des Stempelpapiers und neuer Steuerforderungen durch den französischen Finanzminister Colbert wird blutig niedergeschlagen. Infolge der Aufhebung des Edikts von Nantes im Jahre 1685 unter Ludwig XIV. verlassen viele Hugenotten das Land, das mehr und mehr verarmt und an Bedeutung verliert.

1768 François René de Chateaubriand wird in St-Malo geboren. Der spätere Staatsmann und Schriftsteller († 1848) verbringt seine Jugend im Schloss Combourg südlich von St-Malo.

1789 Die Französische Revolution wird von den Bretonen zunächst begrüßt. In Rennes formiert sich der Klub der bretonischen Abgeordneten, ein Vorläufer des späteren Jakobinerklubs.

1793–1804 Die Bretagne wird zu einem Zentrum des antirevolutionären Widerstands. Die königstreuen Chouans erheben sich im Gebiet von Fougères und Vitré unter ihren adligen Anführern Marquis de la Rouërie und Cadoudal. Mit der Hinrichtung des Letzteren endet der Aufstand, der bürgerkriegsähnliche Ausmaße angenommen hatte. Die Aufteilung der Bretagne in die fünf Départements Ille-et-Vilaine, Côtes-d'Armor (ehemals Côtes-du-Nord), Finistère, Morbihan und Loire-Atlantique ist ebenfalls ein

Ergebnis der Französischen Revolution.

19. Jh. 1805 lässt Napoleon I. den Nantes-Brest-Kanal erbauen. Gleichwohl ist das 19. Jh. infolge der Seeblockade durch die Engländer während der napoleonischen Kriege und wegen fehlender Rohstoffe für die Bretagne eine Zeit des wirtschaftlichen Niedergangs und der zunehmenden Isolation. Eine große Abwanderungsbewegung in die jungen Industriegebiete und nach Paris setzt ein. Zugleich zieht das Land mit seinen Naturschönheiten ab der Mitte des Jahrhunderts Literaten wie Honoré de Balzac, Stendhal und Gustave Flaubert sowie Maler wie Paul Gauguin an. In ihrem Gefolge wird die Bretagne von Touristen als Reiseziel voll romantischer Ursprünglichkeit entdeckt.

1848 Abschaffung der Sklaverei in Frankreich.

1914–18 Im Verlauf des Ersten Weltkrieges bezahlen die Bretonen einen hohen Blutzoll: ca. 10 % der Gesamtbevölkerung, also 240 000 Soldaten, lassen ihr Leben. Einer der Gründe für die hohen Verluste seitens der Bretonen war, dass sie bei Angriffen oft in erster Linie eingesetzt wurden.

ab 1918 In der Bretagne bilden sich die ersten separatistischen Bewegungen; 1927 wird die Partei der bretonischen Autonomisten gegründet, vier Jahre später die der bretonischen Nationalisten.

1940–45 Im Verlauf des Zweiten Weltkriegs wird die Bretagne von deutschen Truppen besetzt. Im Zuge der Befreiung durch die Alliierten erleiden vor allem die Hafenstädte schwere Schäden.

1951 Präsident Charles de Gaulle setzt ein Komitee zur

Französischer Staatsmann und Schriftsteller: François René de Chateaubriand

Förderung der Interessen der Bretagne ein. Durch diese Unterstützung der Sprache und der Kultur seitens der Regierung erlebt die Region einen wirtschaftlichen Aufschwung.

ab 1964 Es erfolgt die umstrittene Angliederung des Départements Loire-Atlantique an die neu geschaffene Region Pays de la Loire. Ab 1970 macht sich die Separatistenbewegung wieder bemerkbar. Die extremistische Bretonische Befreiungsfront führt mehrere Sprengstoffattentate durch.

16. März 1978 Der Tanker ›Amoco Cadiz‹ kollidiert mit einem Felsen an der Küste vor Portsall im Nordwesten der Bretagne und bricht in zwei Teile auseinander. 1 619 048 Barrel (223 000 t) Rohöl gelangen ins Meer und verheeren weite Küstenabschnitte.

1985 Zweisprachige Verkehrsschilder werden aufgestellt (fanzösisch und bretonisch).

1994 Im Februar werden bei Demonstrationen aufgebrachter Fischer Teile des berühmten bretonischen Parlamentsgebäudes (Justizpalast) in Rennes zerstört.

2000 Ein Jahr nach dem Untergang des maltesischen Tankers ›Erika‹ südlich der Hafenstadt Brest und der Verschmutzung weiter Abschnitte der französischen Atlantikküste beschließen die Verkehrsminister der EU schärfere Bestimmungen zur Sicherheit auf See.

2006 In Rennes wird der von dem Architekten Christian de Portzamparc entworfene Kulturkomplex ›Les Champs Libres‹ eröffnet.

2009 Die Inbetriebnahme des Gezeitendamms am Mont Saint-Michel ist ein erster Schritt, um die Verlandung der Bucht rückgängig zu machen. Spätestens 2025 soll die Klosterburg wieder eine richtige Insel sein.

2010 Anfang des Jahres wird die Bretagne von ungewohnt heftigen Schneefällen heimgesucht. Da kaum Streusalz vorhanden ist, kommt der öffentliche Verkehr nahezu zum Erliegen.

Der Kulturkomplex ›Les Champs Libres‹ in Rennes ▷

Bretonische Bilderbuchidylle –
Côte de Granit Rose bei Ploumanac'h

Unterwegs

Département Ille-et-Vilaine – Land der Festungsstädte

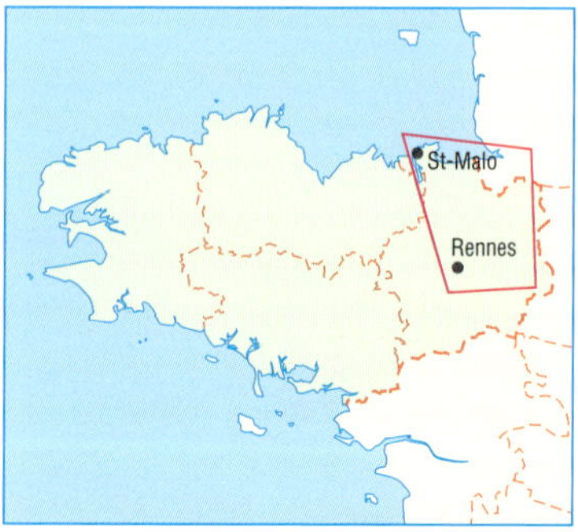

Das östlichste der vier bretonischen Départements ist nach den beiden Flüssen benannt, die in der Hauptstadt **Rennes** zusammenfließen. Die Landschaft der Region zeigt sich mit ihren Wäldern, den Flusstälern und dem Küs-tenabschnitt zwischen dem **Mont Saint-Michel** und der alten Korsarenstadt **Saint-Malo** abwechslungsreich und insgesamt lieblicher als die westlichen Départements Côtes-d'Armor und Finistère. Die Region ist zudem in ihrer östlichen Hälfte, dem historischen Grenzgebiet der Bretagne, reich an geschichtlich wie kunstgeschichtlich interessanten Bauwerken. **Vitré**, **Fougères** und die schon im Département Loire-Atlantique gelegene **Burg Châteaubriant** bildeten einst eine von Norden nach Süden reichende Kette mit Grenzfesten, die die Unabhängigkeit des Landes gegenüber Frankreich schützen sollte. Zahlreiche kleinere mittelalterliche Burgen und reizvoll gelegene Schlösser erinnern an die herzogliche Vergangenheit.

1 Vitré

Mittelalterliches Städtchen mit imposanter Burganlage.

Den aus Osten Anreisenden begrüßt am Eingang der Bretagne eine der alten Grenzfesten des Landes mit einem für die Region typischen und sehenswerten Stadtbild. Vitré liegt nur wenige Kilometer nördlich der Hauptroute von Le Mans nach Rennes, knapp 40 km vor Rennes. Die Altstadt von Vitré bietet ein stimmungsvolles Bild mittelalterlicher Fachwerkhäuser und ist zum Teil noch von der ursprünglichen Festungsmauer umgeben.

Geschichte Vitré war seit dem 11. Jh. Adelssitz und später eine von neun bretonischen Baronien. Unter der Herrschaft der Familie der Rivallon wurde im 11. Jh. ein erstes *Château* errichtet, dem Mitte des 12. Jh. der Bau der Stadtmauer folgte. Um die Burg herum entwickelte sich in dieser Zeit die Altstadt, die bis heute unversehrt erhalten blieb. 1572 wurde unter *Paul de Coligny* die Stadt zu einem der

Vitré, eine der schönsten Städte der Bretagne, besitzt neben der reizvollen Altstadt eine sehenswerte Burganlage ▷

wenigen Zentren des Protestantismus im Land und zu einem Hauptwaffenplatz der Hugenotten.

Besichtigung Das malerische **Château de Vitré** thront am westlichen Ende der Altstadt auf einem Felssporn oberhalb des Vilaine-Tals. Die anstelle einer älteren Feste im 13.–15. Jh. errichtete Burg hielt während der Religionskriege im 16. Jh. der Belagerung durch die katholische Liga stand. Ihr markantes Äußeres gewinnt sie durch eine Vielzahl grauer Rundtürme mit spitzen Kegeldächern. Auf einer Zugbrücke gelangt man über einen tiefen Graben durch das Tor eines massiven Doppelturms. Der weite, dreieckige Innenhof wird von zwei weiteren wuchtigen Ecktürmen und einem Wehrgang umschlossen. Im nördlichen Wohnflügel ist heute das Rathaus von Vitré untergebracht. Im mächtigen Burgfried *St-Laurent* befindet sich das **Museé du Château** (Tel. 02 99 75 04 54, Mai–Sept. Mi–Mo 10–12.45 und 14–18, Okt.–April Mo, Mi–Sa 10–12.15 und 14–17.30, So 14–17.30 Uhr) mit Möbeln und Holzschnitzarbeiten des Mittelalters und der Renaissance. Prunkstück des Museums ist ein Triptychon aus der Mitte des 16. Jh., das auf 32 Emailletafeln das Leben Jesu und der Jungfrau Maria erzählt.

Von der Place du Château führt eine von alten Häusern flankierte Straße zur Kirche **Notre-Dame** aus dem 15./16. Jh. Der spätgotische Bau beeindruckt vor allem durch seine reich gestaltete Südseite. Die Fassade mit ihren sieben Dreiecksgiebeln, den fein gerippten Fenstern, zahlreichen Wasserspeiern und schlanken Fialen gilt als eines der schönsten Beispiele des in der Bretagne verbreiteten gotischen Flamboyantstils mit seinem charakteristischen flammenförmigen Maßwerk. Die zierliche Außenkanzel der Kirche stammt aus dem 15. Jh. Das **Innere**, das man durch ein schmuckvolles Renaissanceportal im Westen betritt, wurde im 19. Jh. restauriert. Altäre aus dem 17. und 18. Jh. sowie ein aus dem 16. Jh. erhaltenes Fenster im südlichen Querschiff lohnen eine genauere Betrachtung. Nördlich schließen an die Kirche das ehemalige Klostergebäude mit Kreuzgang sowie eine kleine

Schauplatz neoklassizistischer Baukunst: Place de la Mairie mit der Opéra de Rennes ▷

Gartenterrasse an, die einen schönen Blick auf das Tal der Vilaine gewährt.

Ein in seiner Geschlossenheit seltener mittelalterlicher Stadtkern erstreckt sich südlich der Kirche. In der engen **Rue Baudrairie** und der **Rue d'En Bas** stammen fast alle Häuser aus dem 15. und 16. Jh. Das Erdgeschoss ist meist aus Granit und dient als Unterbau für die mit geschnitzten Balken versehenen Fachwerkstockwerke.

Ausflug

Einen kurzen Abstecher lohnt 6 km südlich von Vitré (D 88) das elegante Schlösschen **Château des Rochers-Sévigné** (Tel. 02 99 75 04 54, Mai–Sept. Mi–Mo 10–12.45 und 14–18, Okt.–April Mo, Mi–Sa 10–12.15 und 14–17.30, So 14–17.30 Uhr). Der Hauptteil der Anlage stammt aus dem 15. Jh., ein Seitenflügel wurde im 17. Jh. hinzugefügt. Das Schlösschen war Domizil der Schriftstellerin *Marie de Rabutin-Chantal, Marquise von Sévigné* (1626–1696), deren Briefe an ihre Tochter für das in ihnen entworfene Sittengemälde der Adelsgesellschaft unter Ludwig XIV. geschätzt werden. Im Inneren sind Reminiszenzen an die Marquise wie Bilder und Mobiliar zu besichtigen. Eine achteckige Kapelle steht, losgelöst von den übrigen Bauten, in der Verlängerung des Hauptgebäudes. Der **Garten**, der das Schloss umgibt, wurde nach den Plänen von Le Nôtre, dem königlichen Gartenarchitekten von Versailles, neu angelegt.

Von geheimnisvollem Zauber: das düster-elegante Château des Rochers-Sévigné

i Praktische Hinweise

Information

Office de Tourisme, place Général de Gaulle, Vitré, Tel. 02 99 75 04 46, www.ot-vitre.fr

Hotels

****Du Château**, 5, rue Rallon, Vitré, Tel. 02 99 74 58 59, www.premiumorange.com/hotel-du-chateau. Ruhiges, einfaches Hotel in einer Seitenstraße.

****Le Minotel**, 47, rue de la Poterie, Vitré, Tel. 02 99 75 11 11, www.leminotel.fr. Inmitten der Altstadt und nahe des Schlosses.

Restaurant

Le Petit Pressoir, 20, rue de Paris, Vitré, Tel. 02 99 74 79 79, www.restaurant-vitre-lepetitpressoir.com. Kleines Restaurant am Rande der Altstadt mit traditioneller Küche (So abends, Di abends, Mi geschl.).

2 Rennes

Plan Seite 22

Hauptstadt der Bretagne mit mittelalterlichen Gassen und klassizistischen Stadtvierteln.

Die bretonische **Hauptstadt** Rennes (210 000 Einw.) liegt in hügeliger Umgebung am östlichen Rand der Bretagne. Mit dem TGV zwei, mit dem Auto knapp drei Stunden Fahrzeit trennen sie von Pa-

ris. Rennes ist seit dem Mittelalter Verwaltungs- und seit dem 19. Jh. *Universitätsstadt* mit heute rund 50 000 Studenten. Die Innenstadt wird von einem Kranz von Wohnsiedlungen umgeben. In den Außenbezirken haben sich in den letzten Jahrzehnten moderne Industriebetriebe angesiedelt. Seit sich auch Forschungszentren für Elektronik, Kommunikations- und Agrarwissenschaften, Biologie, Medizin und Pharmazie etabliert haben, ist Rennes zu einem *High-Tech-Standort* von europäischer Bedeutung avanciert. Rennes ist ferner Sitz der auflagenstärksten Zeitung Frankreichs: ›Ouest France‹. Die Stadt bietet mit interessanten Museen, Theatern und der Oper ein vielfältiges kulturelles Angebot. Zudem laden in den pittoresken Gassen zahlreiche Boutiquen zum Shoppen ein.

Geschichte Seinen Namen verdankt Rennes dem bereits in vorrömischer Zeit in der Gegend ansässigen keltischen Stamm der Redonen. Während der Herrschaft der Römer war die Stadt unter dem Namen *Condate* Handelszentrum der Region. Die Entwicklung zur bretonischen Hauptstadt in Konkurrenz mit dem im Mittelalter bereits etablierten Nantes erfolgte langsam und war auf Dauer erst erfolgreich, als sich 1491 die Herzogin Anne de Bretagne mit dem französischen König Karl VIII. vermählte, eine Heirat, die zugleich das Ende der Unabhängigkeit der Bretagne einleitete. Ab 1532 war die Bretagne französische Provinz mit allerdings zugestandenen Sonderrechten, 30 Jahre später konstituierte sich in Rennes das bretonische Parlament. 1675 probten hier die Bretonen den Aufstand gegen das von Colbert, dem Finanzminister Ludwigs XIV., eingeführte Stempelpapier, das eine neue Steuerabgabe nach Paris anbefahl. 1720 brannte fast die gesamte Altstadt nieder und wurde anschließend in klassizistischem Stil wieder aufgebaut. Der rebellische Geist der Bretonen blieb bis in unsere Tage erhalten. In der Nacht vom 4. auf den 5. Februar 1994 verkehrte er sich jedoch ins Negative: Bei Demonstrationen bretonischer Fischer traf ein Brandsatz das *Palais de Justice*, das ehemalige Parlamentsgebäude. Der von den Flammen schwer beschädigte Bau ist mittlerweile saniert.

Besichtigung Das Zentrum von Rennes erstreckt sich größtenteils nördlich des Flusses *Vilaine*, der innerhalb des Stadtgebiets kanalisiert und überbaut ist und die Stadt in West-Ost-Richtung durchzieht. Der erhalten gebliebene mittelalterliche Teil der Altstadt ist auf einige Gassen in der Nähe der Kathedrale begrenzt, während sich die klassizistisch erneuerten Straßen östlich daran anschließen. Die meisten Fachwerkbauten stehen in der Rue St-Yves, der Rue du Chapitre und vor allem in der Rue St-Guillaume. Auch die nördlich gelegene stimmungsvolle Place Ste-Anne wird von schönen Fachwerkhäusern begrenzt. Zahlreiche Cafés und Restaurants mit einem vorwiegend studentischen Publikum verleihen der Gegend eine aufgelockerte Atmosphäre.

Westlich der Rue St-Guillaume erhebt sich die doppeltürmige **Cáthedrale St-Pierre** 1 (tgl. 9.30–12 und 15–18 Uhr), die nach dem Einsturz ihrer Vorgängerin aus dem 16. Jh. im 19. Jh. begonnen wurde. Sehenswert im Innern ist das flämische Holzretabel des 16. Jh. mit Szenen aus dem Marienleben. Gegenüber der Kathedrale steht mit den **Portes Mordelaises** 2 der einzig erhaltene Bau der alten Stadtmauer. Die weiträumige Anlage der **Place des Lices** 3, die heute von Markthallen dominiert wird, war einst Schauplatz von Ritterturnieren.

An die mittelalterlichen Gassen schließt sich östlich das **Klassizistische Stadtviertel** an. Es wurde nach dem verheerenden Brand von 1720 vom königlichen Architekten Jacques Gabriel angelegt und ist ein schönes Beispiel großzügiger Stadtbaukunst des 18. Jh. Einen kurzen Besuch lohnt das 1742 errichtete **Hôtel de Ville** 4

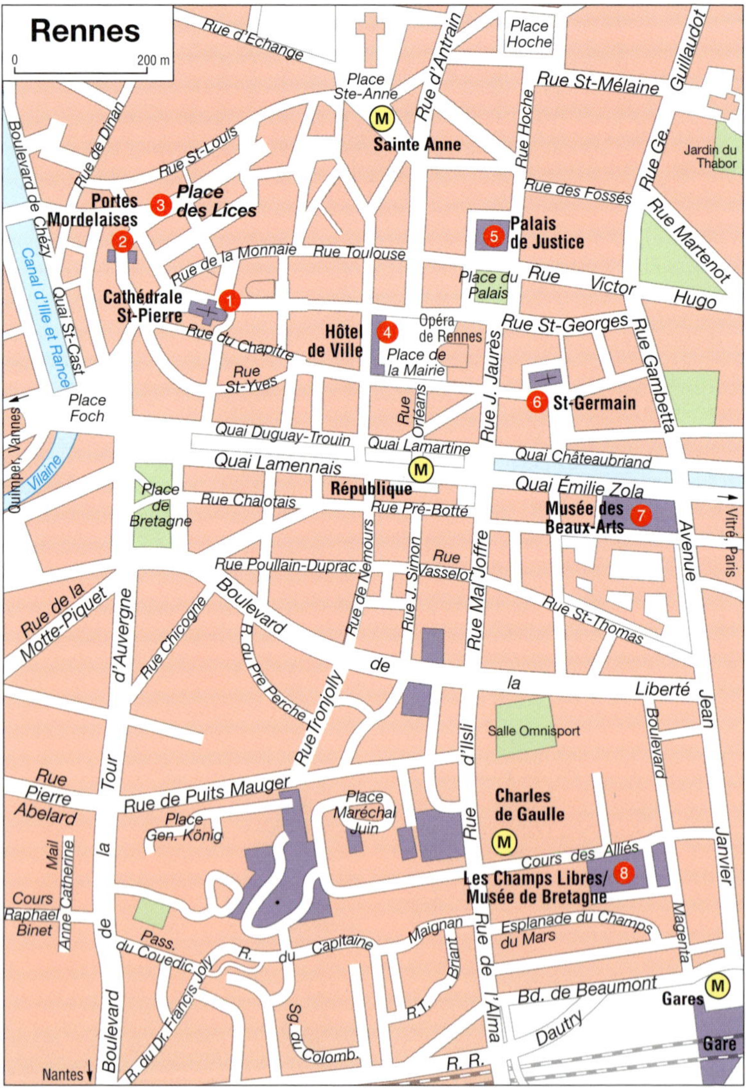

Das neue Gebäude der Les Champs Libres enthält gleich drei bedeutende Einrichtungen auf einmal: Wissenschaftszentrum, Bibliothek und Museum

(Tel. 02 99 67 11 11, Besichtigung im Rahmen von Führungen Mitte Juli–Aug. Mo–Fr 11, 16 Uhr) an der belebten Place de la Mairie. Dem Rathaus gegenüber liegt das im 19. Jh. errichtete neoklassizistische Gebäude der *Opéra de Rennes* [s. S. 133]. Wenige Schritte entfernt öffnet sich die prächtige *Place du Palais*. Sie wird auf ihrer Nordseite vom ehemaligen *Parlamentsgebäude* und heutigen **Palais de Justice** 5 (Tel. 02 99 67 11 66, Besichtigung nur im Rahmen von Führungen) begrenzt. Der Renaissancepalast wurde zwischen 1618 und 1655 errichtet und gehört kunstgeschichtlich zu den wichtigsten Bauten dieser Epoche in der Bretagne. Die Fassade entstand nach Plänen von Salomon de Brosse, des Hofarchitekten Heinrichs IV. und Maria de Medici, der bereits das *Palais de Luxembourg* in Paris erbaut hatte. Der Dachstuhl und die Säle der oberen Etage, vor allem die Große Kammer mit der wertvollen Kassettendecke sind bei dem Brand Anfang 1994 zerstört worden. 10 Jahre hat man für den Wiederaufbau benötigt.

Am östlichen Ende des Klassizistischen Stadtviertels ist die spätgotische Kirche **St-Germain** 6 (tgl. 8–12 und 14–18.30 Uhr) aus dem 15./16. Jh. sehenswert, die neben modernen noch Glasfenster aus dem 16. Jh. besitzt.

Das am Quai Émile Zola am Südufer der Vilaine gelegene **Musée des Beaux-Arts de Rennes** 7 (Tel. 02 23 62 17 45, www.mbar.org, Di 10–18, Mi–So 10–12 und 14–18 Uhr) ist neben dem Museum in Nantes die bedeutendste Gemäldegalerie der Bretagne. Die europäische Malerei des 14.–20. Jh. ist u. a. mit Werken holländischer und italienischer Meister vertreten, unter denen einige Gemälde von Rubens, Veronese und Tintoretto herausragen. Schwerpunkt ist jedoch die französische Malerei mit Werken von Georges de la Tour, Camille Corot, Jean-Baptiste-Siméon Chardin, Alfred Sisley und der Schule von Pont-Aven (Emile Bernard, Paul Sérusier und Paul Gauguin).

Weiter südlich sorgt ein 2006 eröffneter Museumsbau für Aufsehen: das Kulturzentrum **Les Champs Libres** 8 (10, cours des Alliés, Tel. 02 23 40 66 00, www.leschampslibres.fr, Sept.–Juni Di 12–21, Mi–Fr 12–19, Sa/So 14–19, Juli/Aug. Di–Fr 13–19, Sa/So 14–19 Uhr), ein Werk des Architekten Christian de Portzamparc. Der Komplex birgt drei Institutionen, die von außen klar zu unterscheiden sind.

Der rechteckige, fast fensterlose Sockel über dem verglasten Erdgeschoss beherbergt das **Musée de Bretagne**, das Landesgeschichtliche Museum der Region. Die Exponate werden in drei Dauerausstellungen präsentiert: ›L'Affaire Dreyfus‹ ist interaktiv konzipiert. Der Besucher schlüpft in die einzelnen Rollen dieses Justizskandals, der Frankreich Ende des 19. Jh. erschütterte. Dem jüdischen Offizier Alfred Dreyfus (1859–1935) wurde Landesverrat an das Deutsche Reich vorgeworfen. In einem antisemitisch geprägten Prozess verurteilte ihn das Gericht in Rennes 1894 zu lebenslänglicher Verbannung auf die Teufelsinsel. Erst 1906 rehabilitierte das Gericht den zu Unrecht Deportierten. Die Ausstellung ›Bretagne est Univers‹ zeigt anhand von 2300 Objekten die Geschichte der Region von den Anfängen bis heute. Einen besonderen Ansatz hat schließlich ›Bretagne des Mille et Une Images‹: Bild- und Klanginstallationen sprechen die Sinne der Besucher an und präsentieren die Region in ihrer geografischen und kulturellen Vielfalt.

TOP TIPP

Der Bau des Musée de Bretagne wird vom Konus des *Espace des Sciences* durchstoßen. Im Dom des Wissenschaftszentrums befindet sich ein digitales Planetarium mit einer halbkugelförmigen Leinwand von 14 m Durchmesser. Neben einem der Geologie gewidmeten Saal mit Erdbebensimulator werden im *Salle Euréka* wechselnde Ausstellungen präsentiert.

Ein optisches Highlight bildet das Gebäude der *Bibliothèque*: eine fünfeckige Pyramide mit breiter Fensterfront, deren Spitze den Gebäudekomplex durchdringt.

Praktische Hinweise

Information

Office de Tourisme, 11, rue St-Yves, Rennes, Tel. 02 99 67 11 11, www.tourisme-rennes.com

Rennes Métropole City Pass: Der Pass (gültig für 48 Stunden) gewährt freien Eintritt zu zahlreichen Sehenswürdigkeiten und ermäßigte Fahrten mit öffentlichen Verkehrsmitteln.

Hotels

*****Mercure Rennes Centre Parlement**, 1, rue Paul Louis Courier, Rennes, Tel. 02 99 78 82 20, www.mercure.com. Modern eingerichtetes Hotel in der ehemaligen Druckerei der Zeitung ›Ouest France‹.

Victor Hugo und Gustave Flaubert schwärmten von Fougères, das besonders wegen seines Château und der schönen Altstadt eine Besichtigung lohnt

****Le Sévigné**, 47, avenue Janvier, Rennes, Tel. 02 99 67 27 55, www.hotellesevigne.fr. Kleines Mittelklassehotel in der Nähe vom Nordausgang des Bahnhofs.

Restaurants

La Sarrasine, 30, rue St-Georges, Rennes, Tel. 02 99 38 87 54. Kleine Crêperie mit hervorragenden Gallettes und Crêpes. Im Stadtzentrum.

Le Péché mignon, 2, rue Paul-Bert, Rennes, Tel. 02 99 38 38 39. Crêperie in sympathischem Ambiente und mit exzellenter Küche. Zentral gelegen.

3 Fougères

Eine der größten mittelalterlichen Burganlagen Europas.

Das 30 km nördlich von Vitré (D 178) gelegene Fougères lohnt einen Besuch wegen seiner mittelalterlichen Grenzbefestigung, deren Ausmaße noch die von Vitré übertreffen. Die Stadt selbst liegt hoch über dem Tal des Nançon, während das Château überraschenderweise im Tal errichtet wurde. Hier bietet jedoch der Fluss, von dem das Château fast völlig eingeschlossen wird, einen natürlichen Schutz. Der Anlage in strategisch wichtiger Position kam die Aufgabe zu, den Eingang in die Bretagne zu bewachen.

Geschichte Die Geschichte der Stadt ist eng mit der ihrer Festung verbunden. Ein erstes Château wurde 1020 erbaut, seine heutige Gestalt erhielt es aber erst im 12. Jh. 1166 hatte der englische König Heinrich II. Plantagenet nach der Eroberung der Bretagne Fougères zerstören lassen. Der damalige Herr von Fougères, Raoul II., hatte sich zusammen mit anderen bretonischen Adligen der Unterwerfung des bretonischen Herzogs Conan IV. unter den englischen König widersetzt, der daraufhin das Château schleifen ließ. Unter der Familie der Lusignan erfolgten im 14. Jh. der Wiederaufbau und Erweiterungen zu einer der ausgedehntesten Burganlagen Europas. Dennoch fiel Fougères 1488 nach einer vernichtenden Niederlage der Bretonen in der Schlacht von St-Aubin-du-Cormier, südwestlich von Fougères, an die französische Armee. Damit war das Ende der Selbstständigkeit der Bretagne besiegelt.

Auch die späteren Jahrhunderte waren unruhig: Während der Französischen Revolution galt Fougères als Hochburg der *Chouans*, königstreuen Revolutionsgegnern, die nach dem Waldkauz (frz. chat-huant) benannt wurden, dessen Ruf ihr Erkennungssymbol war. Im Verbund mit den Bewohnern der Vendée begannen sie von Fougères aus ihre Aufstände. 1828 besuchte *Balzac* die Stadt für Studien zu dem historischen Roman ›Le dernier Chouan‹. Auch *Victor Hugo* behandelte in dem Roman ›1793‹ das Thema der aufständischen Bretagne.

Besichtigung Ausgedehnte Wehrmauern und insgesamt 13 Türme von stattlicher Höhe verleihen dem **Château** (Tel. 02 99 99 79 59, www.chateau-fougeres.com, Mai/Juni, Sept. Di–So 10–13 und 14–19, Juli/Aug. tgl. 10–19, Okt–Dez., Febr.–April Di–So 10–12.30 und 14–17.30 Uhr) ein außergewöhnliches Aussehen. Besonders imposant ist die 30 m aufragende *Tour de la Melusine*, die nach einer keltischen Fee benannt ist. In der Mythisierung ihres Geschlechts machte die Familie Lusignan die Sagengestalt zu ihrer Ahnfrau.

Die **Rue de la Pinterie** verbindet das Château mit der oberen Stadt. Von der Place du Théâtre führt die Rue Nationale in Richtung Hôtel de Ville. Nach einem Brand im 18. Jh. wurden die alten Fachwerkhäuser durch die nun das Straßenbild bestimmenden Granitbauten ersetzt. Auf halbem Weg lohnt das interessante und zugleich vergnügliche **Atelier-Musée de l'Horlogerie** (37, rue Nationale, Tel. 02 99 99 40 98, Mitte Juni–Aug. Mo–Sa 9–12.30 und 14–19, So 14–18.30, Sept.–Mitte Juni Di–Sa 9–12 und 14–19 Uhr) einen Besuch. Neben einer originalgetreu eingerichteten Uhrmacherwerkstatt des frü-

Romantisches Plätzchen – am Dorfteich von Combourg bietet sich ein schöner Blick auf das Château, in dem François René Chateaubriand seine Jugend verbrachte

hen 20. Jh. ist eine beeindruckende Kollektion von Uhren des 17.–21. Jh. zu sehen. Zu den mehr als 200 Exponaten zählen neben Pendel- und anderen Wanduhren, Taschen- und Armbanduhren auch Spieldosen und sogar Kirchturmuhren. Wenige Schritte entfernt befindet sich links in einem hübschen Fachwerkhaus das **Musée Emmanuel de la Villéon** (Mai–Mitte Juni Sa/So 10.30–12.30 und 14–18, Mitte Juni–Ende Sept. Di–So 10.30–12.30 und 14–18 Uhr) mit Werken des aus Fougères stammenden spätimpressionistischen Malers Villéon (1858–1944). An das Hôtel de Ville (1535) grenzt die im 12./13. Jh. erbaute Kirche **St-Léonard**. Sie wurde im 19. Jh. im neugotischen Stil erneuert. Von der benachbarten *Place aux Arbres* genießt man einen schönen Blick über Château und Stadt.

Praktische Hinweise

Information

Office de Tourisme, 2, rue Nationale, Fougères, Tel. 02 99 94 12 20, www.ot-fougeres.fr

Hotel

***Hôtel Du Commerce**, 3, place de l'Europe, Fougères, Tel. 02 99 94 40 40. Kleines Mittelklassehotel mit freundlichen Zimmern.

Restaurant

La Petite Auberge, La Templerie, route d'Ernée, La Chapelle Janson, Tel. 02 99 95 27 03. Gehobenes Restaurant an der Straße nach Paris, 10 km außerhalb der Stadt gelegen (So abends und Mo geschl.).

Erinnerung an den berühmten Schriftsteller: Chateaubriand-Denkmal in Combourg

François René de Chateaubriand

Der Schriftsteller und Staatsmann François René, Vicomte de Chateaubriand (1768–1848) gilt als herausragender Vertreter der französischen Frühromantik. Seine letzte Ruhestätte auf einem Felsen im Meer in Sichtweite seiner Geburtsstadt Saint-Malo ist ein Sinnbild seines Lebens: einsam, romantisch und ein wenig theatralisch.

Der Sohn eines Reeders aus altem französischem Adel wusste **Literatur** und **Politik** erfolgreich zu verknüpfen. Nach Kindheitsjahren in Saint-Malo, Dol-de-Bretagne und auf dem Château von Combourg schlug Chateaubriand zunächst eine militärische Laufbahn ein. In Paris war er Augenzeuge der Revolution und kehrte, wie viele andere königstreue Literaten und Intellektuelle, Frankreich den Rücken. Nach ausgedehnten Reisen in Amerika und der Exilzeit in England begann er in Frankreich eine Karriere als **Diplomat**, wurde unter Ludwig XVIII. Botschafter seines Landes in Stockholm, Berlin, London und Rom. Später – auf dem Höhepunkt seines politischen Wirkens – avancierte er zum **Außenminister**.

In den letzten Jahren seines Lebens widmete er sich ganz der Literatur. Mit dem zuvor erschienenen Werk ›Le Génie du Christianisme‹ (1802) rühmte sich Chateaubriand, die Kirchen Frankreichs wieder geöffnet zu haben. Die Novelle ›René‹ (1805), die er dann in schwärmerisch-romantischem Stil verfasste, gilt heute als der französische ›Werther‹. Sein Hauptwerk aber sind die mehrbändigen **›Mémoires d'outre-tombe‹** (Memoiren von jenseits des Grabes). Diese 1849 posthum erschienene Autobiografie enthält neben der berühmten Schilderung seiner bretonischen Kindheit eine ausführliche Charakterisierung Napoleons und philosophische Reflexionen. Chateaubriands Prognosen hinsichtlich der Zukunft waren eher düster: »Die Fantasie, die Poesie, die Künste sterben in den Löchern einer Bienenkorbgesellschaft, in der jedes Individuum nichts weiter sein wird als eine Biene, ein Rädchen in einer Maschine …«.

4 Combourg

Heimatschloss des Romantikers Chateaubriand.

Das Städtchen Combourg liegt nördlich von Rennes an der D 795, ca. 17 km vor Dol. Den Dorfteich, die sich an seinen Ufern gruppierenden Häuser und den bewaldeten Hügel überragen die vier massiven Rundtürme des düster wirkenden quadratischen **Château** (Tel. 02 99 73 22 95, www.chateau-combourg.com, Park: April –Sept. So–Fr 9.30–12.30 und 14–18, Juli/Aug. auch Sa, Okt. So–Fr 10–12 und 14–17 Uhr, Schlossführungen: April–Juni, Sept. So–Fr 14–17.30, Juli/Aug. tgl. 10.30, 11.15 und 14–17.30, Okt. 14–17 Uhr). Hier verbrachte *François René de Chateaubriand* (1768–1848) einen Teil seiner Jugend. Die vom Bischof von Dol 1016 gegründete Burg erfuhr im 14. und 15. Jh. wesentliche Erweiterungen. 1761 kaufte es der Vater Chateaubriands, ein Reeder aus Saint-Malo. Im 19. Jh. erfolgten Restaurierungsarbeiten. In dieser Zeit wurde auch der rückseitige Park angelegt. Die Burgwälle ließ man teilweise abtragen, sodass nun eine Rampe zum Eingangstor emporführt. Im **Innern** sind die einst von Chateaubriand bewohnten Räume zu besichtigen. Neben Erinnerungsstücken im Hausarchiv (Schreibtisch, Briefe und das aus Paris hierhergeholte Sterbebett) ist vor allem die *Tour du chat* (Katzenturm) sehenswert, wo dem jungen Chateaubriand der ehemalige Schlossherr als schwarzer Kater erschienen sein soll.

i Praktische Hinweise

Information

Office de Tourisme, Maison de la Lanterne, 23, place Albert Parent, Combourg, Tel. 02 99 73 13 93, www.combourg.org

Hotel

***Du Château**, 1, place Chateaubriand, Combourg, Tel. 02 99 73 00 38, www.hotelduchateau.com. Niveauvolles Hotel und Restaurant unterhalb des Schlosses.

Du Lac, 2, place Chateaubriand, Combourg, Tel. 02 99 73 05 65, www.hotel-restaurant-du-lac.com. Günstiges Hotel mit herrlichem Seeblick.

Restaurant

L'Ecrivain, 1, Place St-Gilduin, Combourg, Tel. 02 99 73 01 61. Bretonische Spezialitäten in stilvollem Ambiente.

Detailreich: das Chorfenster von St-Samson mit den ältesten Glasmalereien der Bretagne

5 Dol-de-Bretagne

Alte Bischofsstadt mit bedeutender gotischer Kathedrale.

Das lebhafte Provinzstädtchen Dol-de-Bretagne (4800 Einw.) – unweit der Küste an der Schnellstraße zwischen dem Mont Saint-Michel und Saint-Malo – wird von einer weithin sichtbaren, mächtigen gotischen Kathedrale überragt, die zu den bedeutendsten sakralen Bauten der Bretagne gehört. Die Stadt wurde im 6. Jh. von dem walisischen Heiligen Samson gegründet. Ihre Bedeutung erlangte sie durch die Krönung von Nominoë zum ersten Herzog der Bretagne im Jahr 848. Nominoë erhob Dol zum Erzbischofssitz der Bretagne und den Bischof zum Primas der sieben bretonischen Bistümer. Erst 1801 wurde das Bistum dem von Rennes angeschlossen.

Die ursprünglich romanische **Cathédrale St-Samson**, 1203 vom englischen König Johann ohne Land niedergebrannt, wurde anschließend unter Einbezug der romanischen Reste wieder errichtet und zeugt noch heute eindrucksvoll von der einstigen klerikalen Bedeutung Dols. Schmucklos und abweisend zeigt sich die dem nahen Meer zugewandte Nordseite, die eher an eine Festung denn an eine Kathedrale denken lässt. Monumental und archaisch wirkt die doppeltürmige *Westfront*, deren mittlerer Teil dem ursprünglichen Bau entstammt. Der 1520 erbaute Nordturm blieb aus Geldmangel unvollendet. Schmuckvoll hingegen zeigt sich die *Südseite*, die mit zwei Vorhallen ausgestattet ist. Das **Innere** präsentiert sich in reinster normannischer Gotik. Beeindruckend ist das dreistöckige Hauptschiff mit einer Länge von knapp 100 m. Der fünfjochige Chor besitzt ein großes, noch aus dem 13. Jh. stammendes *Fenster* mit den ältesten Glasmalereien der Bretagne. In seinen acht Bahnen zeigt es Heiligenlegenden, Szenen aus dem Leben Jesu und das Jüngste Gericht. Das eicherne *Chorgestühl* mit seinen 80 Sitzen aus dem 14. Jh. ist ein weiteres Schmuckstück der Innenausstattung. Im nördlichen Querschiff befindet sich schließlich das *Grabmal des Bischofs Thomas James* (1482–1504), das als einziges die Plünderungen der Revolutionszeit überstanden hat. Es ist das Werk zweier Florentiner Bildhauer und das älteste Renaissancegrabmal der Region.

Gleich nebenan, an der Place de la Cathédrale, wurde als besondere Attraktion das **Cathédraloscope** (Tel. 02 99 48 35 30, Juli/Aug. tgl. 10–20, Sept.–Juni tgl. 10–19 Uhr) eingerichtet. Dieses eindrucksvolle Museum entführt den Besucher mit dreidimensionalen Modellen sowie Licht- und Showeffekten in die Welt der Kathedralen, ihrer Erbauer und architektonischen sowie symbolischen Bedeutung.

Den gesamten Ort durchzieht in einem leichten Bogen die **Grande Rue des Stuarts**. Die belebte Einkaufsstraße säumen einige sehenswerte Fachwerkhäuser. Besonders farbenfroh wirkt sie während des samstäglichen Markts.

Ausflüge

Der mächtige **Menhir de Champ-Dolent**, 2 km südlich von Dol-de-Bretagne gelegen, ist einen Abstecher wert. Dieses eindrucksvolle Denkmal der Megalithkultur ragt 9,50 m aus dem Boden heraus und dominiert die umliegenden Felder.

Der markante, 65 m hohe **Mont-Dol** erhebt sich 3 km nordwestlich der Stadt aus der sonst völlig ebenen Landschaft. Er war einst wie der Mont Saint-Michel vom Meer umspült, später zog sich das Wasser zurück, und es blieben Sümpfe, die inzwischen entwässert wurden. Der Granitberg ist Fundort prähistorischer Knochen von Rentieren, Mammuts, Nashörnern, aber auch von Feuersteinwerkzeugen. In der Keltenzeit muss sich hier ein bedeutender *Kultort* befunden haben. Die Legende erzählt, dass später der Erzengel Michael hier den Teufel bekämpft habe. Abdrücke im Fels dokumentieren diesen Kampf angeblich bis heute. Atemberaubend ist der **Rundblick** vom Gipfel aus, man überblickt die Küste, den Mont Saint-Michel, den Austernort Cancale und die Polderlandschaft des ehemaligen Sumpfgebietes.

i Praktische Hinweise

Information

Office de Tourisme, 5, place de la Cathédrale, Dol de Bretagne, Tel. 02 99 48 15 37, www.pays-de-dol.com

Hotels

****De Bretagne**, 17, place Chateaubriand, Dol-de-Bretagne, Tel. 02 99 48 02 03. Hotel und Restaurant im Familienbesitz mit traditionsreicher und preiswerter Küche.

****Le Bretagne**, 6, rond point du Centre, Le Vivier-sur-Mer, Tel. 02 99 48 91 74, http://hotelrestaurantlebretagne.com. Das Hotel mit Restaurant liegt 7 km nördl. von Dol direkt an der Küste. Vom Speisesaal aus traumhafter Blick über die Wattlandschaft. Ausgezeichnete Küche mit viel Fisch und Meeresfrüchten.

Restaurant

Le Saint Samson, 21, rue Ceinte, Dol-de-Bretagne, Tel. 02 99 48 40 55. Traditionelle Küche und Crêpes in charmantem Fachwerkhaus mit hübscher kleiner Terrasse.

6 Mont Saint-Michel

TOP TIPP *Weltberühmte Klosterburg aus dem 10.–15. Jh. auf einer Felseninsel im Wattenmeer.*

Eines der bedeutendsten Werke mittelalterlicher Klosterbaukunst, der Mont Saint-Michel (Tel. 02 33 89 80 00, www.monuments-nationaux.fr, Mai–Aug. tgl. 9–19, Sept.–April tgl. 9.30–18 Uhr), erhebt sich im Wattenmeer rund 2 km vor der Küste. Die imposante Inselfestung mit eleganter Abtei liegt auf dem Gebiet der **Normandie** an der Grenze zur Bretagne. Der Granitfelsen, auf dem sich das Kloster befindet, gehörte einst zum Festland und war von Wald umgeben. Die Sturmflut von 709 riss jedoch große Landstücke mit sich fort und der Fels blieb als Insel zurück.

Der alte Klosterhügel und das Meer: Der Mont Saint-Michel, auf dem die berühmte Abtei entstand, ist das Produkt einer Sturmflut, die den Berg als Insel zurückließ

Seine exponierte Lage machte das im 10. Jh. gegründete Kloster Mont Saint-Michel immer wieder zum Zankapfel zwischen Frankreich und England, und so wurden die Abtei und das Dorf zu seinen Füßen ab dem 13. Jh. zu einer mächtigen, die gesamte Insel umfassenden Festung ausgebaut. Erst in friedlicheren Zeiten wurde die Insel dann durch einen 1,8 km langen **Damm** (1879) mit dem Festland verbunden. Im 19. Jh. erfolgte auch die Trockenlegung küstennaher Gebiete für die Landwirtschaft. Beide Maßnahmen hatten eine stetige Versandung der Bucht zur Folge. Mont Saint-Michel wurde nur noch selten von der Flut umspült und büßte seinen Inselcharakter weitgehend ein.

Durch den Bau eines **Gezeitendamms** (www.projetmontsaintmichel.fr) an der Mündung des Flusses Couesnon in die Bucht soll die Versandung nun rückgängig gemacht werden. Seit Sommer 2009 ist die Anlage in Betrieb: Bei Flut fließt Meerwasser den Couesnon hinauf, wird dort gestaut und bei Ebbe mit gehörigem Druck wieder abgelassen. So sollen Sand und Sedimente aus der Bucht herausgeschwemmt werden. Eine **Stelzenbrücke**, deren Bau 2011 beginnt, ersetzt künftig den alten, störenden Damm. Dieser wird 2014 abgetragen. Nach Beendigung der Baumaßnahmen 2015 soll sich innerhalb von zehn Jahren der Wasserstand in der Bucht normalisieren und der Mont Saint-Michel wieder eine richtige Insel sein. Übrigens: Insel und Kloster, die seit 1979 zum **UNESCO Weltkulturerbe** gehören, bleiben während der Bauarbeiten zugänglich.

Geschichte Der Legende nach verdankt das Kloster seine Entstehung dem im benachbarten Avranches residierenden *Bischof Aubert*. Der *Erzengel Michael* soll dem Bischof 708 im Traum erschienen sein und ihm geboten haben, auf dem Granitfelsen, der zuvor schon als keltische und römische Kultstätte gedient hatte, eine Kirche ihm zu Ehren zu errichten. Aubert gehorchte, ließ sich vom Monte Gargano in Apulien die einschlägigen Michaelsreliquien bringen und auf dem zuvor *Mont Tombe* genannten Felsen ein Oratorium bauen, das bald zum Wallfahrtsziel avancierte.

Im 10. Jh. ließen sich **Normannen** an der Küste nieder. 966 erfolgte unter dem Normannenherzog Richard I. die Gründung des **Benediktinerklosters**. Über der Kapelle Auberts wurde nun die frühromanische Kirche *Notre-Dame-sous-Terre* errichtet, nördlich angrenzend entstanden den dreigeschossige Klosterbauten. Im 11. Jh. löste das Kriegsglück der Normannen (Eroberung Englands 1066) auch auf dem Mont Saint-Michel eine Blüte und rege Bautätigkeit aus. Es wurde mit der Errichtung der großen romanischen *Abteikirche* auf dem schmalen Granitplateau begonnen, der die kleine Notre-Dame-sous-Terre als eine der Substruktionen diente. Erst unter *Abt Robert de Torigny* (1154–86) konnte dieser statisch kühne Bau 1184 vollendet werden. Im Süden wurden weitere Klosteranlagen mit Abtsresidenz, Hospital usw. angefügt.

Torigny machte Mont Saint-Michel nicht nur zu einem der wohlhabendsten Klöster des Landes, sondern führte es auch zu größter **geistiger Blüte**. Er ließ ein bedeutendes Scriptorium einrichten und Schulen für Musik und Dichtkunst etablieren. Der Abt fungierte auch als Ratgeber König Heinrichs II. von England und der traf auf dem Mont Saint-Michel anlässlich von Friedensgesprächen mit seinem Widersacher Ludwig VII. von Frankreich zusammen.

Doch das Blatt sollte sich wenden: 1204 eroberte der französische König Phillip II. August die Normandie und belagerte auch die englandfreundliche Abtei. Bald darauf unterstütze er aber den Ausbau des Klosters und es entstand jenes *La Merveille* (Wunder) genannte Meisterwerk gotischer Baukunst, der große Klostertrakt am Nordrand des Plateaus. Im 13. Jh. entstanden auch die ersten *Wehranlagen*, sie wurden kontinuierlich ausgebaut, bis der Mont einer uneinnehmbaren Festung glich. Der erfolglosen Belagerung des Klosterbergs durch die Engländer 1423 folgte der Sieg Frankreichs über England 1450. Zur Erinnerung an diesen glorreichen französischen Widerstand gründete König Ludwig XI. den **Orden des hl. Michael**. Die Ordensritter tagten im Kloster, im *Rittersaal* von La Merveille. Ihre Ordensketten schmückte eine Medaille mit dem Erzengel Michael als Drachentöter und dem Motto ›Immensi tremor oceani‹ (›Schrecken des riesigen Ozeans‹).

Unterdessen kam die Bautätigkeit im Kloster nicht zum Erliegen, der 1421 eingestürzte *Chor* der Abteikirche wurde erneuert. Als neue Substruktion konstruierte man zunächst die *Krypta der Dicken Pfeiler* und darüber dann die spätgotische Choranlage (1521 vollendet). Doch diese Prachtentfaltung erscheint heute wie das letzte Aufflackern einstiger Größe, nichts konnte den wenig später einsetzenden **Niedergang** des Klosters aufhalten. Während der *Französischen Revolution* wurde die Abtei 1791 von Revolutionären gestürmt und geplündert. Jahrzehntelang fungierte sie nun als *Gefängnis*, das erst

Die Bucht des Mont Saint-Michel: Salzlämmer, Muschel- und Austernzucht

Die Dörfer um die Bucht des Mont Saint-Michel sind einerseits noch agrarisch, andererseits meereswirtschaftlich orientiert. Auf den Salzwiesen um den Mont Saint-Michel weiden Schafe, deren Lämmer das begehrte **Pré-salé**, das vorgesalzene Fleisch liefern. Die Nachfrage danach ist inzwischen so groß, dass der Bedarf nicht mehr gedeckt werden kann bzw. manche Restaurants Salzwiesenlammfleisch von der deutschen Nordsee beziehen.

Auf den **Poldern** südwestlich des Mont Saint-Michel werden Schalotten, Zwiebeln, Knoblauch und Karotten angebaut, die wegen des sandigen Bodens von höchster Qualität sind. Diese 3000 ha wurden dem Meer Ende des 19. und Anfang des 20. Jh. abgerungen. Im Spätsommer kann man überall am Straßenrand dekorative Knoblauchzöpfe erstehen.

Wo die Dörfer wieder direkt an die Küste stoßen, wie in le Vivier-sur-Mer oder in St-Benoît-des-Ondes, leben die Bewohner von der **Muschelzucht**. Bei Niedrigwasser erkennt man gut die weit draußen im Watt stehenden Muschelzäune, über 200 km sollen sie inzwischen lang sein. Hier haben sich Miesmuscheln an Eichenholzpfählen festgesetzt, bis sie nach 1,5 Jahren zur Marktreife herangewachsen sind.

Am Westrand der Bucht schließlich liegt Cancale, das bretonische Zentrum der **Austernzucht**. Hier wachsen in den Mastparks auf 400 ha Fläche die Austern heran. Manche Sorten wachsen tief im Meer ausgestreut auf Austernbänken, andere in Säcken verpackt auf Stellagen im Flachwasser. Die feinste und teuerste, die **Huître plate** (Belon-Auster) kommt nur noch selten vor. Häufiger ist die **Huître creuse** (Pazifische Felsenauster) mit einem kräftigen fleischigen Muskel. Man kann diese erntefrischen Delikatessen am Nordrand des Hafens an der Kaimauer erstehen und verspeisen.

Ort der Meditation zwischen Himmel und Erde – der Kreuzgang von Mont Saint-Michel aus dem 13. Jh. ist gekennzeichnet durch schlanke Säulen und Spitzbogenarkaden

durch Napoleon 1863 aufgehoben wurde. Damit war der Weg frei für die schrittweise Wiederherstellung des eindrucksvollen Architekturkomplexes, der heute mit über 3 Mio. Besuchern jährlich als eine der bedeutendsten Sehenswürdigkeiten Frankreichs gilt.

Besichtigung Über den Damm erreicht der Besucher die **Port de l'Avancée**, den Haupteingang des Mont Saint-Michel. Von hier geht es durch eine Folge von Burgtoren zur **Grande Rue**, der einzigen Straße des **Dorfes**. In den alten Stein- und Fachwerkhäusern residieren heute Souvenirläden, Hotels und Restaurants. Den Zugang zum Kloster bildet der mächtige Treppenaufgang **Le Gouffre**, der weiter zum von zwei Rundtürmen flankierten Tor **Châtelet** (14. Jh.) führt. Nächste Station ist die **Salle des Gardes**, der Saal der Wachen, mit schönem Kreuzrippengewölbe, großem Kamin und einem Boden, der dem Gefälle des Felsens angepasst ist. Im romanischen, von Säulen gegliederten **Almosensaal** (13. Jh.), Teil von La Merveille, versammeln sich heute statt der Pilger die Besucher des Klosters zu den Führungen und können sich vorher anhand von Modellen über seine Baugeschichte informieren.

Von hier geht es über eine Treppe hinauf zur **Abteikirche** mit der großen Westterrasse und herrlichem Blick auf den gesamten Klosterkomplex. Die nüchterne klassizistische Kirchenfassade (1780) spiegelt Elemente des romanischen Innenraums wider, eine dreischiffige Basilika, die auf den ersten Blick durch das würdig-schwere romanische *Langhaus* imponiert. Mächtige Pfeiler mit eleganten Säulen und Diensten tragen breite Rundbögen, durch die man in das südliche (11. Jh.) und nördliche (12. Jh.) Seitenschiff blickt. Darüber erhebt sich die Empore mit eleganten Zwillingsarkaden unter Rundbögen. Den Abschluss bildet der Obergaden mit seinen hohen Fenstern. Jenseits der *Vierung* öffnen sich das niedrige romanische *Querschiff* und die himmelsstürmende spätgotische *Choranlage* (15./16. Jh.). Die Vierung trägt zugleich den romanischen *Glockenturm* (156 m), auf dessen Spitze die goldene Statue des Erzengels Michael als Drachentöter balanciert. Der imposante Chor ist oberhalb seiner schlanken Spitzbögen zweizonig durchfenstert – im grazilen Triforium und im steilen Obergaden. Er wird umfangen von einem großen Chorumgang mit siebenfächriger Apsis und neun Kapellen. Kein Wunder, dass er als eine der schönsten Choranlagen in Frankreich gilt.

Sehenswert sind auch die als Substruktionen dienenden Krypten der Abteikirche, allen voran der Vorgängerbau des 10. Jh., die zweischiffige Kirche **Notre-Dame-sous-Terre** (s. o.) im Westen mit ihren vom Mittelpfeiler getragenen Arkaden.

Das Querhaus stützen die beiden romanischen Krypten **St-Martin** und **Notre-Dame-des-Trente-Cierges**. Die **Krypta der Dicken Pfeiler** schließlich trägt die monumentale Choranlage. Diese Krypta mit ihren mächtigen Rundpfeilern (5 m Umfang), den imposanten Spitzbögen und schweren Gewölben, wirkt tatsächlich, als könne sie das Gewicht der ganzen Welt tragen.

Gotik wieder anders: Nördlich der Abteikirche erhebt sich leichtfüßig und gewagt am Rande des Felsplateaus **La Merveille** (1228 vollendet) ein wahres Wunderwerk französischer Hochgotik. Das dreigeschossige Klostergebäude ist in zwei Flügel gegliedert. Der *Ostflügel* beherbergt im Erdgeschoss den romanischen *Almosensaal* (s. o.), darüber den zweischiffigen **Gästesaal** mit seinen eleganten schlanken Säulen und feinziselierten Blattkapitellen. Ganz oben liegt das einschiffige tonnengewölbte **Refektorium**, beleuchtet von hohen säulengerahmten Fenstern. Im *Westflügel* beeindruckt der große vierschiffige **Rittersaal** (s. o.) mit seinen kraftvollen Säulen und schwerem Gewölbe und zuoberst bezaubert der **Kreuzgang** mit ganz unklösterlicher Leichtigkeit. In gegeneinander versetzten Doppelreihen stehen 272 kleine schlanke Granitsäulen und tragen beschwingte dünnwandige Spitzbogenarkaden. Die Arkadenzwickel und oberen Wandpartien sind mit üppigem Pflanzendekor reliefiert, dazwischen eingestreut sind Fabeltiere, menschliche Figuren und biblische Szenen. Eine andere Szenerie gibt es jenseits des Kreuzgangs zu bewundern, denn er öffnet sich im Norden auf einen Balkon mit herrlichem Blick aufs Meer.

i Praktische Hinweise

Information

Office de Tourisme, Corps de Garde des Bourgeois (am Eingang zum Berg), Mont Saint-Michel, Tel. 02 33 60 14 30, www.ot-montsaintmichel.com

Hotels

*****Terrasses Poulard**, Grand Rue, Mont Saint-Michel, Tel. 02 33 89 02 02, www.terrasses-poulard.fr. Renommiertes Hotel auf der Insel mit schönem Blick.

****Du Mouton Blanc**, Grand Rue, Mont Saint-Michel, Tel. 02 33 60 14 08, www.lemoutonblanc.com. Freundlicher Gasthof mit ruhigen Zimmern auf der Insel.

****Le Duguesclin**, Mont Saint-Michel, Tel. 02 33 60 14 10, www.hotelduguesclin.com. Kleineres Hotel mit etwas günstigeren Preisen.

7 Saint-Malo

Plan Seite 34

Alte Korsarenstadt mit der schönsten Ville close der Bretagne.

Die Stadt an der Mündung der Rance verdankt ihre jahrhundertelange Bedeu-

Ziel vieler Besucher – im Zentrum von Saint-Malo laden Cafés und Restaurants zur Rast

Von Wasser und wehrhaften Mauern umgeben: die Seefahrer- und Hafenstadt Saint-Malo

tung als wichtigste Hafenstadt der bretonischen Kanalküste und auch ihre heutige Rolle als bedeutendes Zentrum des Fremdenverkehrs ihrer einmaligen Lage. Die allseits von Wasser umgebene *Ville close*, jener Typ der von Mauern gesäumten Altstadt, trägt zu Recht den Beinamen ›steinerne Krone über den Fluten‹ (Flaubert). Von der Ferne bietet sie das Bild einer vollständigen optischen Einheit: Häuser und Mauern sind durchweg aus dem grauen Granit der Region und bilden nach den Worten Chateaubriands eine ›granitene Zelle‹.

Geschichte Im 6. Jh. missionierte in dieser Küstenregion der Eremit und spätere, heilig gesprochene Bischof Maclou oder Malo. Der Ort mit seiner frühen Kathedrale befand sich auf der Halbinsel Aleth, im heutigen Vorort St-Servan. Die Altstadt verdankt ihre Entstehung den Angriffen der Normannen, vor denen sich die Bewohner der Gegend auf die besser zu verteidigende Halbinsel, die spätere Ville close, zurückzogen. In den nachfolgenden Jahrhunderten wurden die Verteidigungsanlagen zu einer uneinnehmbaren Festung ausgebaut. Sie erlaubte den Bewohnern, in allen späteren Auseinandersetzungen eine sichere und autarke Position zu bewahren. Im 16. Jh. erreichte man zeitweise sogar die völlige Unabhängigkeit, rief eine eigene Republik aus und verhandelte mit anderen Seemächten. Vom 17. bis zum 19. Jh. machten sich viele Malouins einen Namen als Korsaren. Ausgestattet mit einem vom französischen König ausgestellten Kaperbrief, machten sie die Meere unsicher und setzten der englischen sowie der holländischen Handelsflotte schwer zu. Allein zwischen 1672 und 1700 wurden 1400 feindliche Schiffe gekapert. 1655 entschied Ludwig XIV. sogar, dass die Kapitäne der königlichen Flotte einzig aus den Reihen der Bewohner Saint-Malos rekrutiert werden sollten. Im Zweiten Weltkrieg wurde Saint-Malo 1944 bei Luftangriffen durch Alliierte zu 80 Prozent zerstört, anschließend jedoch komplett im klassizistischen Stil des 18. Jh. wieder aufgebaut. Das historische Bild einer gleichermaßen wohlhabenden wie wehrhaften Seefahrerstadt, die sich nach außen durch die hohe Stadtmauer und die streng wirkenden vier- bis fünfstöckigen Häuser der Kaufleute und Reeder abschirmt, blieb so erhalten. Der Eindruck mag sich durch den einheitlichen schlichten Stil der Restaurierung sogar noch verstärkt haben.

Besichtigung Die mächtige Stadtmauer aus dem 12. Jh., die der Festungsarchitekt Vauban im 17./18. Jh. ausbaute, umgibt die **Ville close** vollständig. Sie blieb trotz des Bombardements im Zweiten Weltkrieg erhalten. Ein Rundgang dauert etwa eine Stunde und führt von der mächtigen **Porte St-Vincent** 1

TOP TIPP

Stolze Herren errichteten den Grand Donjon des Château von Saint-Malo

(15. Jh.) entlang dem gleichnamigen Kai, an dem die Segelboote anlegen, vorbei an der **Grande Porte** 2 zur **Bastion St-Louis** 3, wo die Bronzestatue des Korsaren Duguay-Trouin steht. In der Nähe der **Porte de Dinan** 4 befindet sich das ehemalige Wohnhaus des Korsaren Surcouf. Schöne Ausblicke auf das Meer bieten die **Bastion St-Philippe** 5 und **Bastion de la Hollande** 6 mit der Statue von Jacques Cartier, der im 16. Jh. als erster den kanadischen St.-Lorenz-Strom befuhr. Unterhalb führt eine Treppe zum Strand, von dem man bei Ebbe über einen Pfad auf die vorgelagerte **Île du Grand Bé** 7 gelangt. Auf einem Hügel befindet sich hier das Grab des berühmtesten Sohnes der Stadt, des Dichters und Politikers François René de Chateaubriand. Gegenüber der nordöstlichen **Porte St-Thomas** 8 liegt das von Vauban 1689 errichtete **Fort National** (www.fortnational.com).

An der Stelle, die als einzige eine Verbindung mit dem Festland hält, errichteten die bretonischen Herzöge im 15. und 16. Jh. das machtvolle viertürmige **Château** 9. Der älteste noch in die Stadtmauer integrierte Teil stammt aus dem 14. Jh. Unter Herzog Jean V. und Herzogin Anne erfolgte der Bau des größten Teils der Anlage, die heute in ihren Mauern das *Rathaus* der Stadt birgt. In dem mächtigen Turm **Grand Donjon** der Burg ist

das interessante **Musée d'Histoire de la Ville et du Pays Malouin** (Tel. 02 99 40 71 57, April–Sept. tgl. 10–12 und 14–18, Okt.–März Di–So 10–12 und 14–18 Uhr) untergebracht. In den alten Sälen wird die Geschichte Saint-Malos und ihrer Helden bis zur Zerstörung der Stadt im Zweiten Weltkrieg und der Phase des Wiederaufbaus dokumentiert. Neben den bereits erwähnten Seefahrern und Korsaren gehören zu den hier vorgestellten Berühmtheiten der Stadt der Philosoph *Julien Offray de La Mettrie* (1709–1751) sowie der Mathematiker und Astronom *Pierre-Louis Moreau de Maupertius* (1698–1759).

Gegenüber der Burg führt von der Place de Chateaubriand die gleichnamige Gasse in das Innere der Altstadt. Das Gebäude Nr. 3 ist das **Maison Natale de Chateaubriand** 10 (17. Jh.), das Geburtshaus des berühmten Dichters und Staatsmannes [s. S. 26]. Von hier führt ein markierter *Rundweg* zunächst durch die schmalen Gassen du Pélicot, Vincen-de-Gournay und Mahé-de-la-Bourdonnais, in denen noch einige alte Holz- und Granitgebäude erhalten sind.

Die **Cathédrale St-Vincent** 11, die im Zweiten Weltkrieg teilweise zerstört wurde, ist ein ursprünglich im romanischen Stil errichteter Bau aus dem 12. Jh. Einen Gegensatz bildet der lichte gotische Chor mit seinen modernen Glasfenstern. Der neogotische Turm stammt aus dem 19. Jh.

i Praktische Hinweise

Information

Office de Tourisme, Esplanade St-Vincent (vor der Stadtmauer), Saint-Malo, Tel. 08 25 13 52 00 (0,15 €/Min.), www.saint-malo-tourisme.com

Camping

Cité d'Alet, Allée Gaston Buy, St-Servan, Saint-Malo, Tel. 02 99 81 60 91, www.ville-saint-malo.fr/campings. 300 Stellplätze an einer Burg aus dem 18. Jh. in der Nähe von einem feinen Sandstrand.

Hotels

*****Elizabeth**, 2, rue des Cordiers, Saint-Malo, Tel. 02 99 56 24 98, www.st-malo-hotel-elizabeth.com. Gebäude aus dem 17. Jh. mit originellem Frühstückssaal.

****Le Jean Bart**, 12, rue de Chartres, Saint-Malo, Tel. 02 99 40 33 88, http://pagesperso-orange.fr/hoteljeanbart. Hotel innerhalb der Ville close an der Grande Porte. Von einigen Zimmern hat man einen herrlichen Blick über die Stadtmauer auf den Hafen.

Restaurants

À la Duchesse Anne, 5, place Guy-La-chambre, Saint-Malo, Tel. 02 99 40 85 33. Spitzenrestaurant mit entsprechenden Preisen neben der Porte St-Vincent (Mi geschl.).

La Table d'Henri, 4, chaussée du Sillon, Saint-Malo, Tel. 02 99 40 50 93, www.latabledhenri.com. Restaurant mit vielfältiger Auswahl und herrlichem Meerblick.

Le Moulin Vert, 1, rue du Puits aux Braies, Tel. 02 99 40 40 68, http://lemoulinvert.chez-alice.fr. Kleine Crêperie in der Ville close mit einigen Plätzen im Freien.

Die Kraft der Gezeiten

Zwischen Saint-Malo und Dinard, kurz vor der Mündung der **Rance**, befindet sich innerhalb eines 750 m langen Dammes über dem Fluss das erste **Gezeitenkraftwerk** der Welt (frz. Usine marémotrice). Der Standort ist geradezu ideal an einem Ort mit maximalen Gezeitenunterschieden von 13,5 m, die zu den höchsten der Welt gehören. Da die Rance ebenso wie viele andere bretonische Flüsse einen **Mündungstrichter** ausgebildet hat, in den bei Flut das Meerwasser kilometerweit hineinfließt, besteht hier ein natürliches Staubecken. Der ein- und ausfließende Gezeitenstrom treibt die **24 Rohrturbinen** des Gezeitenkraftwerkes an, sie wiederum treiben Generatoren an, die den elektrischen Strom erzeugen.

Das Kraftwerk ging 1966 nach sechsjähriger Bauzeit in Betrieb und produziert heute 600 Mio kWh und damit etwa 4 % der in der Bretagne verbrauchten elektrischen Energie. Da die Turbinen nur während auflaufender Flut und abfließender Ebbe angetrieben werden und das Kraftwerk deshalb nicht gleichmäßig Strom liefern kann, wurde es an das **Verbundnetz** der Wärme-, Wasser- und Atomkraftwerke angeschlossen. Die hohen Gezeitenunterschiede, besonders der bretonischen Nordküste, erklären sich aus der **Stauwirkung** der normannischen Cotentin-Halbinsel im Osten, die den zweimal täglich um die Erde wandernden Flutbergen im Wege liegt und sie aufstaut.

Im Osten von Côtes-d'Armor – zur romantischen Smaragdküste

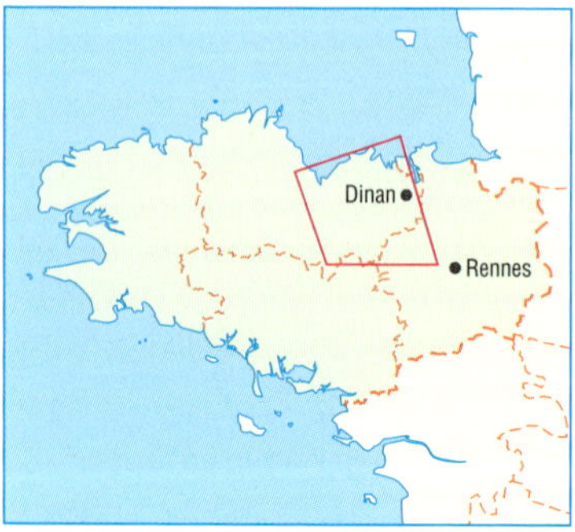

Die Côte d'Emeraude, die wegen ihrer Farbe des Meeres so benannte Smaragdküste, verläuft von der Pointe du Grouin nördlich von Cancale über Saint-Malo, die Rancemündung, Dinard und das **Cap Fréhel** entlang bis Le Val-André. Die Gezeitenunterschiede gehören hier zusammen mit den westlichen Abschnitten der bretonischen Nordküste zu den größten der Welt. Eine Steilküste mit bizarren Felsvorsprüngen wie am Cap Fréhel und am **Cap d'Erquy** wechselt mit ausgedehnten, feinen Sandstränden. Zahlreiche Badeorte und malerische Städtchen am Oberlauf der fjordartigen Flussmündungen wie das alte **Dinan**, das etwas beschaulichere **Lamballe** oder das Bergstädtchen **Moncontour** verleihen der Landschaft ihre kulturelle Prägung.

8 Château de Caradeuc

Barockschlösschen mit sehenswerter Gartenanlage.

Das barocke Château de Caradeuc gut 20 km südlich von Dinan (D 2, D 68, D 20) liegt am Fuß eines von dem alten Festungsstädtchen Bécherel bekrönten Hügels in reizvoller Lage, genau an der Grenze zwischen den Départements Ille-et-Vilaine und Côtes-d'Armor. Das Schloss wurde 1723 vom Ratsherrn des bretonischen Parlaments, Anne-Nicolas de Caradeuc, errichtet. Sein Sohn, Louis-René de Caradeuc de la Charolais, Generalprokurator am bretonischen Parlament, fiel, nachdem er die Entmachtung des Jesuitenordens in der Bretagne erfolgreich betrieben hatte, einer politischen Intrige zum Opfer. Er war zeitweise verbannt, wurde aber später von Ludwig XVI. wieder rehabilitiert. Das Schloss befindet sich in Privatbesitz und ist nicht zu besichtigen.

Das Gebäude wird von einem kunstvoll angelegten **Garten** (Tel. 02 99 66 77 76, Juli/Aug. tgl. 12–18, Ostern–Juni, Sept./Okt. Sa/So 14–18 Uhr) im französischen Barockstil umgeben, der ihm den Beinamen ›Versailles der Bretagne‹ eingebracht hat. Die rückwärtig an das Gebäude anschließende Partie wird von mehreren Terrassen gebildet. Von hier bietet sich ein sehr schöner Blick auf die Rance und die weite Felderlandschaft der Umgebung. Der **Park**, der sich in Verlängerung des Hauptgebäudes in zwei Richtungen erstreckt, ist von zahlreichen Statuen bevölkert und präsentiert sich mit seinen gepflegten Rabatten und grünen Rondellen als äußerst anmutige Szenerie.

9 Dinan

Plan Seite 37

Die mittelalterliche Stadt ist die Heimat des Nationalhelden Bertrand du Guesclin.

Dinan ist eine der schönsten und besterhaltenen mittelalterlichen Städte der Bretagne. Wie viele andere Städte in Küstennähe liegt sie oberhalb eines Flusstals auf einem Plateau. Durch einen kleinen Hafen zu ihren Füßen hält sie die Verbindung mit dem mehr als 20 km entfernten Meer. Hier legen täglich die Ausflugsschiffe aus Saint-Malo und Dinard an. Sehenswert sind die zahlreichen Fachwerkhäuser mit ihren Arkadengängen im Erdgeschoss und vorkragenden Etagen.

Geschichte Dinan erlangte im 11. Jh. unter den Lehnsherrn von Dinan, deren Herrschaft sich zwischen der *Rance* und der weiter östlichen *Arguenon* erstreckte, Bedeutung. Nach der Inbesitznahme der

Bretagne durch den normannischen Herzog Wilhelm beteiligten sie sich an der Eroberung Englands im Jahr 1066; ihre Nachkommen erlangten dort unter dem Namen Dynham die Peerswürde. Im 13. und 14. Jh. war Dinan die bevorzugte Residenz der bretonischen Herzöge, die hier ihre Münzen prägen ließen. Im 14. Jh. musste die Stadt etliche Belagerungen durch die Engländer über sich ergehen lassen. Der Hundertjährige Krieg zog die Bretagne nicht nur wegen ihrer Nähe zu den britischen Inseln besonders in Mitleidenschaft, sondern tobte sich hier zugleich als spezifisch bretonischer Erbfolgekrieg zwischen den verfeindeten Häusern Blois und Montfort aus. 1357 fand in Dinan auf der heutigen Place du Guesclin der berühmte *Zweikampf* zwischen Bertrand du Guesclin und dem englischen Ritter Canterbury statt, bei dem Bertrand mit seinem Sieg die Belagerung durch die Engländer beendete. Eine Blütezeit erlebte Dinan im 18. Jh., als es sogar St-Brieuc an Größe und Bedeutung überragte. Im 19. Jh. verlor der Hafen an Bedeutung. Heute lebt das beliebte Ausflugsziel vor allem vom Tourismus.

Besichtigung Als Ausgangspunkt für einen Rundgang durch die Altstadt empfiehlt sich die zentrale **Place Duclos-Pinot** 1. Von hier führt die schmale **Grande Rue** mit einer Reihe eleganter, granitener Wohnhäuser aus dem 17. Jh. zu der spätgotischen Kirche **St-Malo** 2 (Mo–Sa 9–12 und 14–18 Uhr). Sie wurde im 15. Jh. an der Stelle eines romanischen Vorgängerbaus aus dem 11. Jh. errichtet, den Olivier von Dinan den Mönchen von St-Malo als Schutz vor normannischen Überfällen bauen ließ. Das heutige fünfjochige Hauptschiff wurde jedoch nach den Verwüstungen während der Religionskriege erst in der Mitte des 19. Jh. komplett erneuert. Sehenswert ist der erhaltene dreistöckige *Chor* aus dem 15. Jh., der dem der Abtei auf dem Mont Saint-Michel nachgebildet ist. Östlich der Kirche liegt das ehemalige Franziskanerkloster **Couvent des Cordeliers** 3 von dem noch der Kreuzgang und der Kapitelsaal erhalten sind. Heute ist dort eine Privatschule untergebracht.

Die Rue de l'Apport führt zum historischen Kern der Altstadt, der pittoresken, von ansehnlichen Fachwerkbauten umstandenen **Place des Merciers**. Berühmt sind die malerischen Fachwerkhäuser, deren auf Holzpfeiler gestützte Arkaden die Fußwege überdachen.

Ein paar Schritte entfernt in der Rue Haute-Voie steht das ehemalige **Hôtel**

Die Rue d'Horloge führt zum namengebenden Glockenturm aus dem 15. Jh.

An malerischen Ufern der Rance: Im Tal liegt der kleine Hafen von Dinan, den man von der Oberstadt gut überblicken kann ▷

Beaumanoir 4 aus dem 16. Jh., das wichtigste Renaissancegebäude der Stadt. Einen Panoramablick genießt man von der 60 m hohen **Tour de l'Horloge** 5 (Tel. 02 96 87 02 26, Ostern–Sept. tgl. 10–18.30 Uhr) in der gleichnamigen Straße. Sie stammt aus dem 15. Jh., die Glocke ist ein Geschenk von Anne de Bretagne an die Stadt aus dem Jahr 1507.

Etwas unterhalb der Rue de l'Horloge gelangt man zu der von Lindenbäumen bestandenen, leicht abschüssigen Place St-Sauveur. An ihrer Ostseite erhebt sich mit der 1120 errichteten Kirche **St-Sauveur** 6 (Di, Do/Fr 11–18, Mi 14–18 Uhr) das interessanteste Bauwerk der Stadt. Ein Ritter namens *Rivallon Le Roux* ließ sie in Erfüllung eines zuvor gegebenen Gelübdes nach seiner Rückkehr von einem Kreuzzug erbauen. Von dem ursprünglich romanischen Bau blieb der untere Teil der *Westfassade* erhalten; ein Dreifachportal wird von einem Löwen und einem Stier, den Symbolen der Evange-

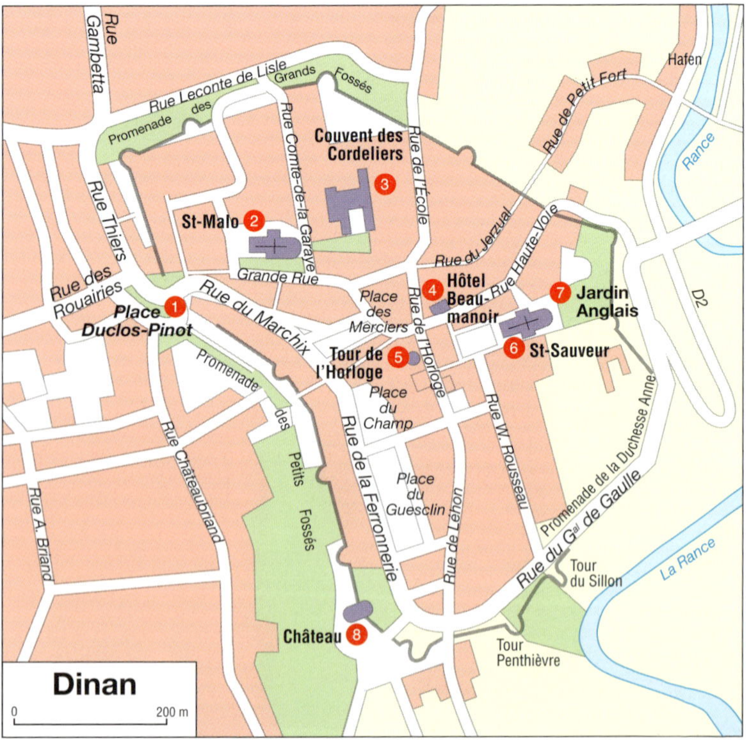

listen Markus und Lukas überragt. Auch das schlichte *südliche Seitenschiff* ist romanisch. Der Rest der Kirche wurde im 15./16. Jh. im gotischen Stil erneuert. Abgeschlossen wurde der Bau mit der Errichtung des prächtigen barocken *Glockenturms* im Jahr 1666. Im **Inneren** begrenzt die schlichte, nur durch Arkaden gegliederte romanische Südwand das Hauptschiff, während nördlich ein Seitenschiff mit fünf Kapellen aus dem 15. Jh. den ursprünglichen Raumkörper erweitert. Von der Innenausstattung ist vor allem ein 800 Jahre altes *Taufbecken* hervorzuheben, das in der ersten nördlichen Seitenkapelle steht. Im nördlichen Teil des Querschiffs erhebt sich ein im 19. Jh. restaurierter *Kenotaph*, in dem das Herz von Bertrand du Guesclin aufbewahrt ist. Der hohe *Chor* aus dem 16. Jh. wird von zwölf Säulen umgeben, die die mit einer Brüstung versehene Empore tragen. Der Hochaltar stammt aus dem Anfang des 18. Jh.

Hinter der Kirche bietet der auf einer Terrasse angelegte **Jardin Anglais** 7 einen schönen Blick auf die Rance, den modernen *Viadukt* und den *Hafen* von Dinan. Der Garten ist Teil der Befestigungsanlagen, die die Stadt vollständig umgeben. Der Weg auf den Stadtmauern, die **Promenade de la Duchesse Anne**, führt südlich an der *Tour du Sillon* und *Tour Penthièvre* vorbei zum **Château** 8 von Dinan, das von den bretonischen Herzögen im 14. und 15. Jh. als Wohnsitz erbaut wurde. Im Donjon der 34 m hohen imposanten Burg, die sich auf der Außenseite an die Stadtmauer anschließt, zeigt das **Château Musée** (Tel. 02 96 39 45 20, Juni–Sept. tgl. 10–18.30, Okt.–Mai tgl. 14–17.30 Uhr, Jan. geschl.) Exponate und Dokumente zu Geschichte, Kunst und Kunsthandwerk der Stadt ab dem 17. Jh.

i Praktische Hinweise

Information

Office de Tourisme, 9, rue du Château, Dinan, Tel. 02 96 87 69 76, www.dinan-tourisme.com

Schiffsausflüge auf der Rance nach Saint-Malo und Dinard. Infos: **Club Canoë Kayak de la Rance**, 13, rue du Four, Port de Dinan, Tel. 02 96 39 01 50.

Hotels

*****Le d'Avaugour**, 1, place du champ, Dinan, Tel. 02 96 39 07 49, www.avaugour

Pack' die Badehose ein! – Die ausgedehnten Sandstrände von Dinard eignen sich perfekt für einen entspannten Badeurlaub ▷

hotel.com. Stilvolles Altstadthotel mit erstklassigem Gartenrestaurant.

Arvor, 5, rue Pavie, Dinan, Tel. 02 96 39 21 22, www.hotelarvordinan.com. Hotel in einem ehemaligen Jakobinerkonvent mitten in der Altstadt.

De la Tour de l'Horloge, 5, rue de la Chaux, Dinan, Tel. 02 96 39 96 92, www.hoteltourdelhorloge.com. Gemütliches Hotel in einem Gebäude aus dem 18. Jh. im Herzen der Altstadt.

Restaurants

Chez la Mère Pourcel, 3, place des Merciers, Dinan, Tel. 02 96 39 03 80, www.chezlamerepourcel.com. Feines altes Restaurant in einem der schönsten Fachwerkhäuser der Stadt aus dem15. Jh. (April–Okt. So abends und Mi geschl.).

Crêperie des Artisans, 6, rue du Petit Fort, Dinan, Tel. 02 96 39 44 10. Crêpes und Galettes mit fantasievollen Füllungen (Okt.–März, Mo geschl.).

Umstrittener bretonischer Held – Bertrand du Guesclin

Obwohl er **Konnetabel**, also oberster Feldherr des französischen Königs war, ist Frankreichs Nationalheld Bertrand du Guesclin bis heute in der Bretagne nicht richtig anerkannt. Um 1320 im Château de la Motte-Broons bei Dinan geboren, kämpfte er aus bretonischer Sicht auf der falschen Seite, insbesondere im **bretonischen Erbfolgekrieg** (1341–64), wo er den französischen Anwärter auf den bretonischen Herzogsthron, Charles de Blois, unterstützte. Der bretonische Bewerber Jean de Monfort dagegen hatte die Engländer hinter sich. Hintergrund ist der Hundertjährige Krieg zwischen England und Frankreich, in dem Bertrand du Guesclin viele erfolgreiche Schlachten für Frankreich schlug.

Die Karriere des großen Feldherrn begann 1337 auf einem Ritterturnier in **Rennes**, wo der Jüngling auf einem Ackergaul mit geliehener Rüstung erfahrene Kämpfer besiegte. Im bretonischen Erbfolgekrieg befreite er Rennes von den belagernden Truppen des Montfort, außerdem gelang es ihm, die Belagerung Dinans durch die Engländer zu beenden. Am 13. Juli 1380 erlag er während der Belagerung von Châteauneuf-de-Randon einer Infektion. Er ist an vier Orten des Landes beigesetzt: die Eingeweide in Le Puy, das Muskelfleisch in Montferrand, das Skelett in St-Denis bei Paris in der Königsgruft und das Herz in Dinan in der Kirche St-Sauveur. Selbst Könige besaßen im Mittelalter in der Regel nur drei verschiedene Grabstätten.

Auf der Place du Guesclin in Dinan steht ein monumentales **Reiterstandbild** des Helden, das an seinen berühmtesten Zweikampf erinnert: 1359 besiegte er hier den englischen Ritter Canterbury, der einen vierzigtägigen Waffenstillstand gebrochen und du Guesclins Bruder Olivier entführt hatte. Der Sieg über den Engländer brachte ihm nicht nur viel Ruhm, sondern auch die Liebe der schönen Tiphaine Raguenel aus Dinan ein, die er kurz darauf ehelichte.

Le Leonie, 19, rue Rolland, Dinan, Tel. 02 96 85 47 47. Fantasievolle Fischspezialitäten in rustikalem Ambiente, etwas versteckt im Herzen der Altstadt (So/Mo und Do abends geschl.).

10 Dinard

Traditionsreiches Seebad.

Dinard liegt gegenüber Saint-Malo an der Mündung der Rance noch im Département Ille-et-Vilaine. Verglichen mit anderen Seebädern der Bretagne besitzt die Stadt einen mondänen Touch und einen Hauch jenes Charmes, welcher die Belle Époque Anfang des 20. Jh. charakterisiert. Von den flachen Hängen, die die weite Hauptbucht von Dinard umschließen, überblicken zahlreiche Villen den Strand und das Meer. Die mediterrane Vegetation verleiht dem Ort ein überraschend südländisches Flair, denn dank des Golfstroms genießt Dinard ein mildes Klima.

Die Entwicklung zu einem der ersten **Seebäder** der Küste setzte in der Mitte des 19. Jh. ein, als die Engländer den Fischerort als Sommerfrische entdeckten und sich in den folgenden Jahrzehnten hier niederließen. Zudem gründeten sie hier den ersten Tennisklub auf französischem Boden. 1859, im Zweiten Kaiserreich, wurde die erste Badeanstalt des Ortes am Plage de l'Écluse errichtet, kurz darauf das Grand Hôtel, das in sehr schöner Lage über dem kleinen Hafen am Hang thront. Im Jahr 1866 öffnete ein *Spielkasino* seine Pforten.

Durch die moderne, von rechtwinkligen Straßenzügen geprägte **Innenstadt** von Dinard führt in Nord-Süd-Richtung der Boulevard Féart zum Mittelpunkt des Ortes, dem weit geschwungenen, feinen Sandstrand **Plage de l'Écluse**, der sich unterhalb des Kasinos und des modernen Kongresspalastes erstreckt.

Ruhiger ist die westlich in der nächsten Bucht gelegene **Plage de St-Énogat**. Östlich führt der Weg über einen Felsdurchbruch zur **Pointe de Moulinet**, von hier aus bietet sich der beste Ausblick auf Saint-Malo. Auf dem Weg um diese Landspitze herum gelangt man zu einem hübschen kleinen Hafen und der **Promenade du Clair de Lune** (Mondscheinpromenade). Oberhalb thronen auf diesem steileren Küstenabschnitt die schönsten Villen von Dinard, darunter das prächtige

Wilde Schönheit: farbenkräftige Heidekrautfelder mit gelben Blumentupfen an der Steilküste von Cap Fréhel – ein faszinierendes Schauspiel der Natur

Grand Hôtel (s. u.). Die Promenade selbst ist mit ihrer artenreichen südländischen Vegetation und den grandiosen weiten Ausblicken eine echte Attraktion. In südlicher Richtung erreicht man schließlich den dritten Strand von Dinard, die **Plage du Prieuré**.

Ausflüge

An der Küste zwischen Dinard und Cap Fréhel reihen sich zahlreiche Ferienorte wie **Saint-Lunaire**, **Saint-Briac** und **Saint-Cast-le-Guildo** aneinander, die für einen Badeurlaub ideal sind. In den Monaten Juli und August, während der französischen Schulferien, herrscht hier allerdings großer Trubel.

Saint-Cast-le-Guildo ist bereits seit Anfang des 20. Jh. als Badeort beliebt und wartet unterhalb der gleichnamigen Pointe mit einer Reihe von schönen Stränden auf. Die *Grande Plage* z. B. liegt in einer idyllischen Parkanlage. Am Nordende befindet sich der Fischer- und Jachthafen mit einer Segelschule. Im 6. Jh. soll der irische Mönch Cado an dieser Stelle eine Einsiedelei gegründet haben.

i Praktische Hinweise

Information

Office de Tourisme, 2, boulevard Féart, vor der Plage de l'Écluse, Dinard, Tel. 02 99 46 94 12, www.ot-dinard.com

Sport

Piscine Municipale, 2, boulevard du Président Wilson, Dinard, Tel. 02 99 46 22 77. Ein beheiztes Meerwasserschwimmbecken an der Digue de l'Ecluse.

In friedlicher Ruhe – das mittelalterliche Château de Bienassis zwischen Cap Fréhel und Le Val André ist von einem Park umgeben

Hotels

*****Grand Hôtel Barrière, 46, avenue George V., Dinard, Tel. 02 99 88 26 26, www.lucienbarriere.com. Prachtvolles Luxushotel in einem Gebäude aus dem Second Empire, in Strandnähe mit Blick auf Saint-Malo.

**Altaïr, 18, boulevard Féart, Dinard, Tel. 02 99 46 13 58, www.hotel-altair-dinard.com. Sehr gemütliches familiäres Hotel mit guter Küche.

***De La Vallée, 6, avenue George V., Dinard, Tel. 02 99 46 94 00, www.hoteldelavallee.com. Modern eingerichtetes Hotel mit Restaurant direkt am Hafen.

**Printania, 5, avenue George V., Dinard, Tel. 02 99 46 13 07, www.printaniahotel.com. Traditionell ausgestattetes Hotel in Hanglage über dem Hafen. Das Restaurant bietet Fischgerichte und eine große Auswahl an Meeresfrüchten.

Restaurant

Le Chateaubriand, Gare Maritime, Barrage de la Rance, Dinard, Tel. 02 99 46 44 40, www.chateaubriand.com. Das Schiffsrestaurant ankert am Hafen neben dem Gezeitenkraftwerk und bietet kulinarische Kreuzfahrten von ca. 3 Stunden Dauer.

11 Cap Fréhel, Erquy und Le Val-André

Wildromantische Felsküste, einer der landschaftlichen Höhepunkte der Nordküste.

TOP TIPP

Das weit nach Norden in den Kanal hineinragende **Cap Fréhel** zieht vor allem während der sommerlichen Hauptsaison zahlreiche Besucher an. Sie wandern über die kargen Heidekrautflächen in Richtung Felsküste, um von dort die herbe Schönheit der Smaragdküste und den Anblick des sich an den Felsen brechenden Meeres zu genießen. Die Steilküste im Umkreis des Kaps fällt in schwindelerregende Tiefen von 70 m fast senkrecht ab. Am östlichen Ende der Landzunge thront das **Fort La Latte** (Tel. 02 96 41 57 11, www.castlelalatte.com, April–Sept. tgl. 10.30–13 und 14–18, Mitte Juli–Mitte Aug. tgl. 10.30–19, Okt.–März Sa/So 14–18 Uhr) und beherrscht die Baie de la Fresnaye. Die Herren Goyon-Matignon errichteten die Burg im 13. und 14. Jh. Drei Türme stammen aus dem 14. Jh., der die Anlage überragende Donjon wurde 1341 erbaut. Im 17. Jh. erfolgte unter Ludwig XIV. die Verstärkung zu einer Festung.

Während der Ebbe kommt man im Watt bei Erquy nur zu Fuß voran

Etwa 8 km weiter westlich (D 34A) erreicht man an einem flachen Küstenabschnitt **Sables-d'Or-les-Pins** (www.sablesdorlespins.com). Der Hotel- und Campingort aus den 1930er-Jahren lädt mit seinem ausgedehnten Sandstrand zum Baden ein.

Der Fischerhafen und Badeort **Erquy** 10 km westlich erstreckt sich entlang einer weiten, sichelförmigen Bucht und kann mit einer ganzen Reihe schöner Sandstrände aufwarten. Erquy ist einer der wichtigsten Häfen für den Fang der Jakobsmuschel. Beeindruckend ist das 170 ha große *Naturschutzgebiet* rund um das dramatische **Cap d'Erquy**. An seiner Ostseite führen schöne Wanderwege zu rauen Sandstränden.

Etwa 10 km (D 786) weiter besitzt **Le Val-André** einen der schönsten Sandstrände dieses Küstenabschnitts. Die Bucht wird im Osten vom kleinen Hafen Piégu abgeschlossen, westlich liegt in einer engen Bucht der uralte Hafen Dahouët, der heute sowohl Fischkuttern wie Segelbooten Schutz bietet. Am Kai laden einige hübsche Lokale zum Verweilen ein.

An der Straße vom Cap Fréhel nach Le Val-André (D 786) lohnt das Schloss **Château de Bienassis** (Tel. 02 96 72 22 03, www.chateau-bienassis.com, Mai–Mitte Juni So/Fei 14–17, Mitte Juni–Mitte Sept. tgl. 14–17 Uhr) einen Besuch. Es wurde im 15. Jh. errichtet und im 17. Jh. erneuert. Der Bau vermittelt einen guten Eindruck von der Struktur mittelalterlicher Landschlösser dieses Typs. Die quadratische Anlage mit Eck-bastionen, Wehrgang mit Tor und einem Ehrenhof ist von einem Wassergraben umgeben. Im Innern sind die Räume des Erdgeschosses mit alten bretonischen Möbeln zu besichtigen.

i Praktische Hinweise

Information

Office de Tourisme, 3, rue du 19 Mars, Erquy, Tel. 02 96 72 30 12, www.erquy-tourisme.com

Office de Tourisme, Place de Chambly, Fréhel, Tel. 02 96 41 53 81, www.pays-de-frehel.com

Office de Tourisme, 1, rue Winston Churchill, Pléneuf Val-André, Tel. 02 96 72 20 55, www.val-andre.org

Hotels

*****De Diane**, Allée des Acacias, Sables d'Or les Pins, Tel. 02 96 41 42 07, www.hoteldiane.fr. Hotel mit gutem Restaurant, 100 m vom Strand entfernt.

**Beauséjour, 21, rue de la Corniche, Erquy, Tel. 02 96 72 30 39, www.beause jour-erquy.com. Stilvoll eingerichtetes Hotel nah am Strand mit guter Küche.

**Le Grand Hôtel du Val-André, 80, rue Amiral Charner, Pléneuf-Val-André, Tel. 02 96 72 20 56, www.grand-hotel-val-andre.fr. Direkt am Strand gelegen, von den Zimmern und vom Restaurant hat man einen herrlichen Meerblick.

Villa Marguerite, 34, rue des Garennes, Pléneuf-Val-André, Tel. 02 96 72 85 88, www.villa-marguerite.fr. Privatvilla im Belle-Époque-Stil mit vier hübschen Gästezimmern. Nah am Meer.

Restaurants

TOP TIPP **La Voile d'Or**, Allée des Acacias, Sables-d'Or-les-Pins, Tel. 02 96 41 42 49, www.la-voile-dor.fr. Mit einem Michelin-Stern ausgezeichnetes Hotelrestaurant mit Blick auf die Lagune, vorzügliche Menüs und herrliche Meeresspezialitäten.

Relais St-Aubin, Route de la Bouillie (D 68), St-Aubin, östlich von Erquy am Kreisverkehr, Tel. 02 96 72 13 22, www.relais-saint-aubin.fr. Ländlich rustikales Lokal mit exquisiter Fischküche. Reservierung empfohlen.

12 Lamballe

Hauptattraktion der Stadt ist die romanisch-gotische Stiftskirche Notre Dame.

Der Name der Stadt Lamballe geht auf den hl. Pol zurück (Lan-Pol), der im 6. Jh. ein Kloster gründete, in dessen Nachbarschaft sich der Ort entwickelte. Lamballe war bis ins 15. Jh. Residenz- und Hauptstadt der Grafschaft, später des Herzogtums *Penthièvre* und zu jener Zeit von einer Burg bekrönt sowie von einem Festungswall umgeben. 1420 ließ Herzog Jean V. den Wall schleifen, um das ehrgeizige Haus der Penthièvre in die Schranken zu weisen. 1626 veranlasste Kardinal Richelieu aus ähnlichen Gründen die Zerstörung der Burg. Lamballe ist außerdem mit einer grausigen Episode der Französischen Revolution verknüpft. Die Prinzessin von Lamballe, als Hofdame in Diensten von Marie Antoinette, wurde 1792 von der Menge in Paris geköpft, ihr Haupt anschließend durch die Straßen getragen.

Mittelpunkt der Stadt ist der lang gezogene Marktplatz **Place du Martray**, der von einer Reihe schöner Bürgerhäuser gesäumt wird. Im ältesten, der **Maison du Bourreau** (Haus des Scharfrichters) aus dem 15. Jh., sind zwei kleine Museen untergebracht. Das **Musée d'Art Populaire du Pays de Lamballe** (Tel. 02 96 34 77 63, www.alp22400.net, Juni–Sept. Di–Sa 10–12 und 14.30–17 Uhr) dokumentiert mit seinen Sammlungen von Waffen, Keramik und Kostümen die Geschichte der Region. Im ersten Stock sind im **Musée Mathurin Méheut** (Tel. 02 96 31 19 99, April Mo–Sa 10–12 und 14.30–17, Juni–Sept. Mo–Sa 10–12 und 14.30–18, Mai, Okt.–Dez. Mi, Fr/Sa 14.30–17 Uhr) Werke des in Lamballe gebürtigen Malers Méheut (1882–1958) ausgestellt. Viele seiner Gemälde zeigen Motive aus dem ländlichen Alltag.

Vom Marktplatz führt die schmale Rue Notre Dame auf einen bewaldeten Höhenrücken zur Stiftskirche **Notre Dame**. Der Bau stammt ursprünglich aus dem 12. Jh. und war als Schlosskapelle in die einstige Burg der Herren von Penthièvre integriert. Heute befindet sich gegenüber der Stiftskirche unter schönen alten

Das Musée Mathurin Méheut zeigt Werke des aus Lamballe stammenden Malers Méheut

Bäumen ein Soldatenfriedhof. Doch zurück zur Kirche: Aus der romanischen Zeit erhalten blieben das sehenswerte *Nordportal*, ein Stufenportal mit Säulen und Archivolten, sowie Teile der *Westfassade*. Im **Innern** beeindruckt vor allem das in normannischem Stil gehaltene relativ kurze Hauptschiff aus dem 13. Jh. mit schönen, von Blattkapitellen gekrönten Pfeilern; die Seitenschiffe stammen aus dem 14. Jh. Eine Besonderheit stellt der *gotische Lettner* im rechten Seitenschiff dar, der mit der *Orgel* eine originelle Verbindung eingeht. Der Chor ist länger als das Hauptschiff, er wurde in zwei Etappen im 14. Jh. errichtet.

Die Kirche **St-Martin** (wegen Baufälligkeit nicht zugänglich) am nördlichen Stadtrand ist die älteste von Lamballe. Auch sie wurde in mehreren Abschnitten erbaut. Eine erste Abtei war bereits 1084 gegründet worden. Die heutige Kirche stammt aus dem 15. und 16. Jh. Bemerkenswert ist das südliche romanische *Eingangsportal*, das von einem hölzernen Vordach geschützt ist (16. Jh.).

In unmittelbarer Umgebung der Kirche liegen die ausgedehnten Ställe des 1825 gegründeten staatlichen Gestüts **Haras National** (Place du Champ de Foire, Tel. 02 96 50 06 98, www.haraspatrimoine.com, Führungen Juli/Aug. tgl. 10–16, Sept.–Juni Di–So 15 Uhr), einem der größten Frankreichs. Zu den Zuchthengsten des Gestüts zählen neben Renn- und Dressurpferden auch bretonische Kaltblüter (Postier-Breton), robuste Arbeitspferde und Trait-Breton. Von März bis Juli reisen sie als Deckhengste durch die nördliche Bretagne.

i Praktische Hinweise

Information

Office de Tourisme, place du Champ de Foire, Lamballe, Tel. 02 96 31 05 38, www.lamballe-tourisme.com

Hotel

****Kyriad**, 29, boulevard Jobert, Lamballe, Tel. 02 96 31 00 16, www.hotel-lamballe.com. Modernisiertes Hotel in der Stadtmitte, gegenüber vom Bahnhof.

Restaurant

La Tour des Arc'hants, 2, rue du Dr. Lavergne, Lamballe, Tel. 02 96 31 01 37, www.latourdesarchants.com. Das Hotelrestaurant bietet gute landestypische Küche.

13 Moncontour

Bergstädtchen mit der Kirche St-Mathurin.

Moncontour, knapp 20 km südwestlich von Lamballe (D 768) gelegen, ist ein malerisches, auf einem Berg thronendes altes Städtchen mit einem geschlossenen Ensemble sehenswerter **Fachwerk- und Granithäuser**, die sich auf dem Hügel zusammendrängen. Die einstige Festung der Herren von Penthièvre erlebte ihre Blütezeit im 13./14. Jh., als der Ort sogar über eine eigene Münze verfügte. Wieder war es Kardinal Richelieu, der die Machtbestrebungen der einflussreichen Familie bekämpfte und die Befestigungsanlagen wie im Fall von Lamballe schleifen ließ.

Die nach dem Dorfheiligen und Schutzherrn der Kranken benannte Kirche **St-Mathurin** aus dem 16. Jh. beherrscht mit ihrer strengen klassizistischen Fassade und dem originellen Glockenturm den kleinen dreieckigen Marktplatz. Im **Innern** sind fünf farbenprächtige *Glasfenster* (ca. 1520–40) bemerkenswert. Sie erzählen die Geschichten Johannes des Täufers sowie der hll. Yves, Mathurin und Barbara. Besonders eindrucksvoll ist rechts das leuchtend blaue Fenster mit der Darstellung der ›Wurzel Jesse‹. Auffallend sind auch das Taufbecken aus dem 16./17. Jh. sowie die Orgel und eine Pietà – beide aus dem 16. Jh.

Ausflüge

Etwa 3 km südöstlich von Moncontour lohnt die auf einem Höhenzug malerisch einsam in der Landschaft stehende Kapelle **Notre-Dame-du-Haut** aus dem 14. Jh. einen Abstecher. Der einfache Bau birgt in seinem Innern naive Holzstatuen. Den hier verehrten sieben heiligen Ärzten ist eine Wallfahrt am 15. August gewidmet. Einige Kilometer weiter südlich erlaubt der **Bel Air**, mit 339 m der höchste Punkt der Gegend, einen schönen Ausblick über die Landschaft. Der Rückweg nach Montcontour ist mit gelben und roten Markierungen gekennzeichnet.

i Praktische Hinweise

Information

Office de Tourisme, 4, place de la Carrière, Moncontour, Tel. 02 96 73 49 57, www.tourisme-moncontour.com

Im Westen von Côtes-d'Armor – zu den Felsen des rosa Granits

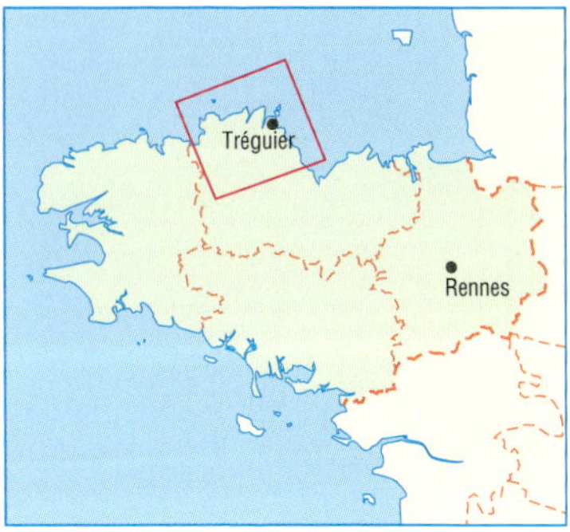

Die breite, in den Ärmelkanal hineinragende Halbinsel zwischen den Buchten von St-Brieuc und Lannion hat sich vor allem im Nordwesten zu einer beliebten Urlaubsregion entwickelt. Während die berühmte rosafarbene Granitküste mit ihren bizarren Felsformationen und feinen Sandstränden um **Perros-Guirec** zahlreiche Badeurlauber anzieht, sind im Landesinneren in der ehrwürdigen Stadt **Tréguier** eine der bedeutendsten Kathedralen und mit den Kapellen von **St-Gonéry**, **Kerfons** und **Kermaria-an-Iskuit** drei kleine Schmuckstücke bretonischer Kunst zu bewundern. Der 50 km lange Küstenabschnitt, der von St-Brieuc nach Paimpol und bis zur Pointe de l'Arcouest reicht, ist verglichen mit der Côte d'Emeraude im Osten und der westlich anschließenden **Côte de Granit Rose** auch während der Saison eher ruhig. Eine Reihe meist kleinerer Badeorte wie Binic, der winzige Hafen Brehec weiter nördlich, das etwas belebtere St-Quay-Portrieux und das moderne Etables-sur-Mer bieten sich als Urlaubsstandorte an.

14 Guingamp

Stadt der ›Schwarzen Madonna‹, deren Kirche einen Stilmix aus Gotik und Renaissance vorweist.

Die 7700 Einwohner zählende Stadt liegt abseits der Schnellstraße, die St-Brieuc mit Morlaix verbindet, auf einer Anhöhe oberhalb des Flüsschens Trieux.

Als Ausgangspunkt eines Stadtrundgangs eignet sich die gemütliche **Place du Centre**, die von stattlichen Granit- und einigen Fachwerkhäusern aus dem 16. Jh. umgeben ist (Nr. 31, 48). Am oberen Ende des Platzes erhebt sich das Wahrzeichen von Guingamp, der aus Blei und Granit gefertigte Renaissancebrunnen **La Plomée** aus dem Jahr 1743, dessen drei Schalen mit Widderköpfen, Delphinen und Nymphen reich verziert sind.

Eine schmale Straße an der Spitze des Platzdreiecks führt zur Kirche **Notre-Dame-de-bon-Secours** (11.–16. Jh.), die eine außergewöhnliche stilistische Kombination der Gotik und Renaissance darstellt. Sie wurde über den romanischen Resten des Vorgängerbaus im 13. Jh. errichtet, von denen noch der Hauptturm und im Innern die Arkaden im Querschiff erhalten sind. Nachdem im 16. Jh. der Südturm und das rechte Seitenschiff einstürzten, entschied man sich beim Wiederaufbau der zerstörten Partien für den neuen Stil. Die Kirche bietet nunmehr ein Doppelgesicht: Die Gartenseite präsentiert sich bereits im Stil der Renaissance, während die lange Straßenfront noch die alten gotischen Formen zeigt. Von dieser Seite betritt man das **Innere** durch eine *Vorhalle*, die als Andachtskapelle dient. Hier steht, von einem Kerzenmeer beleuchtet, die Statue der *Schwarzen Madonna*. Sie ist am ersten Wochenende im Juli Ziel eines großen **Pardon** – der bretonischen Form der Heiligenprozession, deren Höhepunkt ein nächtlicher Fackelzug ist.

Vom einst mächtigen **Château**, 1442 errichtet von Pierre II., dem Grafen von Guingamp und Sohn des bretonischen Herzogs Jean V., sind nur noch Ruinen erhalten. Von den alten *Festungsanlagen*, welche die Altstadt einst völlig umringten und die im 17. Jh. der Zerstörung durch Kardinal Richelieu zum Opfer fielen, zeugen heute lediglich drei massive Rundtürme.

Die Île de Bréhat lockt mit beeindruckender Naturkulisse und mildem Klima ▷

i Praktische Hinweise

Information

Office de Tourisme, place du Champ-au-Roy, Guingamp, Tel. 02 96 43 73 89, www.ot-guingamp.org

Hotel

***__La Demeure__**, 5, rue du Gal de Gaulle, Guingamp, Tel. 02 96 44 28 53, www.demeure-vb.com. Zentral gelegenes Hotel mit komfortablen Zimmern.

15 Kermaria-an-Iskuit

Wallfahrtskapelle mit außergewöhnlichen Totentanzfresken.

Die Kapelle Kermaria-an-Iskuit (›Haus der Maria, die aus der Not hilft‹) liegt 3 km westlich von Plouha (D 21) abgeschieden in ländlicher Umgebung. Sie wurde von dem Lehnsherrn d'Avaugour nach einem Kreuzzug zu Beginn des 13. Jh. errichtet. Im 15. Jh. erfolgten Erweiterungen, im 17. Jh. wurde die Kapelle um eine dreiseitige Apsis verlängert, der fünf große Fenster Licht spenden. Eine elegante kleine **Vorhalle** an der Südseite ist in den Nischen mit hölzernen polychromen Apostelfiguren ausgestattet. Sie führt ins dreischiffige **Innere**, das eine schlichte und ehrwürdige Atmosphäre ausstrahlt. Herausragend sind die **Fresken** aus dem 15. Jh. an den Wänden des Hauptschiffes, die eine *Danse macabre*, einen Totentanz, darstellen. Sie zeigen 47 stark stilisierte Figuren auf rotbraunem Untergrund und sind vermutlich vom Totentanz des Klosters Charmier des Innocents in Paris inspiriert. Der Figurenreigen beginnt mit dem *Acteur*, dem Schauspieler oder Autor, und folgt dann der gesellschaftlichen Hierarchie des Mittelalters von Papst und Kaiser über Dorfmusikanten und Bauern bis hin zum Kind. Die Personifikation des Todes taucht allenthalben im Reigen auf und hält die Personen bei der Hand. Er führt sie mit bewegten, sprechenden Posen zum grotesken Tanz, bei dem gilt: Gleich welchen Standes – vor dem Tod sind alle gleich.

Unter den *Statuen*, die die Wände schmücken, sind der Kruzifixus an der südlichen Wand des Hauptschiffes und eine bäuerliche Figur der Maria aus dem 13. Jh. im südlichen Querschiff als besonders eindrucksvoll hervorzuheben.

Die seit der Französischen Revolution verlassene Abbaye de Beauport ist heute als romantische Ruine ein attraktives Ausflugsziel

16 Abbaye de Beauport

Malerische Ruine eines Prämonstratenserklosters.

Die noch zu einem guten Teil erhaltenen Bauten und die schöne Lage unweit der Küste machen die stimmungsvolle Ruine des einstigen Prämonstratenserklosters (Tel. 0296551858, www.abbaye-beauport.com, Mitte Juni–Mitte Sept. tgl. 10–19, Okt.–Mai tgl. 10–12 und 14–17 Uhr) zu einem lohnenden Ausflugsziel. 1184 hatten sich die Prämonstratenser hier niedergelassen und an der nahen Küste zunächst einen Hafen angelegt. Der Klosterkomplex wurde dann im 13. Jh. fertiggestellt. Die wichtigsten Gebäudeteile des seit der Französischen Revolution verlassenen Klosters sind noch erhalten und strahlen in ihrem unverfälschten Verfallszustand einen romantischen Zauber aus.

Stimmungsvoll ist der **Kreuzgang**, in dessen Hof überwachsene Strebepfeiler im Bogen zur Langhauswand der angrenzenden Kirche führen. Vor dem nördlichen Arkadengang sieht man die baumbestandene Ebene, dahinter schimmert das Meer. In der Mitte des Kreuzgangs erhebt sich über dem verwilderten Garten majestätisch eine 200 Jahre alte Esche. Östlich schließt ein etwas tiefer gelegener schöner **Kapitelsaal** mit einer polygonalen Apsis an, der den Grabstein des Abtes Pierre Huet aus dem Jahr 1450 birgt. Auch der Saal des **Refektoriums** steht noch. Am beeindruckendsten sind wohl die Ruinen der Klosterkirche, von der noch die Außenmauern des Langhauses mit Teilen des nördlichen Seitenschiffs und Resten des Querschiffs in den Himmel ragen.

Ausflüge

Die 3 km nördlich gelegene moderne Hafenstadt **Paimpol** wurde vor allem durch den Roman ›Die Islandfischer‹ von Pierre Loti (1850–1923) bekannt, der in romantisch-melancholischer Weise die Welt der bretonischen Seeleute beschreibt. Diesem Thema widmet sich auch das **Musée de la Mer** (rue de Labenne, Tel. 0296220219, www.museemerpaimpol.com, Mitte April–Juni, Sept. tgl. 14–18, Juli/Aug. tgl. 10–12.30 und 14–18.30 Uhr) nahe dem Hafen mit allerlei Dokumenten, alter Bootsausstattung und Arbeitsgeräten.

Von der *Pointe de l'Arcouest*, 6 km nördlich von Paimpol, setzt man mit dem Schiff (www.vedettesdebrehat.com) zur nur 2 km entfernten **Île de Bréhat** über, die für ihr mildes Klima, die üppige Vegetation und ihre rosafarbenen Felsen berühmt ist.

i Praktische Hinweise

Information

Office de Tourisme, place de la République, Paimpol, Tel. 02 96 20 83 16, www.paimpol-goelo.com

Hotel

***__Le K'Loys__, 21, quai Morand, Paimpol, Tel. 02 96 20 40 01, http://hotel-restaurant-soiree-vrp-paimpol-cotes-d-armor.k-loys.com. Gut geführtes Haus mit nostalgischem Charme direkt gegenüber dem Yachthafen.

17 Tréguier

Zentrum der Region Trégor mit bedeutender Kathedrale und Geburtsort des Schriftstellers Ernest Renan.

Die Hauptstadt und seit alters das geistige und religiöse Zentrum der ehemaligen Grafschaft Trégor ist eine der charaktervollsten Städte der Bretagne. Ohne ein industrielles Umfeld vermittelt das stille, nur an Markttagen (Mi) zu Leben erwachende Städtchen nach den Worten von Ernest Renan noch immer die ruhige Atmosphäre »eines großen Klosters«.

Geschichte Tréguier, am Zusammenfluss von Le Guindy und Le Jaudy gelegen, wurde vom walisischen Mönch Tugdual im 6. Jh. gegründet. Er ließ an der Stelle der heutigen Kathedrale ein Kloster errichten. Die Stadt wurde mit Erlaubnis des Frankenkönigs Childebert bald Bischofsstadt. An der Spitze des Bistums stand Tugdual, der zu den sieben heiligen Gründungsvätern der Bretagne gezählt wird. Im Hundertjährigen Krieg (1339–1453) wurde Tréguier mehrfach von den Engländern eingenommen, die 1345 Kathedrale und Stadt plünderten. 1485 wurde hier eine der ersten Buchdruckerwerkstätten Frankreichs eingerichtet.

Besichtigung Die dem heiligen Gründungsvater der Stadt geweihte TOP TIPP **Cathédrale St-Tugdual** (Juni–Sept. tgl. 9–19, Okt.–Mai tgl. 9–12 und 14–18 Uhr) beherrscht die zentrale Place du Martray. Der dreitürmige Bau wurde unter Einbeziehung von Resten der romanischen Abtei im 14. und 15. Jh. im gotischen Stil errichtet. Das imposante **Innere** unterstreicht die Bedeutung des Ortes. Das Langhaus erinnert an die klassischen Kathedralen Zentralfrankreichs. In drei Stockwerken, den Arkaden, dem Triforium und den Obergaden, erheben sich die Seitenwände des Hauptschiffs, die in Kreuzrippengewölbe münden. Besonders harmonisch wirkt der Vierungsturm, dessen Pfeiler von schlanken Säulen umgeben sind. Das Ende des nörd-

Der stimmungsvolle Kreuzgang von St-Tugdual in Tréguier mit seinem grünen Innenhof

Die Altstadt von Tréguier lockt mit bunten Fachwerkhäusern und stimmungsvollen Gassen

lichen Querschiffarmes bildet das massive Fundament des romanischen *Hastingsturms* aus dem 11. Jh. An einer Wand des südlichen Querschiffs ist die holzgeschnitzte *Figurengruppe des hl. Yves zwischen dem Armen und dem Reichen*, ein in der Bretagne verbreitetes Motiv, zu entdecken. Der dreischiffige Chor mit drei Apsidialkapellen wurde zwischen 1380 und 1425 errichtet.

Von den *Kapellen* ist die des hl. Yves im nördlichen Seitenschiff die bedeutendste. Sie wurde 1420 auf Wunsch Herzog Jeans V. gebaut. In ihrer Mitte steht das Mausoleum des Herzogs. Das *Grab des hl. Yves* ist eine Kopie vom Ende des 19. Jh., das Original wurde 1794 von Republikanern zerstört. In der Sakristei steht ein *Reliquienschrein*, der den Schädel des hl. Yves birgt. Er wird bei dem *Pardon de St-Yves* im Mai durch die Stadt getragen. Vom nördlichen Querschiffarm gelangt man in den stimmungsvollen **Kreuzgang** im Flamboyantstil (15. Jh.), einem der besterhaltenen der Bretagne. 48 zierliche Arkaden mit großen Vierpässen rahmen den quadratischen Klostergarten.

Die weite **Place du Martray** vor der Kathedrale wird von schönen zweistöckigen alten Häusern gesäumt, in ihrer Mitte erhebt sich ein Denkmal für Ernest Renan. Das Geburts- und Wohnhaus des bedeutenden Wissenschaftlers, die **Maison d'Ernest Renan** (Tel. 02 96 92 45 63, April–Juni, Sept. Mi–So 10–12 und 14–18, Juli/Aug. tgl. 10–12 und 14–18 Uhr, Okt.–März für Gruppen nach Voranmeldung), ist westlich des Platzes in der engen Rue E. Renan zu besichtigen. In dem 300 Jahre alten Fachwerkhaus vermitteln Bildnisse, Manuskripte und die original eingerichteten Wohnräume einen Eindruck von seinem Leben und Werk. Der Orientalist, Historiker und Religionswissenschaftler *Ernest Renan* (1823–1892) wollte zunächst Priester werden, wandte sich dann aber vom Katholizismus ab und verbrachte die meiste Zeit seines Lebens als Privatgelehrter. Sein bekanntestes Buch ›Das Leben Jesu‹ (ab 1863) erregte damals Aufsehen. Renan stellte Jesus als einen Menschen dar, der nach seinem Tod als Gott ausgerufen wurde. Er versuchte, das Leben und Wirken von Jesus aus den Verhältnissen seiner Zeit heraus rational zu erklären. Das Werk kostete den Autor seine Professur am Collège de France. 1870 wurde Renan, mittlerweile rehabilitiert, wieder an das Collège berufen, 1878 zum Mitglied der Académie Française gewählt und 1888 zum Grand Officier de la Légion d'Honneur ernannt.

Einer anderen Persönlichkeit wird in dem etwas außerhalb der Stadt gelegenen **Bois du Poète** gedacht. In dem Wäldchen befindet sich das Grab des bretonischen Volksdichters Anatole Le Braz (1859–1926).

Ausflüge

Südlich von Tréguier (D 8, D 6) lohnt ein Abstecher zum **Château de Roche-Jagu** (Tel. 02 96 95 62 35, www.cotesdarmor.fr/larochejagu, Mitte Febr.–Karsamstag tgl. 14–17, Ostersonntag–Juni, Sept. tgl. 10–12 und 14–18, Juli/Aug. tgl. 10–13 und 14–19 Uhr). Das stattliche Schloss erhebt sich in malerischer Lage auf einem 60 m hohen Hügel über dem Oberlauf des mäandernden Flusses Trieux. Es wurde anstelle einer älteren Burg, die im bretonischen Erbfolgekrieg zerstört worden war, Ende des 14. Jh. errichtet. Eine Dauerausstellung informiert anhand von Modellen über den mittelalterlichen Schlossbau und gibt Einblick in das Alltagsleben unter den Lehnsherren. In den Schlossgärten werden im Sommer Kurse zur Pflanzenkunde angeboten.

Wenige Kilometer östlich von Tréguier bieten die **Jardins de Kerdalo** (Tel. 02 96 92 35 94, April–Juni, Sept. Mo, Sa 14–18, Juli/Aug. Mo-Sa 14–18 Uhr) faszinierende Naturerlebnisse. Den 18 ha großen Park hat der Künstler Prinz Peter Wolkonsky anlegen lassen. Inmitten üppiger Vegetation zitieren Grotten, Pavillons und Teiche die Traditionen europäischer und asiatischer Gartenbaukunst.

Tréguier und der hl. Yves

Tréguier ist eng mit den Erinnerungen an den hl. Yves verbunden, der 1253 in der Nähe der Stadt geboren wurde. Er war zunächst Armenanwalt, dann Offizial und Kirchenrichter in Rennes und erlangte aufgrund seiner gerechten Urteilssprüche und seines Eintretens für die Armen eine über die Grenzen der Region hinausreichende Bekanntheit. Er ist der volkstümlichste Heilige der Bretagne. Anlässlich seiner Heiligsprechung im Jahr 1447 und der Überführung seiner Gebeine in die Cathédrale St-Tugdual von Tréguier fand erstmals der TOP TIPP **Pardon de St-Yves** statt, der bis heute jeden dritten Sonntag im Mai wiederholt wird. Zu dieser feierlichen Prozession reisen auch Juristen aus aller Welt an, um ihren Schutzheiligen zu ehren. Tréguier verdankt zu einem Gutteil dem hl. Yves, der den Ort bekannt machte, den Wiederaufbau der Kathedrale und gilt als eines der geistigen Zentren der Bretagne.

i Praktische Hinweise

Information

Office de Tourisme, 67, rue Ernest Renan, Tréguier, Tel. 02 96 92 22 33, www.ot-cotedesajoncs.com

Hotel

*****Aigue Marine**, 5, rue Marcelin Berthelot, Tréguier, Tel. 02 96 92 97 00, www.aiguemarine-hotel.com. Komfortables Hotel mit Restaurant am Jachthafen, raffinierte Küche.

18 St-Gonéry

Kapelle aus dem 15. Jh. mit außergewöhnlicher Deckenmalerei.

Auf der Straße von Tréguier nach Norden (D 8) an die Küste erreicht man nach 7 km St-Gonéry. Im Zentrum des Ortes steht gleich neben der Dorfstraße eine sehenswerte **Kapelle** (Tel. 02 96 92 27 54, Besichtigung nur im Rahmen von Führungen) aus dem 15./16. Jh., in die Teile des Vorgängerbaus aus dem 10. Jh. integriert sind. Ein kleiner Pfarrbezirk mit alten Bäumen grenzt an das lang gestreckte Gebäude, das zunächst wegen seines windschiefen Glockenturms auffällt. Im **Innern** erwartet den Besucher eine Überraschung: Das gesamte hölzerne *Deckengewölbe* in der Form eines umgedrehten Schiffskiels ist mit farbenfroher Malerei aus dem 15. Jh. versehen (im 18. Jh. restauriert). Sie erzählt auf einem mit Sternen übersäten roten und blauen Hintergrund überaus lebendig Szenen aus dem Alten und Neuen Testament. In ihrer Naivität besonders eindrucksvoll ist die Darstellung der Erschaffung der Erde, die Gott Sonne und Mond in den Händen haltend zeigt. Ungewöhnlich ist auch, dass Adam und Eva schon in der Paradiesszene bekleidet gezeigt werden. Zur Innenausstattung der Kapelle zählen auch einige interessante *Grabdenkmäler* und der 300 Jahre alte Reliquienschrein des hl. Gonéry aus Irland, der wegen seiner Heilkräfte bei Fieber verehrt wird.

Bezaubernde Schöpfung der Natur: kuriose Steinformationen und blaues Meer am Sentier des Douaniers zwischen Perros-Guirec und Ploumanac'h an der Côte de Granit Rose

Praktische Hinweise

Hotel

Manoir de Kergrec'h, 2 km nördlich von St-Gonéry bei Plougrescant, Tel. 02 96 92 59 13, www.manoirdekergrech.com. Das etwas abseits in einem Park gelegene Landschloss aus dem 17. Jh. bietet Unterkunft für gehobene Ansprüche.

19 Côte de Granit Rose

TOP TIPP *Fantastische Steinformationen in rosa Granit und die beliebtesten Strände der Region.*

Perros-Guirec ist das wichtigste Tourismuszentrum der gesamten Côte de Granit Rose. Der Ort erstreckt sich in bevorzugter Hanglage beiderseits eines ins Meer ragenden Vorgebirges. Die ausgedehnten Strände *Trestignel* und *Trestraou* zu beiden Seiten der Landnase gehören zu den beliebtesten der Region. In der Ortsmitte steht die kleine schiefergedeckte Kirche **St-Jacques**, deren romanisches Hauptschiff aus dem 12. Jh. mit interessanten Figurenkapitellen von einem gotischen Seitenschiff aus dem 14. Jh. flankiert wird. Im Osten der Kirche ragt der Glockenturm aus dem 14. Jh. auf. Auch das Südportal stammt noch aus romanischer Zeit. An der Schmalseite befindet sich ein skulpturengeschmücktes Tympanon.

Die Kapelle **Notre-Dame de la Clarté**, 2 km westlich von Perros-Guirec, überblickt in exponierter Lage die Bucht von Ploumanac'h. Die Kirche ist aus dem rosa Granitgestein der Region errichtet. Im Innern ist ein mit kuriosen Figuren verziertes *Weihwasserbecken* sehenswert.

Zwischen Perros-Guirec und Ploumanac'h führt der **Sentier des Douaniers**, der Pfad der Zöllner, entlang der Küste durch ein steinernes Meer aus rosa Granit. Wind und Meer haben das Gestein hier zu den sonderbarsten Gestalten erodiert und bis zu 20 m hohe bizarre Felsformationen entstehen lassen.

In **Ploumanac'h** lohnt sich besonders ein Besuch der *Plage St-Guirec*, wo das Meer bei Ebbe weit zurückweicht. Am Beginn des Strandes steht ein kleines Oratorium mit der Figur des hl. Guirec. Nach altem Brauch stechen heute noch die heiratswilligen jungen Mädchen der Statue eine Nadel in die Nase.

Weiter westlich liegt **Trégastel**, wo der herrliche Strand *Grève Blanche* zum Baden einlädt. Auch das TOP TIPP **Aquarium Marin** (Boulevard du Coz-Pors, Tel. 02 96 23 48 58, www.aquarium-tregastel.com, April–Juni, Sept. Di–Fr 10–18,

Wind und Meer als kunstvolle Bildhauer – die Felsformationen an der Côte de Granit Rose sind manchmal 20 m hoch

Sa–Mo 14–18, Juli/Aug. tgl. 10–19, Okt., März Di–So 14–17 Uhr), das nahe der *Plage de Coz-Pors* zwischen mächtigen rosa Felsen gebaut wurde, lohnt einen Besuch. In den Bereichen Gischt, Gezeiten und Meeresgrund kann man die Tier- und Pflanzenwelt von Meer und Küste erkunden.

Empfehlenswert ist auch ein *Schiffsausflug* von Perros-Guirec auf das Inselarchipel der **Sept-Îles**, das größte und älteste Vogelschutzgebiet in Frankreich. Hier nisten 27 Vogelarten, darunter riesige Kolonien von Basstölpeln, die die einsamen Felsen dicht an dicht bevölkern, ferner Papageientaucher, Trottellummen, Tordalken, Krähenscharben, Austernfischer, Kormorane und die verschiedensten Möwenarten – Hitchcock hätte seine helle Freude.

i Praktische Hinweise

Information

Office de Tourisme, 21, place de l'Hôtel de Ville, Perros-Guirec, Tel. 02 96 23 21 15, www.perros-guirec.com

Office de Tourisme, place Ste-Anne, Trégastel, Tel. 02 96 15 38 38, www.ville-tregastel.fr

Hotels

*****Le Manoir du Sphinx**, 67, chemin de la Messe, Perros-Guirec, Tel. 02 96 23 25 42, www.lemanoirdusphinx.com. Erstklassiges Hotel mit Restaurant in wunderbarer Lage an der Spitze der Landzunge.

****Morgane**, 92, avenue du Casino, Plage de Trestraou, Perros-Guirec, Tel. 02 96 23 22 80, www.hotel-morgane.com. Hotel mit schönem Blick auf das Meer und die Sept-Îles.

Le Gulf Stream, 26, rue des Sept-Îles, Perros-Guirec, Tel. 02 96 23 21 86, www.gulf-stream-hotel-bretagne.com. Schön am Hang gelegenes Hotel mit Restaurant, das einen herrlichen Meerblick bietet.

Restaurants

TOP TIPP **Coste Mor**, 162, rue St-Guirec, Ploumanac'h, Tel. 02 96 91 65 55, www.hotelsaint-guirec.com. Das Restaurant im Hotel St-Guirec et de la Plage bietet einen grandiosen Blick auf das Meer und die rosa Felsen. Die Meeresfrüchte und der Fisch sind bestens zubereitet, günstige Preise.

La Crémaillère, 13, place de l'Église, Perros-Guirec, Tel. 02 96 23 22 08. Gepflegtes bodenständiges Hotelrestaurant in rustikalem Ambiente am Kirchplatz.

20 Chapelle de Kerfons

Renaissancekapelle mit prachtvollem Holzlettner.

Die Kapelle von Kerfons (Mitte Juni–Mitte Sept. Mo–Fr 10–12 und 15–18, So 14.30–18.30 Uhr) liegt 5 km südlich von Lannion oberhalb des dicht bewachsenen Flusstals des Léguer in idyllischer Umgebung. Das Hauptschiff des im 15./16. Jh. errichteten Baus schließt ein reich geschnitzter **Lettner** aus dem Jahr 1485 ab. Er ist einer der schönsten der Bretagne. Der Lettner besteht aus hohen Spitzbogenarkaden auf schlanken Säulen mit filigranem Maßwerk. In den Bogenzwickeln sieht man Engelsköpfe. Darüber erscheinen in der Galerie aus ornamentierten Blendbögen Reliefiguren: Christus, daneben die 12 Apostel sowie die hll. Barbara und Magdalena. Auf der Ballustrade stehen die Holzfiguren der Jungfrau Maria und Johannes des Evangelisten, die vormals Teil einer Kreuzigungsszene waren.

Die umfriedeten Pfarrbezirke und Morlaix – Stein gewordene Manifestation des Glaubens

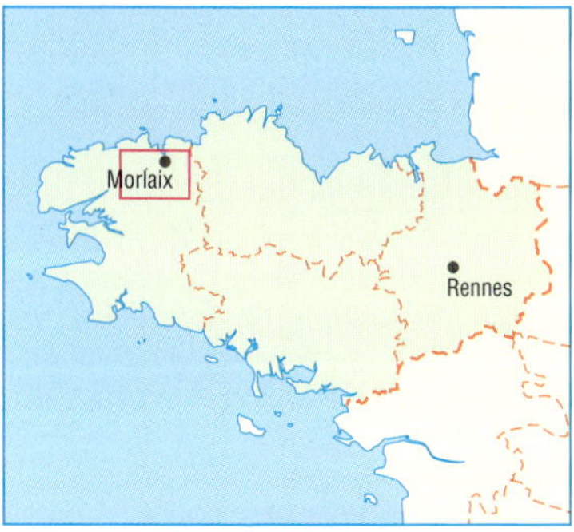

Für einen Besuch der berühmten prachtvoll und figurenreich gestalteten bretonischen Pfarrbezirke ist die alte Handelsstadt **Morlaix** mit ihren reizvollen Fachwerkhäusern aus der Renaissance der günstigste Ausgangspunkt. Die meisten dieser **Enclos Paroissiaux** liegen innerhalb eines verhältnismäßig begrenzten Gebietes in der ehemaligen Grafschaft Léon nördlich der Monts d'Arrée. Zu den schönsten der ganzen Bretagne zählen der aus dem 17. Jh. stammende imposante Pfarrbezirk von **St-Thégonnec** und der verschwenderisch ausgestattete Calvaire von **Guimiliau** aus dem späten 15. Jh. mit seinen rund 200 aus dem Stein gemeißelten Gestalten.

21 Morlaix

Reizvoll in einer engen Bucht gelegener nördlicher Hauptort des Département Finistère mit hübscher Altstadt.

Morlaix liegt etwa 5 km von der Küste entfernt am Zusammenfluss von Jarlot und Queffleuth. Das Wahrzeichen der Stadt ist der mächtige **Eisenbahnviadukt**, der seit der Mitte des 19. Jh. in 58 m Höhe Morlaix und das enge Tal überspannt. Ihre Blütezeit erlebte die Stadt im 16. und 17. Jh., als sie als wichtigster **Hafen** der Niederbretagne mit Saint-Malo konkurrieren konnte und durch die Ausfuhr von Tuchwaren Bedeutung erlangte. Morlaix besitzt eine hübsche Altstadt, deren Reiz durch ihre

Formvollendet – in mächtigen Bögen überspannt der riesige Viadukt in Morlaix das Tal

Lage in dem engen Flusstal noch gesteigert wird. Wie bei vielen anderen küstennahen Städten der Bretagne ragt die Mündungsbucht tief ins Land hinein und lässt den Jachthafen malerisch bis ins Zentrum reichen. Diese Nähe zum Meer führte im Jahr 1522 zum Überfall eines englischen Trupps, der die Stadt unbemerkt plünderte, als deren Bewohner zu einem Messebesuch in Guingamp ihre Häuser verlassen hatten. Angeblich konnten sie die Eindringlinge, die sich über die örtlichen Weinkeller hergemacht hatten, am Abend desselben Tages jedoch problemlos überwältigen.

Ein Altstadtspaziergang wird von der Place des Otages in der Mitte des Tals ausgehen, der von einem hellen Prachtbau um 1900, dem **Hôtel de Ville** (Rathaus) beherrscht wird. Eine breite Treppe führt nach Osten den Hang zur Kirche **St-Mélaine** hinauf. Der spätgotische Bau wurde 1489 errichtet. Das hohe dreischiffige Innere mit massiven Rundpfeilern wird von einer blau bemalten schiffsförmigen Holzdecke überspannt. Hinter der Kirche führt die alte, von mit Schnitzereien geschmückten Fachwerkhäusern flankierte Rue Ange-de-Guernisac zur Place des Viarmes.

Auf der gegenüberliegenden westlichen Hangseite steht in der Rue du Mur das wichtigste Gebäude der Stadt, die **Maison de la Reine Anne** (Mai Di/Mi, Fr/Sa 11–18 Uhr, Juni Mo–Mi, Fr/Sa 11–18.30, Juli–Sept. Mo–Sa 11–18 Uhr). Das dreistöckige Fachwerkhaus aus der zweiten Hälfte des 15. Jh. präsentiert eine skulpturengeschmückte Fassade mit vorkragenden Etagen. Hier soll die bretonische Herzogin und französische Königin Anne auf ihrer Wallfahrt nach Le Folgoët übernachtet haben. Das Gebäude besitzt einen für die örtliche Bauweise der Zeit typischen überdachten *Innenhof* mit einer wunderbar skulptierten Wendeltreppe.

Auch die parallel verlaufende **Grande Rue** wird von sehenswerten Fachwerk- und Granithäusern aus dem 15. und 16. Jh. flankiert. Eines von ihnen, die Maison à Pondalez aus dem 16. Jh. beherbergt das **Musée de Morlaix** (9, Grand Rue, Tel. 02 98 88 68 88, www.musee.ville.morlaix.fr, Juli/Aug. tgl. 10–12.30 und 14–18, April/Mai, Sept. Mo, Mi–Sa 10–12 und 14–18, So 14–18, Okt.–März, Juni Mo, Mi–Sa 10–12 und 14–17 Uhr). Dort wird die permanente Ausstellung des Museums gezeigt: Sie enthält Malerei der Moderne, aber auch Skulpturen von Heiligen und eine Sammlung zur Stadt- und Regionalgeschichte. In der **Eglise des Jacobins** (Place des Jacobins), einer Zweigstelle des Museums, finden Wechselausstellungen statt.

Ein frühes Beispiel französischer Industriearchitektur sind die **Manufacture des Tabacs** (41, quai de Léon, Besichtigung auf Anmeldung, Tel. 02 98 62 39 39) am Flusshafen aus dem 18. Jh. Bis Anfang des 21. Jh. wuden dort jährlich über 300 Millionen Zigarren produziert, mittlerweile

Der malerische Jachthafen von Morlaix reicht bis ins Zentrum des Städtchens

Figurenreich und filigran – die prachtvollen Pfarrbezirke im Umkreis der Stadt Morlaix versetzen Besucher immer wieder in Staunen und Bewunderung, hier in Guimiliau

Enclos Paroissiaux

Die umfriedeten Pfarrbezirke der Bretagne stellen in der sakralen Kunst Europas ein einzigartiges Phänomen dar. Die überschwänglich ausgeschmückten **Calvaires**, zu deutsch Kalvarienberge, im Zentrum dieser **Enclos Paroissiaux** sind naives, ausdrucksstarkes künstlerisches Zeugnis einer tief empfundenen Religiosität und volkstümlich geprägten Fantasie.

Die **Entstehung** der Pfarrbezirke im 16. und frühen 17. Jh. und ihre Konzentration auf die ehemalige **Grafschaft Léon** im nördlichen Teil des Département Finistère erklärt sich durch den in dieser Region damals blühenden Tuchhandel, der selbst kleinen Dörfern Wohlstand bescherte. Über die Hafenstädte Morlaix und Landerneau führten die Weber ihre Leinenstoffe aus: nach Portugal, Spanien und vor allem nach England. Im Bemühen, den erlangten Reichtum sichtbar zu dokumentieren, entbrannte unter den Dörfern ein heftiger Konkurrenzkampf um den prächtigsten Pfarrbezirk.

Ein umfriedeter Pfarrbezirk besteht aus folgenden Elementen: dem **Friedhof** und dessen teilweise recht hoher steinerner Einfassung, einem **Triumphtor**, das in den Bezirk hineinführt, einem **Beinhaus**, dem Calvaire sowie der **Kirche** selbst mit ihrer im Süden vorgelagerten Eingangshalle. Der Pfarrbezirk stellt ein deutlich nach außen abgegrenztes Ensemble von aufeinander abgestimmten Bauten dar, deren religiöser Mittelpunkt der Calvaire ist.

Die Calvaires sind teils einfache, teils komplexe Monumente auf viereckigen oder runden Steinsockeln, die mit umlaufenden Figurenfriesen geschmückt sind. Darüber erhebt sich der eigentliche Kalvarienberg mit der Darstellung des Kreuztodes Christi. Unter den Kreuzen bevölkern vollplastische Figuren die Plattform. Sogar auf den Kreuzbalken stehen Figuren. Sie sind aufgrund des harten Granitsteins meist einfach gearbeitet. Ihre Mimik und die lebendige szenische Gestaltung tragen jedoch zu jener fantastischen Wirkung bei, die sie zu einer außerordentlichen Erscheinung der Renaissance-Kunst machen.

Im Gegensatz zum Bereich des Friedhofs, in dem das Memento-Mori-Motiv, die Mahnung an den Tod, in vielfältiger Weise dargestellt wird, überrascht in den reich ausgestatteten, schmuckvollen und meist hellen Kirchen eine beinahe heitere Atmosphäre.

sind Galerien wie *Artotia* (www.artotia.eu, Mo–Fr 13–18 Uhr), Büros und Geschäfte eingezogen.

Château du Taureau

Von dem beliebten Ausflugs- und Badeort *Carantec*, 15 km nördlich von Morlaix kann man zum **Château du Taureau** (www.chateaudutaureau.com, Anmeldung unter Tel. 02 98 62 29 73) übersetzen, einem eindrucksvollen Bollwerk mitten in der Bucht von Morlaix. Die Mitte des 16. Jh. errichtete Festung war die Antwort auf die Angriffe der englischen Flotte auf die Stadt Morlaix. Im 17. Jh. nahm Ludwig XIV. Besitz von ihr und ließ sie durch seinen Militäringenieur Vauban zu einer 60 m langen, 12 m breiten und 12 m hohen Festungsanlage ausbauen. Im 18. Jh. war sie ein gefürchtetes Gefängnis.

Praktische Hinweise

Information

Office de Tourisme, place des Otages, Morlaix, Tel. 02 98 62 14 94, www.tourisme.morlaix.fr

Der Leuchtturm auf der Île Louët und das Château du Taureau wachen über die Bucht von Morlaix

Hotels

***__L'Albatros__, Route de Lannion, Morlaix, Tel. 02 98 88 08 44, www.l-albatros.fr. Modern ausgestattetes Hotel mit hübschem Restaurant.

**__Europe,__ 1, rue d'Aiguillon, Morlaix, Tel. 02 98 88 83 38, www.hotel-europe-com.fr. Gepflegtes Hotel mit historischem Ambiente im Stadtzentrum.

Manoir de Coat Amour, route de Paris, Morlaix, Tel. 02 98 88 57 02, www.gites-morlaix.com. Charmantes Herrenhaus aus dem 19. Jh., sechs stilvolle Zimmer stehen zur Auswahl.

Restaurants

Le Viaduc, 3, rampe Ste. Mélanie, Morlaix, Tel. 02 98 63 24 21, www.le-viaduc.com. Empfehlenswertes Restaurant direkt neben der Kirche, das in rustikalem Ambiente Fisch und Meeresfrüchte anbietet (Mo geschl.).

Restaurant Patrick Jeffroy, 20, rue du Kelenn, Carantec, Tel. 02 98 67 00 47, www.hoteldecarantec.com. Mit 2 Michelin-Sternen ausgezeichnetes Gourmetrestaurant.

22 St-Thégonnec

TOP TIPP *Imposanter Pfarrbezirk aus dem 17. Jh. mit einer reich ausgestatteten Kirche.*

Gut 10 km (D 712) von Morlaix entfernt, erwartet den Besucher mit dem umfriedeten Pfarrbezirk von St-Thégonnec (Juli/Aug. tgl. 9–19, Sept.–Juni tgl. 9–18 Uhr) eine der reichsten und monumentalsten Anlagen der Region. Dieser Pfarrbezirk gehört zu den besterhaltenen der Bretagne. Er ist nach dem walisischen Mönch Thégonnec benannt.

Durch ein wuchtiges **Triumphtor** von 1587 betritt man den Friedhof. Die Fassade des massiven **Beinhauses** aus dem 17. Jh. ist mit korinthischen Säulen besonders aufwendig gestaltet. Innen führt eine Treppe zur **Krypta** hinunter, die eine holzgeschnitzte ›Grablegung‹ aus dem 18. Jh. enthält. Der **Calvaire** (1610) von St-Thégonnec ist einfach und klar gegliedert. Auf einem rechteckigen Sockel drängen sich etwa 40 miniaturhafte Figuren. Dargestellt sind Passionsszenen. Ungewöhnlich hoch ragen darüber die drei Kreuze in den Himmel. Jeder der beiden Schächer hat hier sein eigenes Kreuz; auf zwei Querbalken des Mittelkreuzes sind die hll. Petrus, Johannes und Yves, die Jungfrau Maria und eine Kreuzabnahme zu erkennen, außerdem zwei Reiter, die den Gekreuzigten bewachen.

Die Kirche **Notre-Dame** wird von einem mächtigen Renaissance-Glockenturm von 1626 mit laternenbekrönter Kuppel überragt. Durch die Vorhalle unter dem Turm gelangt man ins *Innere*. Es ist wie bei den meisten Kirchen der Umgebung farbenprächtig und vermittelt eine heitere Atmosphäre, die im bewussten Gegensatz zu den anderen, vom Gedanken an den Tod beherrschten Bauten im Pfarrbezirk steht. Die Ausstattung ist barock; die Aufmerksamkeit zieht vor allem der *Chor* mit dem geschnitzten Hochaltar auf sich. Die Restaurierung der Kirche nach einem Brand 1998 förderte an seinen Wänden bis dato unbekannte Innschriften zutage. Weitere farbenfrohen *Altäre* und Altaraufsätze stehen in den Seitenschiffen, allen voran der prächtige *Rosenkranzaltar* aus dem späten 17. Jh. im linken Seitenschiff. Darüber sieht man die Erlösung einer Seele aus dem Fegefeuer durch Jesus.

i Praktische Hinweise

Hotel

*****Auberge Saint-Thégonnec**, 6, place de la Mairie, St-Thégonnec, Tel. 02 98 79 61 18, www.aubergesaintthegonnec.com. Schönes Hotel mit gutem Restaurant.

23 Guimiliau

TOP TIPP *Einer der schönsten Pfarrbezirke mit dem zweitgrößten Calvaire der Bretagne.*

Nur 8 km westlich von St-Thegonnéc steht der Pfarrbezirk von Guimiliau mit seiner ebenfalls verschwenderischen Ausstattung. Er ist vor allem für den Reichtum seines Calvaires berühmt.

Kostbares Abendmahl – der Calvaire von Guimiliau ist mit seinen detailfreudigen Szenen einer der schönsten der Bretagne

Ein **Triumphtor** mit einem geschwungenen Renaissancegiebel führt in die Umfriedung. Der **Calvaire** stammt aus den 80er-Jahren des 16. Jh. und ist mit etwa 200 Figuren der figurenreichste und nach Plougastel-Daoulas [s. S. 71] zweitgrößte der Bretagne. Vier Pfeiler sind durch Arkaden mit einem mächtigen zentralen Sockel verbunden. Sie bieten Raum für zusätzliche Szenen. Der Sockel wird von nur einem Kreuz überragt. Die Kindheitsgeschichte Jesu, letztes Abendmahl, Fußwaschung, Gefangennahme, Kreuztragung, Grablegung, Geißelung und Auferstehung sind auf dem Calvaire dargestellt. Die Figuren tragen zeitgenössische Kleidung des 16. Jh. An den Pfeilern stehen die vier Evangelisten mit ihren Symbolen. Berühmt ist die *Darstellung der Sünderin Katell Gollet*, die ihres lockeren Lebenswandels wegen und weil sie ihrem Liebhaber, dem Teufel, eine geweihte Hostie angeboten haben soll, verdammt wird: Teufel treiben die nackte Person mit Gabeln in den Höllenrachen.

Eine prächtige *Renaissancevorhalle* mit meisterhaft skulptierten Bogenläufen (z. B. Sündenfall und Vertreibung aus dem Paradies, Brudermord, Arche Noah) führt in die Kirche **St-Miliau** aus dem 16. Jh. Sie ist nach dem hl. Miliau benannt, einem Prinzen der Herrschaft Cornouaille. Der *Innenraum* der zweischiffigen Kirche, die noch gotische Spuren aufweist, ist breit und relativ niedrig. Ein Schmuckstück der Ausstattung ist das aus Eichenholz geschnitzte *Taufbecken* am Eingang aus dem Jahr 1675, dessen opulenter Baldachin von acht schlanken Säulen getragen wird. Wie in St-Thégonnec schließt ein prächtiger *Barockaltar* die Chorseite ab.

24 Lampaul-Guimiliau

Pfarrbezirk und Kirche mit reichem Skulpturenschmuck aus dem 16. und 17. Jh.

Der dritte der großen Enclos Paroissiaux der Region – 3 km westlich von Guimiliau – ist im Vergleich zu St-Thégonnec [Nr. 22] und Guimiliau [Nr. 23] einfacher gestaltet. Auf dem Friedhof erhebt sich ein fast schmuckloser und dennoch ausdrucksstarker **Calvaire** aus dem 16. Jh.

Besonderes Augenmerk sollte man der **Kirche** von 1553 widmen, deren Turm (1573) nach einem Blitzschlag 1809 die Spitze verlor. Die Ausstattung im *Innern* des Gotteshauses gehört zu den reichsten der Region. Das Mittelschiff beherrscht ein großartiger *Triumphbalken*, der die Grenze zum Chor markiert. Er trägt die Christusfigur am Kreuz sowie die hl. Jungfrau und Johannes den Evangelisten. Im Relieffries des Balkens sind Szenen aus der Passion zu erkennen. Die Rückseite thematisiert mit den zwölf Sibyllen die Prophezeiung von der Geburt Christi.

Die Chorseite der Kirche birgt zwei *Schnitzaltäre*, die mit zahllosen kleinen Skulpturen bestückt sind: im südlichen Seitenschiff das prächtige Retabel Johannes des Täufers und ein Retabel der Passion Christi aus Antwerpen. Im nördlichen Seitenschiff sind eine aus hellem Stein gefertigte *Grablegung Christi* aus dem Jahr 1676 sowie eine Pietà aus Eichenholz (16. Jh.) zu bewundern. Auch in dieser Kirche befindet sich ein schönes, achteckiges *Taufbecken* (17. Jh.) mit einem aufwendig gestalteten farbigen Kuppelaufsatz, in dessen Arkaden die zwölf Apostel sowie die Taufe Christi dargestellt sind.

25 Commana

Die festliche Kirche des Pfarrbezirks birgt einen prächtigen Schnitzaltar.

Der kleine Ort liegt 12 km (D 11) südöstlich von Lampaul-Guimiliau am Rande der Monts d'Arrée. Weithin sichtbar ragt der 57 m hohe Turm der Kirche in den Himmel. Auch der **Pfarrbezirk** von Commana besitzt ein Triumphtor, ein kleines Beinhaus und zwei kleinere Calvaires.

Verspielt und prachtvoll – der hölzerne Baldachin über dem Taufbecken der Kirche von Lampaul-Guimiliau ist reich dekoriert und mit bunten Holzfiguren geschmückt

Antikes Vorbild und religiöser Inhalt: Im Triumphtor von Sizun ist der Calvaire integriert

Die Attraktion aber ist das Innere der Anfang des 17. Jh. errichteten Kirche **St-Derien**. Zunächst fällt der Blick auf ein *Taufbecken* aus dem 17. Jh. Es ist mit Statuen geschmückt, die die Kardinaltugenden symbolisieren. Der Höhepunkt des prächtig ausgestatteten und festlich wirkenden Raumes sind die farbig gefassten Schnitzaltäre. Alle anderen übertrifft der 6 m breite und 8 m hohe *Annenaltar* aus dem Jahr 1682 im linken Seitenschiff. Sein reiches Schnitzwerk mit unzähligen Medaillons, Säulen und Pflanzengirlanden zeigt in seiner verspielten Fülle volkstümliches Kunstempfinden.

26 Sizun

Pfarrbezirk mit monumentalem, antikisierendem Triumphtor aus dem 16. Jh.

Sizun, nur 10 km westlich von Commana im Elorntal, besitzt einen Pfarrbezirk mit einem außergewöhnlichen **Triumphtor** (1588–90), dessen drei Rundbögen an antike römische Triumphbögen erinnern. Seine Balustrade wird von vier Laternen und einem kleinen Kreuz überragt – der Calvaire ist hier also in das Tor integriert – und bildet mit dem angrenzenden **Beinhaus** aus derselben Zeit eine stilistische Einheit. Die Fassade des Beinhauses ist mit den Figuren der zwölf Apostel geschmückt.

Die Kirche **St-Sullian** mit ihrem markanten 60 m hohen Turm und einer spätgotischen Vorhalle erreicht jedoch vor allem mit ihrer Innenausstattung nicht die Pracht der Kirchen von Commana und Lampaul-Guimiliau.

27 Bodilis

Wahrzeichen des winzigen Dorfes und seines Pfarrbezirks ist der spätgotische Glockenturm im Flamboyantstil.

Der Pfarrbezirk von Bodilis, nördlich des Elorn, 4 km nordwestlich von Landivisiau (D 30), ist vor allem wegen seiner Kirche interessant. Auffallend ist zunächst der **Glockenturm** im spätgotischen Flamboyantstil mit einer auf drei Seiten offenen Vorhalle und einer von vier kleineren Glockentürmen flankierten Spitze. Es ist einer der letzten gotischen Kirchtürme der Bretagne, der noch den normannischen Einfluss der Kirche des Kreisker in Saint-Pol-de-Léon [Nr. 32] aufweist.

Im klassischen Stil der Renaissance hingegen präsentiert sich die **südliche Vorhalle** mit einer imposanten türmchen- und nischengeschmückten Fassade (1585–1601) und dem mit Figuren belebten Innern. Unterhalb der zwölf Apostel steht eine Reihe fabulöser Fantasiegestalten in Karyatidenform.

Das dreischiffige Innere der **Kirche** ist von einem blau bemalten Tonnengewölbe überdacht, wiederum in der Form eines umgedrehten Schiffskiels. Eine Besonderheit sind die *Holzbalken*, die das Hauptschiff überspannen, und die Gesimsbalken oberhalb der Langhauswände (Sablières), in die eine Vielzahl lebensnaher Szenen aus dem bäuerlichen Alltag geschnitzt sind. Sehenswert sind außerdem mehrere *Statuen* sowie die vergoldeten polychromen *Altaraufsätze*.

28 La Roche-Maurice

Pfarrbezirk in idyllischer Lage.
Die Kirche birgt einen sehenswerten Renaissancelettner.

Das Dorf La Roche-Maurice liegt auf einer Anhöhe oberhalb des bewaldeten Flusstals des Elorn etwa 5 km vor Landerneau (D 712). Aufgrund der anmutigen Lage am Rande des wenig besuchten Dorfes gehört der **Pfarrbezirk** zu den stimmungsvollsten der Region. Die Pfarrkirche St-Yves bildet zusammen mit dem Beinhaus und der Einfriedung ein harmonisches, intim wirkendes Ensemble. Der Raum zwischen Einfriedung und Kirche ist lediglich einige Meter breit, ein eigentlicher Calvaire fehlt, stattdessen überragen drei hohe und schlichte **Kreuze** die Einfriedung. Markant ist der 60 m hohe Kirchturm aus dem 16. Jh. mit einer Doppelgalerie und zwei Glockenstuben.

Besonders fein gearbeitet ist das der Kirche unmittelbar gegenüberstehende **Beinhaus** mit einer zweireihigen, durch Säulen gegliederten Renaissancefassade. Die Inschriften über den beiden Portalen und der kleine, einen Pfeil schwenkende Tod über dem Weihwasserbecken an der Seite weisen die Besucher auf die Vergänglichkeit des Lebens hin.

Das Innere von **St-Yves** ist eines der schönsten Beispiele heiterer, farbenfroher Pracht: Die getäfelte *Holzdecke* ist vor blauem Untergrund mit Blumen und Engeln bemalt, darunter entwachsen seitlich aus Drachenmäulern die massiven Querbalken. Im Zentrum steht der farbige, von der Kreuzigungsszene überragte *Renaissancelettner* (16. Jh.) aus geschnitztem Eichenholz. Fabeltierartige Karyatiden bilden die Verbindung zwischen dem zierlichen Gitterwerk und einer reich geschnitzten Ballustrade, von der in

Leiden und Auferstehung aus Glas – das farbenfrohe Chorfenster der Kirche St-Yves von La Roche-Maurice ist ein Höhepunkt bretonischer Glasmalerei

Richtung Kirchenschiff neun miniaturhaft wirkende Apostel und drei Päpste herabblicken. Die Ballustrade verfügt über einen Laufgang, zu dem eine Treppe in einem der Pfeiler führt. Die dem Chor zugewandte Seite des Lettners ist mit Figuren im Flachrelief geschmückt, die die Heiligen der Region repräsentieren. Einen Höhepunkt bretonischer Glasmalerei stellt schließlich das große fünfbahnige *Chorfenster* aus dem Jahr 1539 dar, das die Geschichte der Passion und der Auferstehung Christi erzählt.

Am gegenüberliegenden Ende des Dorfes überragt die Ruine des **Château** aus dem 12. Jh. das Tal und gewährt Ausblick in Richtung Landerneau und die Mündung des Elorn.

29 Pencran

Pfarrbezirk mit noch genutztem Friedhof neben der Kirche.

Pencran liegt 6 km südwestlich von La Roche-Maurice. Der **Calvaire** mit seinen drei Kreuzen ist neben der Kirche in die Umfassungsmauer integriert. Ergreifend ist die am Fuße des Hauptkreuzes knieende Figur der in Trauer aufgelösten Maria Magdalena. Neben der Kirche erhebt sich das besonders harmonisch gestaltete **Beinhaus** des 16. Jh. Der Skulpturenschmuck der schönen **Kirchenvorhalle** (16. Jh.) ist stark mitgenommen, hatte einst aber die Qualität der Vorhallen von La Martyre und Ploudiry. Im *Innern* der Kirche lohnt sich die Besichtigung der polychromen Kreuzabnahme aus Holz.

30 La Martyre

Einer der ältesten und prächtigsten Pfarrbezirke mit eindrucksvoller Vorhalle.

Das Dorf La Martyre, nur wenige Kilometer südöstlich von La Roche-Maurice, besitzt einen im Vergleich zu der Ärmlichkeit des Dorfes überraschend prächtigen **Pfarrbezirk**, der zugleich einer der ältesten der Bretagne ist.

Außergewöhnlich wirkt schon der Eingang zum Friedhof: Zwischen zwei alten Wohnhäusern erstreckt sich eine Mauer, in deren Mitte das **Triumphtor** aus dem 16. Jh. steht. Auf der Ballustrade sieht man eine Darstellung der Pietà. Darüber erhebt sich der aus drei Kreuzen bestehende **Calvaire**, der zugleich die Auferstehung Christi schildert.

Die **Kirchenvorhalle** (Mitte 15. Jh.) an der Südseite ist die besser erhaltene Vorläuferin derjenigen von Pencran und besonders reich mit Figuren ausgeschmückt. Eindrucksvoll ist vor allem die Geburtsszene im Tympanon mit Maria im Wochenbett, deren Brüste entblößt sind, und dem am Fußende sitzenden Josef. Im Innern der Vorhalle fällt ein kleines *Taufbecken* auf, über dem der Tod einen Kinderkopf in der Hand hält. Nebenan, gleichsam als eine zweite Vorhalle, steht das **Beinhaus** vom Anfang des 17. Jh. mit einer außergewöhnlichen Karyatidenfigur, deren Unterkörper wie bei einer Mumie von Bändern umwickelt ist. Die Spruchbänder über dem Eingang enthalten einen bretonischen Text, der wiederum als letzte geistige Läuterung vor dem Eintritt in die Kirche gedacht ist: »Der Tod, das Jüngste Gericht, die kalte Hölle – Wenn der Mensch daran denkt, soll er zittern. Ein Narr ist der, der solches nicht bedenkt, da er doch weiß, dass er sterben muss«.

Im Innern der Kirche **St-Salomon** verdienen besonders die mehrfarbigen Gesimse (Sablières) im linken Seitenschiff mit Darstellungen biblischer und alltäglicher Szenen eine genauere Betrachtung. Hervorzuheben sind außerdem die noch in gotischem Stil gefertigten Glasfenster, die u. a. die Kreuzigung zeigen. Sie entstanden Mitte des 16. Jh. nach Vorlagen aus Flandern, das mit der Bretagne einst rege Handelsbeziehungen pflegte.

31 Ploudiry

Herausragend ist das prächtig skulptierte Beinhaus.

Der kleine Ort Ploudiry liegt 1,5 km östlich von La Martyre. Sein **Beinhaus** von 1635 besticht durch einen Figurenfries, der oberhalb der Bogenfenster verläuft: Der Tod (bretonisch *Ancou*) bedroht vier Ständevertreter: einen Bauern, einen Bürger, einen Geistlichen und einen Adligen. Das **Portal** der im 19. Jh. fast völlig erneuerten Kirche stammt noch von 1665 und schildert in seinen Archivolten biblische Geschichten auf besonders lebendige Weise. Zu den einfallsreichsten Darstellungen gehört die des Sündenfalls.

Nordwestliches Finistère – Land der Kirch- und Leuchttürme

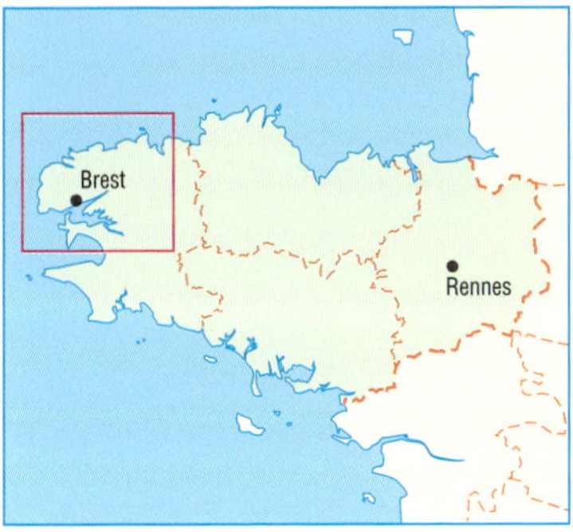

Der nordwestliche Küstenabschnitt der Bretagne wird wegen seiner zahlreichen tiefen Buchten (Abers) **Côte des Abers** genannt. Diese lang gestreckten Mündungstäler haben sich nach den Eiszeiten gebildet, als das Meer nach dem Abschmelzen großer Eismassen anstieg, in die Flussmündungen drängte und so ihre jetzige Form schuf. Die klippenreiche Küste mit verhältnismäßig wenigen kleinen Sandstränden hat die Entstehung größerer Badeorte verhindert. Ursprünglichkeit und Einsamkeit prägen noch den Charakter der Region, deren Vegetation auf Stechginster und Heide reduziert ist. Die **Presqu'île de Crozon** südlich von Brest ist Teil des großen Naturparks Parc Naturel Régional d'Armorique und besticht durch ihre eindrucksvolle Felsküste. Sie gehört zu den landschaftlich schönsten Gegenden der Bretagne und bietet mit der Klosterruine **Landévennec** auch eine der kunstgeschichtlichen Raritäten der Region.

32 Saint-Pol-de-Léon

Ehemalige Bischofsstadt mit zwei sehenswerten gotischen Kirchen.

Die weithin sichtbare Silhouette der nördlichen Küstenstadt (7400 Einw.) wird von drei Kirchtürmen beherrscht, die von der Bedeutung des einstigen Bistums zeugen. Bis zur französischen Revolution blieb die im 6. Jh. von dem irischen Mönch *Paul-Aurélien*, einem der sieben Titelheiligen der Bretagne, gegründete Stadt Bischofssitz. Heute ist das belebte Handelszentrum Mittelpunkt des fruchtbaren ›goldenen Gürtels‹. Saint-Pol-de-Léon beliefert ganz Frankreich, aber auch die europäischen Nachbarn mit Artischocken, Blumenkohl und anderem Gemüse.

Die **Ancienne Cathédrale** (13.–16. Jh.) beherrscht die weite Place du Parvis. Der doppeltürmige, im Stil normannischer Gotik errichtete Bau besitzt ein 16 m hohes Mittelschiff, für dessen Mauerwerk man den hellen Kalkstein aus der Gegend um Caen herbeischaffte. Das nördliche Querschiff weist noch Mauerreste der romanischen Vorgängerkirche auf, gegenüber bildet eine *Fensterrosette* aus dem 15. Jh. den Abschluss des südlichen Querschiffs. Der dreistöckige Chor aus

Prototyp aller gotischen Kirchtürme: der Kreisker in Saint-Pol-de-Léon

Granit wurde im 19. Jh. restauriert. Wertvoll sind vor allem das doppelreihige eicherne *Chorgestühl* aus dem frühen 16. Jh. und ein romanischer *Sarkophag* aus dem 12. Jh. im südlichen Seitenschiff. In einer der südlichen Chorkapellen werden alte hölzerne *Schreine* mit den Totenschädeln angesehener Bürger der Stadt aufbewahrt. In der ersten nördlichen Chorkapelle befinden sich Reliquien und die alte Glocke des hl. Pol.

Nur einige Hundert Meter unterhalb der Kathedrale erhebt sich die Kirche **Notre-Dame-du-Kreisker**. Berühmt ist sie wegen ihres Glockenturms. Er ist mit seinen 77 m der höchste der Bretagne. Im 15. Jh. fertig gestellt, wurde er zum Vorbild für zahlreiche andere bretonische Kirchtürme. Der schlanke, elegante Turm bekrönt die Vierung. Sein Baukörper ist vielfach durchbrochen und kulminiert in einer von mehreren kleineren Türmen umringten Spitze. Vom Turm kann man einen sehr schönen Blick über die Ebene und auf die Küste genießen. Die Ausmaße der Kirche selbst, der einstigen Kapelle des Stadtrates (14./15. Jh.), blieben im Vergleich zum Turm eher bescheiden.

i Praktische Hinweise

Information

Office de Tourisme, place de l'Evêché, Saint-Pol-de-Léon, Tel. 02 98 69 05 69, www.saintpoldeleon.fr

Hotels

****De France**, 6, rue des Minimes, Saint-Pol-de-Léon, Tel. 02 98 29 14 14, www.hoteldefrancebretagne.com. Gepflegtes Hotel im Zentrum mit großem Garten und Restaurant.

***Du Cheval Blanc**, 6, rue au Lin, Saint-Pol-de-Léon, Tel. 02 98 69 01 00, www.hotelchevalblanc.com. Einfaches Hotel ohne Restaurant.

33 Roscoff

Belebte alte Hafenstadt.

Der 5 km nördlich gelegene einstige Hafen von Saint-Pol-de-Léon ist auch heute noch ein ausgesprochen lebhaftes Städtchen (3800 Einw.) mit einer reizvollen Altstadt, einem Fischerei- und einem Fährhafen. Viele Irlandreisende schiffen sich hier auf dem Weg zu ihrem Urlaubsziel ein.

Den bedeutendsten Besuch seiner Geschichte erlebte Roscoff 1548, als die sechsjährige Maria Stuart hier an Land ging, um sich mit dem Dauphin François, dem späteren König Franz II., zu verloben. Seit dem Anfang des 19. Jh. führten französische Zwiebelverkäufer, Johnnies genannt, von hier aus die Zwiebeln der Region Léon nach England und Schottland aus. Diese Art des Handels wurde bis in die 1950er-Jahre praktiziert. Die Geschich-

Erinnerung an einen historischen Brautbesuch: In der hübschen Hafenstadt Roscoff landete 1548 Maria Stuart

te der Händler erzählt das Museum **La Maison des Johnnies et de l'oignon rosé** (48, rue Brizeux, Tel. 02 98 61 25 48, Führungen Juni–Sept. Mo–Fr 11, 15, 17 Uhr, Okt.–Mai Di, Do/Fr 15 Uhr, Jan. geschl.). Die Nähe zu den britischen Inseln ist immer noch spürbar. Täglich verkehrt die Fähre von/nach Plymouth und Cork und bringt in großer Zahl Besucher an die bretonische Nordküste. Ende des 19. Jh. wurde Roscoff zum weltweit ersten Kurort für **Thalassotherapie**.

Den dreieckigen Kirchplatz am westlichen Ende der Altstadt beherrscht die Kirche **Notre-Dame-de-Kroaz-Baz** aus dem 16. Jh. Zwei *Beinhäuser* flankieren den Eingang zum Kirchhof. Die Kirche selbst präsentiert sich in Stilformen der Spätgotik. Ihr Äußeres ist mit Schiffreliefs und Kanonen geschmückt, eine Erinnerung an die Zeit der reichen Reeder und der Korsaren. Der elegante, in drei Etagen gegliederte und vielfach durchbrochene *Glockenturm* (1550–70) gehört bereits der Renaissance an. Das harmonische *Innere* besitzt eine schöne Holzdecke in Form eines umgedrehten Schiffskiels. Sie ist mit hübschen Schnitzereien und Malereien geschmückt.

An der nahe gelegenen Place Georges-Tessier lädt die 1872 gegründete **Station Biologique** (Tel. 02 98 29 23 25, www.sb-roscoff.fr, Wiedereröffnung nach Restaurierung voraussichtlich 2010) mit ihrem großen Meeresaquarium, in dem sich u. a. Kraken, Katzenhaie und Seepferdchen tummeln, zu einem Besuch ein.

Ein Streifzug durch die **Altstadt** mit ihren engen Gässchen und sehenswerten Granithäusern aus dem 15. und 16. Jh. sollte über die **Rue Amiral-Réveillère** direkt hinter der Kirche führen, in der sich die ältesten Häuser von Roscoff befinden.

Östlich der Altstadt liegt der **Port du Blascon**, wo seit 1976 die Fährschiffe nach Großbritannien und Irland ablegen. Östlich davon erstreckt sich auf und um einen markanten Granitfelsen direkt an der Küste der **Jardin Exotique** (Tel. 02 98 61 29 19, www.jardinexotiqueroscoff. com, Juli/Aug. tgl. 10–19 Uhr, April–Juni, Sept./Okt. tgl. 10.30–12.30 und 14–18, März, Nov. tgl. 14–17 Uhr). Er ist ein botanischer Garten und präsentiert Pflanzen aus subtropischen Regionen, Wüsten und Halbwüsten in Afrika, Amerika und Australien sowie von den Inseln der südlichen Hemisphäre. Dank des milden Klimas können im Jardin Exotique Kakteen, Palmen und Passionsblumen prächtig gedeihen.

Schon von weitem ein Blickfang: der hohe Glockenturm der Kirche Notre-Dame-de-Kroaz-Baz in Roscoff

i Praktische Hinweise

Information

Office de Tourisme, Quai d'Auxerre BP 58, Roscoff, Tel. 02 98 61 12 13, www.roscoff-tourisme.com

Hotels

TOP TIPP ***Talabardon**, 27 place Lacaze Duthiers, Roscoff, Tel. 02 98 61 24 95, www.talabardon.fr. Das Hotel liegt im Herzen der Stadt gegenüber der Eglise de Notre-Dame-de-Kroaz-Baz, die Spezialität des exquisiten Restaurants sind Meeresfrüchte.

Hôtel Régina, 1, rue Ropartz Morvan, Roscoff, Tel. 02 98 61 23 55, www.hotel-regina.fr. Hotel mit gutem Service und Restaurant direkt neben dem Bahnhof.

Restaurant

Des Arcades, 15, rue Amiral Réveillère, Roscoff, Tel. 02 98 69 70 45, www.hotel-les-arcades-roscoff.com. Hotelrestaurant mit Traumblick auf den Hafen, gute und günstige Küche. Spezialitäten sind Fisch und Meeresfrüchte.

34 Le Folgoët

Wallfahrtsort mit bedeutender gotischer Kirche.

Nordöstlich von Brest erreicht man auf der D 788 nach etwa 20 km mit dem Dorf Le Folgoët einen der bekanntesten Wallfahrtsorte der Bretagne. Hier wird am ersten Sonntag im September der **Grand Pardon de Notre-Dame** gefeiert.

Die für die Größe des Ortes ungewöhnlich stattliche Wallfahrtskirche **Notre-Dame** wurde in der ersten Hälfte des 15. Jh. im gotischen Flamboyantstil errichtet. Schon von weitem sichtbar ist der 57 m hohe nördliche Kirchturm. Er gilt als einer der schönsten der Bretagne und blickt wahrhaft majestätisch auf den Marktplatz hinab. Mit dem typischen durchbrochenen Helm erhebt er sich über einer Balustrade, die den quadratischen Unterbau abschließt. Ein zweiter Turm blieb unvollendet. Der Ursprung der Kirche geht auf eine Legende zurück, nach der ein ›Fol Goat‹, der Verrückte vom Wald namens Salaün, welcher nur die Worte Ave Maria auszusprechen wusste, in der Nähe einer Quelle – an der Stelle der heutigen Kirche – verstarb, worauf eine weiße Lilie auf seinem Grab erschien. Auf ihren Blättern soll sie die Inschrift Ave Maria getragen haben. Dies war Grund genug für Herzog Jean IV., die heutige Kirche zu gründen, die nach knapp 40 Jahren Bauzeit 1460 fertig gestellt war. Bemerkenswert am Äußeren ist vor allem das reich verzierte südliche *Eingangsportal*, dem gegenüber sich ein schlichter gotischer Calvaire befindet. Das nur schwach erhellte Kircheninnere enthält die sehenswerten *Statuen* der hll. Katharina, Marguerite und von Johannes dem Täufer (15. Jh.) aus Kersantoner Granit. Aus dem gleichen Material ist der prächtige gotische *Lettner* (15. Jh.) gearbeitet, der sich zwischen Langhaus und Chor erhebt. Mit seinen drei reich verzierten Bögen und den beiden Altären stellt er ein harmonisches und in seinen Proportionen ausgewogenes Schmuckstück dar. Unter dem Hauptaltar der Kirche entspringt noch immer die *Quelle des Narren* (s. o.), die außen an der Ostseite der Kirche in einen gotischen Brunnen mündet.

Ausflug

Von Le Folgoët aus in östlicher Richtung erreicht man nach etwa 20 km (D 788, D 30) das **Château de Kerjean** (Tel. 02 98 69 93 69, www.chateau-de-kerjean.com, Juli/Aug. tgl. 10–19 Uhr, 12.–30. Juni, 1.–17. Sept Mi–Mo 10–18 Uhr, April–11. Juni, 18.–30. Sept. Mi–Mo 14–18, Okt. Mi–Mo 14–17 Uhr, Nov.–März Mi, So 14–17 Uhr), eines der imposantesten bretonischen Renaissanceschlösser. Inmitten eines weiten *Parks* mit altem Baumbestand führt eine majestätische Buchenallee auf das Schloss zu, das 1560 an der Stelle eines kleineren Landsitzes errichtet wurde. Bauherr war die wohlhabende Familie Barbier. 1618 wurde Kerjean von Ludwig VIII. zum Marquisat erhoben. Im Besitz der Familie blieb es bis zur Französischen Revolution. Seit 1911 ist das Schloss in Staatsbesitz. Die befestigte Anlage ist von breiten Gräben umgeben, innen umschließt sie einen weiten *Ehrenhof*. Eckbastionen verstärken noch den Festungscharakter. Die Aufteilung in Wohntrakt, Wirtschaftsräume, Kapelle und Wehrgänge entspricht den traditionellen Vorgaben. In einer Ecke des Hofes fällt ein schöner *Renaissance-Ziehbrunnen* mit

einem Säulenbaldachin auf. Im *Inneren* vermitteln die schlichten Räume mit den großen Kaminen, den alten Möbeln aus der Region – Truhen, Schränke und mit Schiebetüren verschließbare Schrankbetten – einen guten Eindruck von der früheren Ausstattung.

35 Brest

Plan Seite 70

Bedeutende Hafenstadt mit spannendem Ozeanarium.

Vom alten Baubestand der einstigen Hafenstadt (145 000 Einw.) ist so gut wie nichts erhalten, nachdem der von den Deutschen zu einem U-Boot-Stützpunkt ausgebaute Ort 1944 bei alliierten Fliegerangriffen fast vollständig zerstört wurde. Nur die alte Festung an der Mündung des Flüsschens Penfeld zeugt noch vom früheren Stolz eines der ehrwürdigsten Häfen des Landes. Unverändert ist allerdings die schöne Lage Brests, dessen Häusermeer die Hänge oberhalb der Bucht *Rade de Brest* bedeckt.

Geschichte Schon immer verdankte Brest seine Bedeutung als Hafenstadt der günstigen Lage in der großen, nur durch eine schmale Einfahrt zugänglichen Bucht. Dieser natürliche Hafen bot den vor Anker liegenden Schiffen idealen Schutz. Im 17./18. Jh. stieg Brest unter Ludwig XIV. zum wichtigsten französischen *Kriegshafen* auf. Den Handelshafen **Port de Commerce** ließ Napoleon III. 1856 an den Ufern des Elorn anlegen. Nach ihrer Zerstörung 1944 wurde die Innenstadt von Brest im Schnellverfahren wieder aufgebaut und wirkt daher wenig einladend. Brest ist die größte Stadt des Finistère und nach wie vor wichtiger Hafen und Marinebasis. Mit der 1968 gegründeten **Université de Bretagne Occidentale** ist Brest neben Rennes das zweite *akade-*

Reste einer bewegten Geschichte – das Château von Brest mit dem mächtigen Donjon

Wunderwelt des Ozeans – das Aquarium Oceánopolis ist Attraktion für Jung und Alt

mische Zentrum der Bretagne. Auf moderne Entwicklungen deutet das *Institut français de recherche pour l'exploitation de la mer* (IFREMER) hin, ein Forschungsinstitut zur Nutzung der Meere, das sich im Westen der Stadt an der Küste entlangzieht. Hier sind heute über 600 Forscher beschäftigt.

Besichtigung Die schachbrettartig angelegte Innenstadt durchzieht die breite Promenade und Geschäftsstraße **Rue de Siam** ❶, die auf den weiten Doppelplatz Place du Général Leclerc und Place de la Liberté führt.

Am unteren, südwestlichen Ende der Rue de Siam erhebt sich in bevorzugter Lage an der Spitze der Landzunge auf einem Felsen die alte Burg von Brest, das **Château** ❷. Es wurde im 12. Jh. an der Stelle eines römischen Castrums errichtet und später von Vauban, dem Festungsarchitekten Ludwigs XIV., zu seiner heutigen Gestalt erweitert. Der mächtige Donjon stammt aus dem 16. Jh. Einst war das Château Sitz der Grafen von Léon. Heute befinden sich in seinen wuchtigen Mauern die Marinepräfektur und das **Museé de la Marine** (Tel. 02 98 22 12 39, www.musee-marine.fr, April–Sept. tgl. 10–18.30, Okt.–Dez., Febr./März tgl. 13.30–18.30 Uhr) mit Dokumenten zur Ge-

Sieger nach Maß – in Plougastel-Daoulas befindet sich der größte Calvaire der Bretagne

schichte der französischen Kriegsflotte und des Hafens von Brest sowie zahlreichen Schiffsmodellen.

Gegenüber dem Château führt die berühmte Hebebrücke **Pont de Recouvrance** 3 zum gleichnamigen Stadtteil, wo die **Tour Tanguy** 4 (Tel. 0298008860, Juni–Sept. tgl. 10–12 und 14–19, Okt.–Mai Mi/Do 14–17, Sa/So 14–18 Uhr) aufragt. Dieser nach der Zerstörung 1944 originalgetreu wieder aufgebaute Turm beherbergt das *Musée de la Tour Tanguy*, das die wichtigsten stadtgeschichtlichen Ereignisse bis 1939 dokumentiert und auf großformatigen Bildern das alte Brest vor seiner Zerstörung wieder aufleben lässt.

Oberhalb der Place de la Liberté führt die Rue Jean Jaurès hangaufwärts zum Viertel **St-Martin** 5, das sich rund um die gleichnamige Kirche erstreckt. Dieses Viertel überstand als einziges der Stadt die Bombenangriffe unbeschadet. Mit seinen Studentenlokalen und Cafés um die *Place Guérin* strahlt es noch heute einen lässigen Charme aus.

Eine Attraktion östlich des Stadtzentrums, am Jachthafen, ist das Meeresmuseum und Aquarium **Océanopolis** 6 (Tel. 0298344040, www.oceanopolis.com, Mai–Juni tgl. 9–18, Juli/Aug. tgl. 9–19, Sept.–Dez., Mitte Jan.–März Di–Sa 10–17, So/Fei 10–18 Uhr), das zu den meistbesuchten Museen der Region gehört. Das moderne Glas- und Betongebäude in Gestalt eines riesigen Krebses präsentiert in drei Bereichen zahlreiche große Aquarien. Der *Pavillon tempéré* simuliert den Blick aus einem U-Boot in die Meereswelt, die die Bretagne umgibt. Der *Pavillon tropical* gewährt Einblick in die Flora und Fauna der warmen Meere mit ihren Korallen, Haien und bunten Fischen. Außerdem lädt es zu einem Spaziergang durch einen kleinen tropischen Wald ein. Der *Pavillon polaire* schließlich ist den Bewohnern der Arktis und der Antarktis gewidmet. Hier kann man Pinguine, Robben und Eisbären bewundern. Ergänzt werden die Pavillons durch Filme und interessant dokumentierte Ausstellungen zu Themen wie Schifffahrt, Entstehung von Wellen, Algen und ihre Nutzung sowie Muscheln, Austern und ihre Zuchtmethoden.

Ausflug

Etwa 10 km südlich von Brest (N 1165) liegt unweit der modernen Elorn-Brücke *Pont de l'Iroise*, die Brest mit der Halbinsel Plougastel verbindet, **Plougastel-Daoulas**. Der Ort wurde im Krieg weitgehend zerstört und hat trotz der Restaurierung seines Pfarrbezirks viel von der ursprünglichen Atmosphäre eingebüßt. Sehenswert ist jedoch nach wie vor der imposante **Calvaire** (1602–04). Er ist der größte der Bretagne und zeigt Ähnlichkeiten mit dem Calvaire von Guimiliau [Nr. 23]. Die hiesigen Szenen zur Passion Christi sind mit einem Aufgebot von 180 Figuren dargestellt.

TOP TIPP

i Praktische Hinweise

Information

Office de Tourisme, place de la Liberté, Brest, Tel. 02 98 44 24 96, www.brest-metropole-tourisme.fr

Hotels

*****La Paix**, 32, rue d'Algésiras, Brest, Tel. 02 98 80 12 97, www.hoteldelapaix-brest.com. Zentral nahe der Place du Général Leclerc gelegenes Hotel mit viel Komfort.

****Kyriad**, 157, rue Jean Jaurès, Brest, Tel. 02 98 43 58 58, www.kyriad-brest.com. Modernes, gut ausgestattetes Haus mit Restaurant im Viertel St-Martin.

Restaurants

Ma Petite Folie, Port de Pleasance du Moulin Blanc, Brest, Tel. 02 98 42 44 42. Das Schiffsrestaurant serviert feine Fischgerichte.

Maison d l'Océan, 2, Quai de la Douane, Tel. 02 98 80 44 84, www.maisondelocean.biz. Vorzügliche Meeresfrüchte in einem Restaurant am Hafen. Es empfiehlt sich, zu reservieren.

36 Côte des Abers

Die Nordwestküste ist einer der unberührtesten Küstenabschnitte der Bretagne.

Westlich von Brest führt die belebte D 789 zum Kap **Pointe de St-Mathieu**. Die Landspitze wird beherrscht von einem Leuchtturm und den benachbarten Ruinen der gotischen Stiftskirche **St-Mathieu**. Sie gehörte zu einer im 6. Jh. vom hl. Tanguy gegründeten Abtei, in der der Legende nach eine Reliquie des hl. Matthäus aufbewahrt wurde. Von der nach der Französischen Revolution zerstörten Abtei stehen heute noch Chor, Haupt- und Seitenschiffe aus dem 13. bis 16. Jh.

Etwa 3 km nördlich liegt die ehemalige Seeräuberhochburg **Le Conquet**, ein Fischerort mit 2000 Einwohnern, vor dessen Küste vor allem Hummer und Langusten gefangen werden. Die Siedlung dehnt sich oberhalb eines gut geschützten Hafens aus, von dem morgens die Schiffe Richtung Île d'Ouessant [Nr. 37] starten. Zahlreiche alte Gebäude verleihen dem Ort einen ursprünglichen Charme. Nördlich von Le Conquet lädt der 1,5 km lange Sandstrand *Les Blancs Sablons* zum Baden ein. In der Umgebung verlaufen auch die tief eingegrabenen Flussmündungen, die der Landschaft ihr charakteristisches Gepräge verleihen, wie Aber Ildut, Aber Benoît und Aber Wrac'h. Dazwischen liegen kleine idyllische *Häfen* wie **Lanildut**, der bedeutendste europäische Hafen für Seetangsammler, oder **Portsall**, vor dessen Küste im Jahr 1978 der Tanker Amoco Cadiz auf einen Felsen lief und eine verheerende Ölpest auslöste. Am Hafen erinnert der Anker des Unglücksschiffes an die Katastrophe.

An der Nordwestspitze der Côte des Abers unweit von Plouguerneau steht auf der vorgelagerten Île Vierge der mit 82 m höchste Leuchtturm Europas, der **Phare de l'Île Vierge**. Sein Licht reicht mehr als 50 km auf das Meer hinaus. Ausflüge auf die Insel mit Leuchtturmbesichtigung sind während der Saison vom Hafen von Plouguerneau (Tel. 02 98 04 74 94) aus möglich.

i Praktische Hinweise

Information

Office de Tourisme, Parc de Beauséjour, Le Conquet, Tel. 02 98 89 11 31, www.leconquet.fr

Hotels

*****Baie des Anges**, 350, route des Anges, Port de l'Aber Wrac'h, Tel. 02 98 04 90 04, www.baie-des-anges.com. Schön eingerichtetes Hotel unmittelbar am Meer mit Blick zur Île Vierge.

****Le Relais du Vieux Port**, 1, quai du Drellac'h, Tel. 02 98 89 15 91, www.lerelaisduvieuxport.com. Charmantes kleines Hotel am Hafen mit Meerblick und Restaurant.

Blickpunkt mit malerischen Kontrasten – neben den Mauerresten der gotischen Stiftskirche am Kap Pointe de St-Mathieu strahlt der Leuchtturm in frischem Weiß

Restaurants

La Cormorandière, Route Trégana, Tel. 02 98 48 92 53. Eine der besten Crêperien weit und breit, herrlich gelegen am Plage Trégana 15 km ab Brest Richtung Le Conquet.

TOP TIPP **Crêperie du Château d'Eau**, Ploudalmézeau, Tel. 02 98 48 15 88. Crêperie im Wasserturm auf 50 m Höhe mit traumhafter Aussicht.

L'Abri Côtier, am Hafen Lanildut, Tel. 02 98 36 30 18, www.labricotier.fr. Restaurant mit Blick auf den lebhaften Tangsammlerhafen; sehr vielfältige Speisekarte.

37 Île d'Ouessant

Raues Eiland vor der Westküste mit eindrucksvollem Leuchtturmmuseum.

Vor der Pointe de St-Mathieu liegt der Archipel von Ouessant mit der Île d'Ouessant als größter Insel. Sie ist 20 km vom Festland entfernt und per Schiff von Brest (2 Std.) oder von Le Conquet (1 Std.) aus erreichbar. Kurz vor der Insel muss jedes Schiff die gefährliche *Passage du Fromveur* durchfahren, eine der stärksten Meeresströmungen der Welt (13 km/h). Die Insel mit ihren gut 1000 Einwohnern ist 7 km lang, 4 km breit, und hat die Form einer Krebszange. Der Landsockel aus Schiefer und Granit erreicht eine maximale Höhe von 65 m über dem Meeresspiegel und besitzt nur einen kleinen Sandstrand, sonst ist die Küste von steilen Felsabfällen bestimmt. Die Hochfläche ist karg, es wächst kein Baum. An durch Feldmäuerchen geschützten Stellen werden noch hie und da Kartoffeln und anderes Gemüse angebaut. Weit verbreitet ist die Schafhaltung, das von der Salzluft benetzte Gras liefert wunderbar mildes Fleisch, ähnlich dem *Agneau de pré-salé* von der Bucht des Mont St-Michel. Die Bewohner betreiben außerdem Muschelzucht, Hummer- und Langustenfang sowie Algenabbau. Leben können die meisten Familien davon aber nicht, viele Männer fahren deshalb zur See oder sind in der Werftindustrie von Brest beschäftigt.

Bei einem Besuch der Insel sollte man sich gleich am Hafen ein Fahrrad mieten und mit ihm auf Erkundungsfahrt gehen. Einen Besuch wert ist das **Ecomusée** (Tel. 02 98 48 86 37, Juni–Sept. tgl. 10.30–18.30, sonst tgl. 14–17 Uhr) westlich des Hauptortes **Lampaul** im kleinen Weiler *Niou Uhella*. Hier wurden zwei alte Häuser aus dem 18. und 19. Jh. mit traditionellem Mobiliar aus Treibholz sowie Werkzeugen, Trachten und einer Ausstellung zur Geologie der Insel eingerichtet.

Wenige hundert Meter weiter westlich erreicht man den Leuchtturm **Phare de**

Elegant und gut erhalten zeigt sich der romanische Kreuzgang der ehem. Abbaye de Daoulas

Créac'h, eines der stärksten Signale der Welt. Sein Leuchtfeuer reicht etwa 60 km weit. Im *Musée des Phares et Balises* (Tel. 02 98 48 80 70, Juni–Sept. tgl. 10.30–18.30, sonst Di–So 14–17 Uhr) im ehemaligen Maschinensaal wird anschaulich die Geschichte der Leuchtfeuer von der Antike bis in die Moderne erläutert. Auch die unterschiedlichen Beleuchtungssysteme und die Lebensbedingungen der Leuchtturmwärter werden thematisiert.

i Praktische Hinweise

Information

Office de Tourisme, Bourg de Lampaul, place de l'Église, Lampaul, Tel. 02 98 48 85 83, www.ot-ouessant.fr

Restaurant

Crêperie Ty a Dreuz, Lampaul, Tel. 02 98 48 83 01. Könnte wegen seiner Ausstattung fast als Heimatmuseum gelten. Und es gibt ausgezeichnete Crêpes.

38 Daoulas

Eindrucksvolle Reste einer Klosteranlage mit schönem Kreuzgang.

Auf dem Weg zur Halbinsel Crozon bietet sich ein Halt in dem kleinen Ort Daoulas an, in dem die Überreste der **Abbaye de Daoulas** (Tel. 02 98 25 84 39, www.cdp29.fr/daoulas, Juni–Dez. tgl. 10.30–18.30 Uhr, Einlass bis 17.30 Uhr) zu besichtigen sind. Die ursprünglich im frühen 6. Jh. errichtete Anlage wurde von Normannen zerstört und im 12. Jh. unter den Grafen von Léon wieder aufgebaut. Während der Französischen Revolution wurden die Gebäude geplündert und verwahrlosten, bis man Ende des 19. Jh. mit einer aufwendigen Restaurierung begann. Von der Abteikirche sind noch Teile des linken Seitenschiffes aus romanischer Zeit erhalten, der größte Teil des Gebäudes wurde jedoch im 19. Jh. erneuert. Auf der Rückseite ist ein eleganter und gut erhaltener romanischer **Kreuzgang** sehenswert, dessen 32 Arkaden von schlanken Säulen getragen werden. In seiner Mitte steht eine runde Brunnenschale, die am Rand mit Gesichtern und geometrischen Motiven verziert ist. An den Kreuzgang schließt ein gepflegter **Klostergarten** mit üppiger Vegetation an, der der Anlage eine beschauliche Note verleiht. In den ehemaligen Klostergebäuden finden außerdem regelmäßig archäologische Ausstellungen mit international bedeutenden Themen und Exponaten statt.

39 Presqu'île de Crozon

Ursprüngliche Landschaftsszenerie und schöne Badestrände.

Die ausgedehnte Halbinsel, deren markante Kreuzform auf der Landkarte gut zu erkennen ist, ragt südlich der Bucht von Brest weit nach Westen in den Atlantik hinein. Sie ist Teil des Naturschutzgebietes **Parc Naturel Régional d'Armorique** (www.pnr-armorique.fr) und mit ihren Waldgebieten, steilen Felsküsten und wildromantischen Sandbuchten eine der landschaftlich ursprünglichsten und zugleich schönsten Regionen der Bretagne.

Von Brest aus erreicht man die Halbinsel über den Pont de Térénez, der über den Fluss Aulne führt. Nach wenigen Kilometern zweigt rechts die Straße zu der reizvoll gelegenen **Abbaye de Landévennec** ab. Wie in Daoulas stehen auch hier von der ursprünglichen Anlage nur mehr Ruinen. Gegründet wurde das Kloster 485 von dem irischen Mönch Guénolé. 818 wurden die bis dahin geltenden irischen Mönchsregeln durch die des hl. Benedikt abgelöst. Der ursprüngliche karolingische Klosterbau wurde im 11. Jh. durch die Normannen zerstört und anschließend im romanischen Stil komplett neu errichtet und erweitert. Während der Französischen Revolution wurden die Gebäude neuerlich verwüstet und später als Steinbruch genutzt. Die von üppiger Vegetation umgebenen Ruinen der alten Abtei können heute nach Ausgrabungsarbeiten und einer umfangreichen Restaurierung besichtigt werden. Sehenswert an der einstigen Klosterkirche sind das Eingangsportal sowie eine Reihe schöner Säulenkapitelle mit auffallenden Flechtwerkmotiven; rechts befindet sich in einer Seitenkapelle die rötlich schimmernde Statue des hl. Guénolé aus dem 16. Jh. An den Chor schließt die Kapelle an, die einst als Grabstätte des Königs Gradlon gedient haben soll. Neben der Ausgrabungsstätte ist das **Musée de l'Ancienne Abbaye** (Tel. 02 98 27 35 90, www.musee-abbaye-landevennec.fr, April–Juni, Sept. So–Fr 10–18, Juli/Aug. tgl. 10–19, Okt./Nov., Febr./März So/Fei 10–17 Uhr) eingerichtet, das detailliert über die Christianisierung des Landes und über die Klostergeschichte informiert. Zu sehen sind u. a. ein vorromanischer Fliesenboden, eine Reihe von Faksimiles wertvoller bretonischer Manuskripte und ein Sarkophag aus Eichenholz, der einst die sterblichen Überreste eines Grafen von Cornouaille enthielt.

Als die Benediktiner in den 1950er-Jahren nach Landévennec zurückkehrten, erbauten sie ein neues Kloster etwas abseits der alten Anlage. Auf Anfrage (www. abbaye-landevennec.cef.fr) kann man dort auch übernachten.

Noch mehr Kirchengeschichte begleitet den Reisenden: In dem Ferienort **Crozon**, der der Halbinsel den Namen gab, kann man in der modernen Kirche *St-Pierre* am Marktplatz einen imposanten hölzernen Altaraufsatz mit 29 geschnitzten und bunt bemalten Paneelen aus dem frühen 17. Jh. bewundern. 400 Personen sind hier dargestellt, um das Martyrium der Thebäischen Legion, die Geschichte der 10 000 Soldaten zu illustrieren, die unter Kaiser Hadrian zum Christentum bekehrt und dafür gekreuzigt wurden.

Der etwa 2 km südlich in einer geschützten Bucht an der Südspitze der Halbinsel

Ambitioniertes Schnitzwerk – in der modernen Kirche St-Pierre des Ferienortes Crozon kann man diesen hölzernen Altaraufsatz aus dem 17. Jh. mit 400 Figuren bewundern

Grotten und Felsen bei Camaret-sur-Mer inspirierten den ›Nabis‹-Künstler Georges Lacombe um 1892 zu dem Bild ›La mer jaune, Camaret‹ (Brest, Musée des Beaux-Arts)

gelegene Ort **Morgat** ist ein touristisches Zentrum und seit vielen Jahren ein beliebtes Bade- und Urlaubsziel. Er verfügt über Jachthafen und Tauchschule, mehrmals täglich kann man vom Hafen aus eine Bootsrundfahrt zu den berühmten Grotten von Morgat unternehmen. Wegen ihrer beachtlichen Tiefe von etwa 90 m und den farbigen Lichtreflexen ihres quarzhaltigen Gesteins ist die *Grotte de l'Autel* besonders eindrucksvoll.

Von Morgat aus führt der Weg zur südlichen Spitze der Halbinsel, dem **Cap de la Chèvre**. Durch einsame Heidelandschaft erreicht man die fast 100 m steil abfallende Felsküste. Es bietet sich eine wunderbare Aussicht, besonders nach Norden auf die Pointe de Penhir.

Der am westlichen Küstenabschnitt der Halbinsel gelegene Ort **Camaret-sur-Mer** war früher ein bedeutender Langustenhafen. In dem großen Hafenbecken liegen noch die Wracks der alten Fischkutter, die von Zeiten künden, als man in Camaret mit Fischfang seinen Unterhalt verdiente. Der Ort mit seinem malerischen Gepräge zog im 19. Jh. viele Künstler an, die sich um den französischen

Sonniges Strandvergnügen – Morgat ist seit langem ein beliebter Bade- und Urlaubsort

Maler Eugène Boudin (1824–1898) scharten. Camaret gewinnt heute zunehmend als Jachthafen an Bedeutung und ist als Ferien- und Ausflugsziel für die Bewohner von Brest eine der ersten Adressen. Eine Art Wahrzeichen am Ende der lang gezogenen Hafenmauer ist die massive *Tour Vauban*, (www.sites-vauban.org, Juni tgl. 14–18, Juli/Aug. tgl. 10–12 und 14–18, Sept. tgl. 14–18 Uhr). Sie ist der einzig erhaltene Teil der von Sébastien Vauban 1695 errichteten Verteidigungsanlage. Im Inneren des Turms erläutert eine Ausstellung, wie geschickt Vauban seine Festungen, die mittlerweile zum Weltkulturerbe der UNESCO zählen, plante. Ein paar Schritte entfernt steht die *Chapelle Notre-Dame-de-Rocamadour* aus dem 16. Jh. mit ihrem tief herabgezogenen Dach. An der stimmungsvollen Hafenpromenade reiht sich Café an Café. Besonders an Wochenenden herrscht hier Trubel.

In der näheren Umgebung von Camaret liegen die wilden Sandstrände von **Toulinguet** und **Very'ach**. Wegen des starken Treibsands sind sie als gefährlich klassifiziert. Die nach Westen ausgerichteten Strände **Pen hat** und **Plage de la Palue** gelten dagegen wegen der starken Unterströmung als gefährlich. Im Herbst sind sie gleichwohl beliebte Ziele von Surfern aus ganz Frankreich.

Wenige Meter weiter liegt das kleine Museum *Mémorial de la bataille de l'Atlantique* (Fort Kerbonn, Tel. 02 98 27 92 58, während der franz. Schulferien tgl. 10–18 Uhr), das die riesigen Bunkeranlagen der Deutschen aus dem Zweiten Weltkrieg zugänglich macht und über den U-Boot-Krieg informiert.

Am Ortsrand von Camaret-sur-Mer an der Straße zur Pointe de Pen-Hir stößt man auf die **Alignements de Lagatjar**, für diese Region seltene Zeugnisse jungsteinzeitlicher Kultur. Sie bestehen aus insgesamt 143 bis zu 3 m hohen Menhiren aus weißem Quarzit. Ihre quadratische Anordnung lässt auf eine frühe Kultstätte schließen.

Landschaftlicher Höhepunkt der Halbinsel Crozon und – in seiner wilden Romantik –einer der schönsten Plätze der Bretagne ist die Felsenküste um die **Pointe de Pen-Hir** mit den drei vorgelagerten Felsinseln **Tas de Pois** (Erbsenhaufen). Ebenfalls einen Besuch wert ist die **Pointe des Espagnols** an der nördlichsten Fingerspitze der Crozon-Halbinsel. Sie gewährt einen atemberaubenden Blick auf Brest.

TOP TIPP

Eine spektakuläre Landschaftsszenerie bietet die Felsenküste um die Pointe de Pen-Hir

i Praktische Hinweise

Information

Office de Tourisme, 15, quai Kléber, Camaret-sur-Mer, Tel. 02 98 27 93 60, www.camaret-sur-mer.com

Office de Tourisme, boulevard de Pralognan la vanoise, Crozon, Tel. 02 98 27 07 92, www.crozon.com

Hotels

***__Thalassa__, quai Styvel, Camaret-sur-Mer, Tel. 02 98 27 86 44, www.hotel-thalassa.com. Freundliches Hotel am Nordrand des Hafens mit Schwimmbad.

**__De France__, 19, quai Toudouze sur le Port, Camaret-sur-Mer, Tel. 02 98 27 93 06, www.hotel-france-camaret.com. Gepflegtes, modernes Hotel am Hafen mit Restaurant.

Club Leo Lagrange, 2, rue du Stade, Camaret-sur-Mer, Tel. 02 98 27 90 49, www.club-leo-camaret.net. Preiswertes, einfaches Gästehaus mit umfangreichem Wassersportangebot.

Restaurants

Julia, 43, rue de Tréflez, Morgat, Tel. 02 98 27 05 89, www.hoteljulia.fr.

Abseits der Uferpromenade gelegenes nettes Hotelrestaurant mit feiner Küche.

Styvel, quai Styvel, Camaret-sur-Mer, Tel. 02 98 27 92 74. Das Hotelrestaurant am Hafen serviert erlesene Fischgerichte.

40 Ménez Hom

Berggipfel mit atemberaubendem Panorama.

Der Berg aus Quarzit, der sich an der D 887 (Crozon–Châteaulin, Stichstraße zum Gipfel 15 km westlich von Châteaulin) erhebt, ist mit seinen 330 m Höhe der letzte Ausläufer des zentralen Berglandes der *Montagnes Noires*. Da sich der Ménez Hom so nah an der Küste befindet, erscheint er besonders hoch. Die Fernsicht ist bei klarem Wetter einzigartig, von keinem anderen Punkt in der Bretagne genießt man ein derartiges Panorama. Douarnenez und seine Bucht liegen zum Greifen nahe, in der Ferne erkennt man die Pointe du Van, näher liegt das Cap de la Chèvre an der Südspitze der Presqu'île de Crozon. Die Bucht von Brest und die Hafenstadt selbst sind zu erkennen, im Vordergrund die mächtige Brücke über die Aulne kurz vor ihrer Mündung in die Bucht von Brest. Im Osten erblickt man schließlich die scharfen Schieferzacken der Monts d'Arrée. Reste deutscher Bunker aus dem Zweiten Weltkrieg an den Berghängen bezeugen heute noch die strategische Bedeutung des Berges nahe der Hafenstadt Brest.

41 Pleyben

TOP TIPP *Pfarrbezirk mit monumentalem Calvaire und Kirche mit berühmten Schnitzbalken.*

Etwas abseits der anderen umfriedeten Pfarrbezirke liegt Pleyben, das man von der Presqu'île de Crozon aus über Châteaulin erreicht. Die Ausmaße des Pfarrbezirks überraschen, der Ort war im 16. Jh. jedoch größer als heute. Besonders dominant wirkt der **Calvaire**, der 1555 nahe der südlichen Vorhalle der Kirche entstand, 1650 versetzt wurde, dabei weitere Figurengruppen erhielt und schließlich 1738 seinen heutigen Standort bekam. Man findet in klarer Anordnung die vertrauten Szenen aus dem Leben Christi von der Verkündigung bis zur Auferstehung. Das Leidensmotiv der Figuren wird durch die Tränen auf vielen Gesichtern noch verstärkt.

Die **Kirche** entstand ab 1564, im Süden schmückt sie ein fast 50 m hoher, majestätischer Glockenturm (1588–1642), der zum Prototyp vieler bretonischer Renaissancetürme wurde. Im Kircheninnern verdienen die Schnitzereien an den Gesimsbalken (*Sablières*) Aufmerksamkeit. Bunt bemalte Szenen des Alltags, der Bibel und der griechischen Mythologie wechseln sich ab. Im südlichen Querschiff sieht man Geburt und Beschneidung Christi sowie die griechische Sagengestalt Prometheus, dem ein Adler die Leber aus dem Leib reißt.

i Praktische Hinweise

Information

Office de Tourisme, 11, place Charles de Gaulle, Pleyben, Tel. 02 98 26 71 05, www.mairiepleyben.fr

Griechische Mythologie – ein Gesimsbalken in der Kirche von Pleyben zeigt Prometheus, dem der Adler die Leber entreißt

Südwestliches Finistère – Land der Spitzenhauben und steilen Kaps

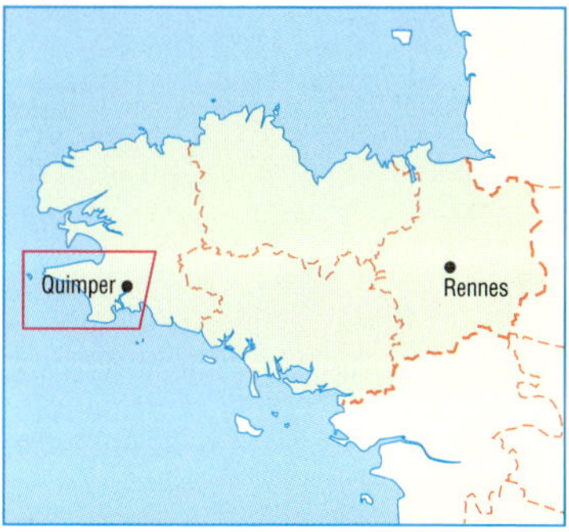

Die Region des frühmittelalterlichen Kleinkönigreichs Cornouaille mit der Hauptstadt Quimper umfasst die weit nach Westen in den Atlantik hineinragende Halbinsel Sizun und das südlich angrenzende Bigoudenland. Kunsthistorische Attraktionen in dieser südwestlichen Ecke der Bretagne sind die alte granitene Stadt **Locronan**, die traditionsreiche Provinzkapitale **Quimper**, die im Flamboyantstil errichtete Kirche von **Pont-Croix**, der Calvaire von **Notre-Dame-de-Tronoën** und die romanische Église St-Tudy von **Loctudy**. Landschaftliche Höhepunkte stellen zweifellos die wild zerklüfteten Felsklippen am **Cap Sizun** und der **Pointe du Raz** dar.

42 Quimper

Plan Seite 80

Traditionsreiche Hauptstadt des Finistère mit einer ehrwürdigen Kathedrale und hübscher Altstadt.

Quimper liegt am Zusammenfluss von Odet und Steir knapp 20 km vom Meer entfernt. Die Hauptstadt des Département Finistère, eine der schönsten Altstädte der Bretagne, ist berühmt wegen ihrer Cathédrale St-Corentin. Außerdem ist Quimper das touristische Zentrum der Region und ein guter Standort für Ausflüge in die Umgebung.

Geschichte Die Stadt wurde Legenden zufolge Anfang des 6. Jh. neben dem Hügel gegründet, auf dem schon die Römer eine Siedlung errichtet hatten. Es war dies die Zeit der Herrschaft des sagenumwobenen Königs Gradlon, der den Mönch Corentin zum ersten Bischof ernannte und Quimper zur Hauptstadt der Cornouaille erhob. Im 11. Jh. wurde im Stadtteil Locmaria südlich des Odet das gleichnamige Benediktinerkloster gegründet. Im 13. Jh. begann man schließlich mit dem Bau der heutigen Kathedrale. Auch später bewahrte die Stadt ihre – zumindest regional – bevorzugte Stellung. Nach der Vereinigung der Bretagne mit Frankreich wurde sie z. B. im 16. Jh. Sitz eines Berufungsgerichts und infolge dessen ließ sich der niedrige Amtsadel hier nieder. Trotz einiger moderner Errungenschaften wie dem Bau eines Flughafens, dem Anschluss der Stadt an das TGV- und Schnellstraßennetz und der Gründung einer Technischen Hochschule besticht das malerische Quimper bis heute durch seinen traditionellen Charme.

Besichtigung Im Zentrum des mittelalterlichen Stadtviertels, das sich nördlich des Odet erstreckt, steht die **Cathédrale St-Corentin** ❶. Mit dem Bau der 92 m

Ein keltisches Spektakel

TOP TIPP

Eines der größten, traditionsreichsten und meistbesuchten Feste der Bretagne veranstaltet Quimper mit dem **Festival de Cornouaille** (www.festival-cornouaille.com). Jeweils am vierten Sonntag im Juli und in der vorangehenden Woche werden zahlreiche Konzerte, Aufführungen und Ausstellungen geboten. Keltische Musikinstrumente wie Bombarden (Schalmeien), Binous (Dudelsäcke), Harfen und Trommeln begleiten die Tänzer und Tänzerinnen. Ein Höhepunkt des Festivals ist der Umzug bretonischer **Folkloregruppen**. Dabei kann man Trachten aus der ganzen Region bewundern.

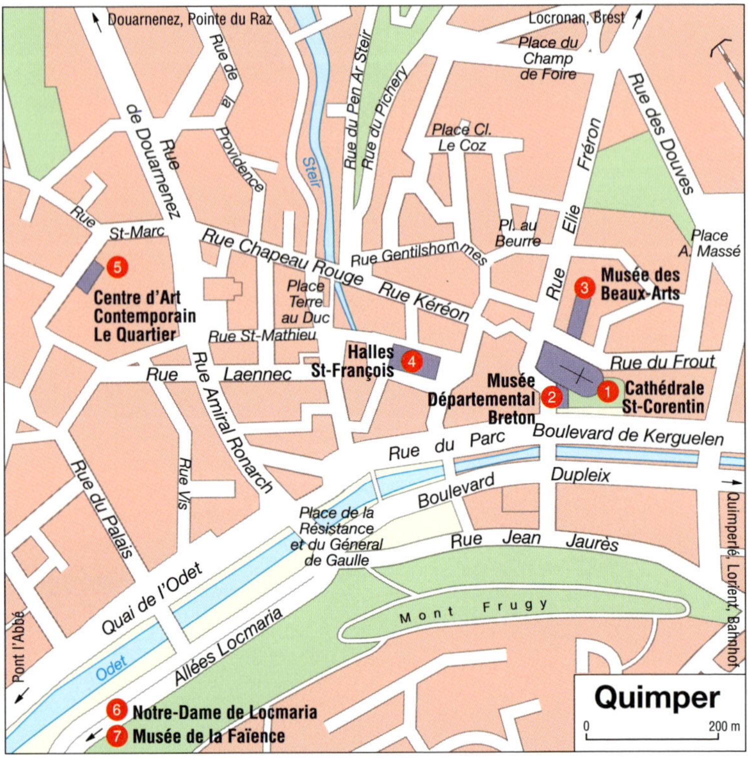

langen Kirche wurde 1239 begonnen. Erst im 15. Jh. waren die Arbeiten abgeschlossen, die beiden Spitztürme hat man Mitte des 19. Jh. unter Napoleon III. hinzugefügt. Deren Vorbild war der Kirchturm von Notre-Dame-de-Roscudon in Pont-Croix [Nr. 45]. Der viereckige Unterbau und die 76 m hohen Türme verleihen der Kathedrale einen dynamischen Charakter. An der Westfassade zwischen den Türmen ist das *Reiterstandbild* des legendären König Gradlon zu erkennen, darunter im Giebel über dem doppeltürigen Portal das Wappen des Hauses Montfort, jener Familie, die den bretonischen Erbfolgekrieg siegreich beendete. Das **Innere** ist mit Ausnahme des frühgotischen Chors, der noch normannischen Einfluss zeigt, in hoch- und spätgotischem Stil gestaltet. Die mächtigen Bündelpfeiler im Hauptschiff und in der Vierung, ein das gesamte Hauptschiff umlaufender Fries, hohe Obergadenfenster sowie ein Triforium mit doppelter Galerie verleihen dem Kirchenraum eine majestätische Wirkung. Die Harmonie wird nur dadurch gemindert, dass der lang gezogene Chor von der Längsachse des Hauptschiffes nach links abgeknickt erscheint. Vermutlich waren die Bodenbeschaffenheit und Probleme mit der Statik beim Bau der Grund für diese Achsenverschiebung. Als man auf den Fundamenten eines romanischen Vorgängerbaus das jetzige Langhaus errichtete, wollte man außerdem eine bereits vorhandene Kapelle als Apsidialkapelle in den heutigen Chor integrieren. Der Chor selbst stammt aus dem 13. Jh. und ist damit der älteste Teil des Baus. Dessen *Fenster* und die des Langhauses stammen aus dem 15. Jh. Beachtenswert ist ferner die geschnitzte *Kanzel* von 1679, deren Reliefs die Lebensgeschichte des hl. Corentin erzählen.

TOP TIPP

Südlich an die Kathedrale grenzt das ehemalige Bischofspalais (16.–19. Jh.), das heute das **Musée Départemental Breton** 2 (Tel. 02 98 95 21 60, www.museedepartementalbreton.fr, Juni–Sept. tgl. 9–18 Uhr, Okt.–Mai Di–Sa 9–12 und 14–17, So 14–17 Uhr) beherbergt. Gut aufbereitet, zeigt das Museum Funde aus der Vorgeschichte sowie aus keltischer und römischer Zeit. Skulpturen und Glasmalereien lassen Mittelalter und Renaissance lebendig werden. Besonders eindrucksvoll ist der Überblick über die Entwicklung der regionalen Trachten vom 18. Jh. bis in die heutige Zeit. In der Abteilung für Möbel (17.–20. Jh.) können Besucher u.a. ein typisches bretonisches Schrankbett besichtigen. Den Abschluss bildet die große Fayence-Ausstellung. Sie zeigt die bis heute wichtigen Produkte des heimischen Kunsthandwerks in ihrer kunstvollen Gestaltung.

Nördlich der Kathedrale liegt die Place St-Corentin mit dem **Musée des Beaux-Arts** 3 (Tel. 02 98 95 45 20, www.musee-beauxarts.quimper.fr, Juli/Aug tgl. 10–19 Uhr, April–Juni, Sept./Okt. Mi–Mo 10–12 und 14–18, Nov.–März Mo, Mi–Sa 10–12 und 14–18, So 14–18 Uhr). Das 1864 gegründete Museum zeigt Werke der europäischen Malerei des 14.–20. Jh. Vertreten sind Künstler wie Bartolo di Fredi, Guido Reni, Rubens, Boucher und Corot sowie Maler der Schule von Pont-Aven (Sérusier, Bernard, Maufra u. a.) [s. Nr. 50].

Gegenüber der Kathedrale in der Rue Kéréon (Straße der Schuster) beginnt der Bummel durch die **Altstadt**. Der Blick von hier auf die Kathedrale dürfte eines der beliebtesten Fotomotive der Bretagne sein. Die mittelalterlichen Straßen und Plätze mit ihren mehrfach vorkragenden Fachwerkhäusern rund um die Place au Beurre, in der Rue Fréron und der Rue St-Mathieu bieten ein malerisches Bild. Südlich, parallel zur Rue Kéréon steht die Markthalle **Halles St-François** 4 mit ihrem täglichen Angebot an frischem Fisch, Käse, Obst und Gemüse. An den

Weithin sichtbar überragen die beiden Spitztürme von St-Corentin die Altstadt

Ufern des Odet wandelt sich das Erscheinungsbild des Viertels: Die eleganten Häuser, die die baumbestandene Uferpromenade säumen, stammen aus dem

Europäische Malerei des 14.–20. Jh. gilt es im Musée des Beaux-Arts zu bewundern

Zu Wasser oder zu Lande – ein Ausflug ins Vallée de l'Odet lohnt allemal

18. und 19. Jh. Die Altstadt eignet sich übrigens auch vortrefflich für Einkäufe – vor allem von Antiquitäten, Schmuck, Büchern, bretonischer Musik und Musikinstrumenten sowie Fayencen.

Weiter westlich wurde in einem ehemaligen Kasernengebäude das **Centre d'Art Contemporain Le Quartier** 5 (Tel. 02 98 55 55 77, www.le-quartier.net, Di–Sa 10–12 und 13–18, So/Fei 14–18 Uhr) eingerichtet. Es zeigt in vier großen Sälen Wechselausstellungen aktueller Kunstströmungen. Außerdem ist in ihm die *École des Beaux Arts* untergebracht.

Südlich des Odet sollte man auf jeden Fall die Kirche **Notre-Dame de Locmaria** 5 besichtigen. Die kleine romanische Basilika gehört zu einer 1030 gegründeten ehem. Benediktinerabtei. Sie wird von einem viereckigen Glockenturm überragt und besitzt ein sehenswertes romanisches Portal. Ebenfalls erhalten sind das schlichte Kirchenschiff sowie Reste eines Kreuzgangs mit romanischen Arkaden, der sich südlich anschließt.

Am linken Odetufer lädt das **Musée de la Faïence** 6 (14, rue Jean-Baptiste Bousquet, Tel. 02 98 90 12 72, www.quimper-faiences.com, Mitte April–Mitte Okt. Mo–Sa 10–18 Uhr) zu einem Besuch ein. Die Fayencekunst von Quimper reicht bis ins 17. Jh. zurück. 1690 wurde gleich nebenan mit den *Faïenceries de Quimper H. B. Henriot* (Tel. 02 98 90 09 36, www.hb-henriot.com, Öffnungszeiten: Tel. 08 00 62 65 10, Gruppen nach Voranmeldung) die erste Manufaktur gegründet, die noch heute in Betrieb ist und auch besichtigt werden kann.

Ausflug

Südlich von Quimper lohnt ein Ausflug in das malerische **Vallée de l'Odet** entweder zu einer Bootsfahrt auf dem Odet oder zu einem Abstecher entlang der westlichen Uferstraße. Enge Flusswindungen wechseln mit seenartigen Aus-

Effektvolle Häuserzier – die traditionellen glasierten Tonwaren Quimpers als Fachwerkschmuck und zugleich Werbemittel für ein Souvenirgeschäft in der Altstadt

buchtungen ab. An den Ufern verstecken sich hinter hohen Bäumen einige romantische Schlösser, die – in Privatbesitz – bestenfalls einen Blick auf ihr Äußeres erlauben.

i Praktische Hinweise

Information

Office de Tourisme,
place de la Résistance, Quimper,
Tel. 02 98 53 04 05, www.quimper-tourisme.com

Hotels

*****Gradlon**, 30, rue de Brest, Quimper, Tel. 02 98 95 04 39, www.hotel-gradlon.com. Mit Liebe zum Detail ausgestattetes Hotel in der Altstadt.

****Escale Oceania**, 6, rue Thédore Le Hars, Quimper, Tel. 02 98 53 37 37, www.oceaniahotels.com. Modernes Hotel mit Restaurant in zentraler Lage nahe dem Odet-Ufer.

Restaurants

Crêperie À la Fringale, 4 bis, avenue de la Libération, Quimper, Tel. 02 98 90 13 12. Neben Crêpes gibt es zusätzlich täglich ein Regionalgericht.

L'Ambroisie, 49, rue Elie Fréron, Quimper, Tel. 02 98 95 00 02, www.ambroisie-quimper.com. Restaurant mit Fisch- und Buchweizenspezialitäten (Mo geschl.).

43 Locronan

TOP TIPP *Stadt des hl. Ronan mit historischem Stadtbild und sehenswerter Wallfahrtskirche.*

Der Ort mit seinen nur etwa 1000 Einwohnern liegt an den letzten Ausläufern der Montagnes Noires nordwestlich von Quimper (D 39) und bietet von den umliegenden Höhen eine schöne Aussicht bis zur Küste. Er trägt den Namen des **hl. Ronan**, der im 6. oder 9. Jh. aus Irland kam und im Wald von Nevet als Eremit lebte. Zahlreiche Legenden ranken sich um diesen berühmten Heiligen, der im Kampf mit der Hexe Keben viele Wunder vollbracht, Tiere besänftigt, Wunderheilungen bewirkt und dem Herzog der Cornouaille durch Gebet zum Schlachtensieg verholfen haben soll. Die Herzöge der Bretagne befreiten den Ort aus Ehrfurcht vor dem Heiligen von sämtlichen steuerlichen Abgaben, außerdem gelangte Locronan durch den Tuchhandel zu Wohlstand.

Vom hl. Ronan lebt Locronan praktisch noch heute, beschert er doch im Sommer eine Flut von Touristen, die die sehenswerte Ortschaft mit ihrer bedeutenden Wallfahrtskirche besuchen. Die nur für Fußgänger zugängliche **Altstadt** mit ihren dunkelgrauen granitenen Häusern aus dem 16.–18. Jh. ist komplett erhalten und bietet daher ein einheitliches Bild.

In Locronan lockt neben der Wallfahrtskirche St-Ronan mit ihrem quadratischen Turm....

Die schmalen Gassen münden auf den Kirchplatz, der den Mittelpunkt des Städtchens bildet. Er wird gerahmt von ansehnlichen zwei- und dreigeschossigen Häusern aus dem 17. Jh., jener Zeit, als Locronan aufgrund des blühenden Handels mit Segeltuch zu einem wohlhabenden Handelszentrum avancierte. Beherrscht wird der Platz von der Westfront der Kirche **St-Ronan** mit ihrem wuchtigen viereckigen Turm, dessen Spitze im 19. Jh. durch Blitzschlag zerstört wurde. Das Gotteshaus war im 15. Jh. mit finanzieller Hilfe der bretonischen Herzöge an der Stelle eines kleineren romanischen Vorgängerbaus errichtet worden. Durch das breite Hauptportal betritt man das relativ dunkle *Innere* mit seinem schönen steinernen Kreuzrippengewölbe. Licht fällt lediglich durch die Fenster der Seitenschiffe und das farbige Chorfenster. Die Ausstattung der Kirche ist besonders wertvoll. Im Hauptschiff stehen entlang der Wände polychrome *Statuen*. Die hölzerne *Predigtkanzel* von 1707 erzählt in farbigen Medaillons Szenen aus dem bewegten Leben des hl. Ronan.

Rechts an die Kirche St-Ronan grenzt die **Chapelle du Pénity** aus dem frühen 16. Jh. Sie wurde angeblich über dem Grab des hl. Ronan erbaut, und zwar im Auftrag von Königin Anne aus Dank für die Geburt einer Tochter. An zentraler Stelle im Inneren thront das monumentale und doch zugleich elegante *Grabmal des hl. Ronan* (1430) aus Kersantoner Granit. Sechs wappenhaltende Engel in faltenreichen Gewändern tragen die massive Liegefigur, die Ronan als Bischof zeigt. Den Bischofsstab stößt er einem Drachen ins Maul. An der Ostwand der Kapelle ist ferner eine schöne polychrome *Grablegung* aus dem 16. Jh., ebenfalls aus Granit, zu bewundern.

...vor allem die gut erhaltene Altstadt mit den grauen Granithäusern zahlreiche Besucher an

Praktische Hinweise

Information

Office de Tourisme, place de la Mairie, Locronan, Tel. 02 98 91 70 14, www.locronan.org

Hotel

****Le Prieuré**, 11, rue du Prieuré, Locronan, Tel. 02 98 91 70 89. Hotel in der Nähe der Wallfahrtskirche, mit einem Restaurant, dessen Küche auf Fisch und Meeresfrüchte spezialisiert ist.

44 Douarnenez

Lebhafte Hafenstadt mit einem interessanten Museumshafen.

Die Straße von Locronan nach Westen (D 7) über die Cornouaille-Halbinsel bis zur äußersten Spitze, der meerumtosten Pointe du Raz, führt zunächst zur Hafenstadt Douarnenez an der gleichnamigen Bucht. Die Stadt mit ihren rund 15 000 Einwohnern ist noch heute ein wichtiger Fischereihafen und ein traditionelles Zentrum der Fischkonservenindustrie. Historisch ein bedeutender Sardinenhafen, ging in den letzten Jahrzehnten jedoch auch hier der Fischfang aufgrund von Überfischung und Quotierung durch die EU deutlich zurück. Gleichwohl hat Douarnenez seine Hafen- und Fischeratmosphäre mehr als andere Orte bewahrt. Drei kleine Häfen umgeben die auf einem Plateau ins Meer hinausragende Stadt. An einem von ihnen, dem Port du Rosmeur, beginnt der durch einen Fisch gekennzeichnete *Chemin de la Sardine*, der anhand verschiedener Stationen die Geschichte der örtlichen Fischereiindustrie über mehrere Jahrhunderte hinweg illustriert.

Im alten Hafen Port-Rhu an der Place de l'Enfer, etwas abseits des Rundwegs durch Douarnenez, kann man das (TOP TIPP) außergewöhnliche **Port-Museé** (Tel. 02 98 92 65 20, www.port-musee.org, Juli/Aug. tgl. 10–19, Febr.–Juni, Sept./Okt. Di–So 10–12.30 und 14–18 Uhr) besichtigen. Im Gebäude einer alten Konservenfabrik werden Geschichte und Technik des Schiffbaus von den Anfängen bis heute anschaulich demonstriert. Mehr als 200 Boote – u. a. Fischerboote, Transport- und Ausflugsschiffe – aus aller Welt sind zu besichtigen. Der Besucher hat außerdem die Gelegenheit, auf historischen Kuttern Ausflüge zu unternehmen.

Wallfahrt auf bretonisch

Einmal im Jahr, am zweiten Sonntag im Juli, ist Locronan Schauplatz (TOP TIPP) der **Troménie de Locronan**, einer Wallfahrt zu Ehren des hl. Ronan. Diese gibt es in der kurzen, 5 km langen Variante der **Petite Troménie**, und in der langen, über 12 km, die die Pilger nur alle sechs Jahre, anlässlich der **Grande Troménie**, zurücklegen. Der Weg soll laut Überlieferung dem täglichen Buß- und Bittgang des Eremiten Ronan folgen. Alle sechs Tage soll er dann eine größere Wanderung unternommen haben.

Betrachtet man das Wallfahrtsgeschehen, die Strecke und die Stationen unterwegs genauer, erkennt man bald, dass ihm noch alte **keltische Riten und Bräuche** zugrunde liegen – das machte es den Bekehrten einst leichter, den neuen Glauben anzunehmen. Die Grande Troménie mit ihren zwölf Stationen ist die Nachfolgerin einer keltischen Prozession, die den Lauf des Jahres mit seinen zwölf Monaten und den großen keltischen Festen wiedergibt. Der Höhepunkt der Wallfahrt ist die **zehnte Station**, die auf einem Hügel gelegene kleine Kapelle St-Ronan, vor der ein längerer Gottesdienst gehalten wird. Übertragen auf die keltische Monatswallfahrt entspräche diese bei einem Jahresbeginn im November dem Monat August und damit dem Fest für den wichtigen keltischen Fruchtbarkeitsgott Lug. Auch die christliche Wallfahrt kennt den Wunsch nach **Fruchtbarkeit**: Frauen mit unerfülltem Kinderwunsch oder Mütter nach einer glücklichen Niederkunft kamen von weit her angereist, um auf den Spuren des hl. Ronan zu bitten oder zu danken. Sogar die Herzogin Anne de Bretagne tat dies nach der Geburt ihres Kindes. Das Berühren eines markanten Steines nahe der zwölften Station sollte gar den ersehnten Nachwuchs bringen.

Heute stehen die vielen Besucher jedoch nicht wegen der alten Fruchtbarkeitsriten am Wegesrand, sondern weil sie die **Trachten** der Teilnehmer dieser farbenfrohen und traditionsreichen Wallfahrt bewundern und fotografieren wollen. Die nächsten beiden ›Grandes Troménies‹ finden 2013 und 2019 statt.

Im Port-Musée, dem Hafenmuseum von Douarnenez, gibt es verschiedene Bootstypen zu sehen

Praktische Hinweise

Information

Office de Tourisme, 1, rue du Dr. Mével, Douarnenez, Tel. 02 98 92 13 35, www.douarnenez-tourisme.com

Hotels

***__Le clos de Vallombreuse__, 7, rue d'Estienne d'Orves, Douarnenez, Tel. 02 98 92 63 64, www.closvallombreuse.com. Das Hotel mit Restaurant ist die erste Adresse der Stadt und bietet 25 Zimmer mit Meerblick, einen lauschigen Park sowie ein Schwimmbad.

**__Hotel de France__, 4, rue Jean Jaurès, Douarnenez, Tel. 02 98 92 00 02, www.lafrance-dz.com. Bretonisch möbliertes Hotel mit Restaurant in historischem Haus im Zentrum, 5 Min. vom Museums- und vom Fischereihafen entfernt.

Restaurants

Auberge de Kerveoc'h, route de Kerveoc'h, Douarnenez, Tel. 02 98 92 07 58, www.auberge-kerveoch.com. In einem alten Gutshof eingerichtetes gehobenes Restaurant und Hotel.

Chez Fanch, 49, rue Anatole France, Douarnenez, Tel. 02 98 92 31 77, www.chez-fanch.com. Das Lokal bietet köstliche bretonischer Fischsuppe und andere Meeresspezialitäten (Do geschl.).

45 Pont-Croix

Malerischer Ort mit der romanisch-gotischen Kirche Notre-Dame-de-Roscudon.

Das Städtchen Pont-Croix (1700 Einw.) 15 km westlich von Douarnenez (D 765) mit seiner malerischen **Altstadt** oberhalb des Flüsschens Goyen kann man wahrlich als Kleinod bezeichnen.

An der kleinen Place de l'Église, einem geschlossenen Ensemble granitener Bauten des Spätmittelalters, erhebt sich die im 13. Jh. errichtete Kirche **Notre-Dame-de-Roscudon**. Das bedeutende Bauwerk ist das Prunkstück dieser alten Hafen- und Handelsstadt. Der 67 m hohe Spitzturm diente als Vorbild für die Türme der Cathédrale St-Corentin von Quimper [Nr. 42]. Besonders prächtig präsentiert sich auch das Südportal der Kirche, das im 14. Jh. hinzugefügt wurde. Es zeigt in seinen drei Spitzgiebeln den für die Region und diese Zeit typischen Rayonnantstil in üppigster Form: Die Wimperge sind reich mit gemeißeltem Blendmaßwerk in Kleeblattform ausgestattet. An der Spitze des großen Mittelgiebels erhebt sich die einfach gestaltete Figur des Gekreuzigten. Das *Innere* der Kirche zeigt schöne romanische Bauformen in besonders harmonischen Proportionen. Das achtjochige Hauptschiff, das Querschiff und der vierjochige Chor mit doppeltem Umgang stammen aus dem 13. Jh. Die schlanken Bündelpfeiler, die aus abwechselnd vier, sechs oder acht Säulen bestehen, und die geschwungenen Arkaden wirken ausgesprochen elegant. Über dem Hauptschiff wölbt sich eine tonnenförmige *Holzdecke*. Die Vierungspfeiler datieren später, man hat sie im 15. Jh. zur Stützung des Turms errichtet. Vier farbige *Fenster* auf der Südseite stammen aus dem 15. Jh., das Chorapsisfenster ist aus dem 16. Jh. Die *Kanzel* und der *Altar* sind Renaissancewerke des 17. Jh.

i Praktische Hinweise

Information

Office de Tourisme, rue Laënnec, Pont-Croix, Tel. 02 98 70 40 38, www.pont-croix.info

Meisterwerk des Flamboyant: Vorhalle von Notre-Dame-de-Roscudon in Pont-Croix ▷

46 Audierne, Pointe du Raz, Pointe du Van und Cap Sizun

Einsame Gegend am Ende der Welt.

Westlich von Pont-Croix wird die Landschaft immer kärglicher. In **Audierne** mündet der Goyen ins Meer und bietet mit der weit ins Land hineinragenden Bucht einen gut geschützten Fischereihafen. Der Fischfang ist jedoch auch hier im Rückgang begriffen. Der Ort lebt heute weitgehend vom Tourismus. Er gefällt in erster Linie aufgrund seiner schönen Lage. Die lang gestreckte *Uferpromenade* säumen kleine Restaurants, dahinter verlaufen die schmalen Gassen der Altstadt. Der schöne Strand von Audierne liegt am Südende im Ortsteil Ste-Evette. Von dort kann man auf die 7 km entfernte winzige **Île de Sein** mit ihrem idyllischen Hafen und dem Leuchtturm mit Aussichtsplattform übersetzen (Dauer der Überfahrt ca. 1 Std.).

Ein besonders für Liebhaber der französischen Küche lohnender Abstecher führt ins Innere der Halbinsel, nach Gou-

lien (ca. 7 km westlich von Audierne). Dort findet sich das Petite Musée de l'Escargot, in dem man Schnecken nicht nur betrachten, sondern als Delikatesse auch erwerben kann.

TOP TIPP Die Spitze der Halbinsel Sizun mit der **Pointe du Raz** und der Pointe du Van bietet ein meist stürmisches Schauspiel der Naturgewalt des Meeres. Wild zerklüftete Felsklippen von fast 70 m Höhe, an denen sich die Wellen brechen, eine fast vegetationslose, vom Wind gezeichnete, karge Landschaft.

Etwa 1 km vom Meer entfernt befinden sich die Parkplätze der *Maison de la Pointe du Raz* (Tel. 02 98 70 67 18, www.lapointeduraz.com), des Besucherzentrums für die Heerscharen von Touristen, die sich besonders in den Sommermonaten hier einfinden. Von dort verkehren kostenlose Busse zum Kap. Dort sollte man sich an die vorgegebenen Wege halten, um die empfindliche Vegetation nicht zu beeinträchtigen.

Auch an der etwa 5 km nördlich gelegenen **Pointe du Van** schränken die Renaturierungsmaßnahmen das Herumwandern am Kap ein. Unmittelbar am Steilabfall steht hier die kleine Kapelle *St-They*, in der die Fischersfrauen früher für ihre Männer auf See beteten.

Zwischen beiden Kaps erstreckt sich die flache und feinsandige **Baie des Trépassés**, die Bucht der Dahingeschiedenen, mit dem gleichnamigen Hotel. Es steht das ganze Jahr über denen offen, die die Einsamkeit suchen. Der nördliche Küstenabschnitt bis Douarnenez ist eine einzige Felsküste. Höhepunkt ist das **Cap Sizun** mit einem bekannten *Vogelschutzgebiet*, dessen Besuch v. a. in der Brutzeit im Frühjahr und Frühsommer lohnt. Möwen, Kormorane, Eissturmvögel, Trottellummen und Alken sind zu beobachten.

Praktische Hinweise

Information

Office de Tourisme, 8, rue Victor Hugo, Audierne, Tel. 02 98 70 12 20, www.audierne-tourisme.com

Hotels

*****Le Goyen**, place Jean Simon, Audierne, am Hafen, Tel. 02 98 70 08 88, www.le-goyen.com. Attraktives Hotel in einer ehemaligen Konservenfabrik.

****Au Roi Gradlon**, 3, avenue Manu Brusq, Audierne, Tel. 02 98 70 04 51, www.auroigradlon.com. Hotel direkt am Strand mit guter, etwas teurer Küche.

**De la Baie des Trépassés, Baie des Trépassés, Plogoff, Tel. 02 98 70 61 34, www.hotelfinistere.com. Hotel mit Restaurant in Traumlage an einem der schönsten Strände der Bretagne. Das Restaurant bietet regionale Spezialitäten und herrliche Ausblicke beim Sonnenuntergang.

**Le Cabestan, 2, rue Laënnec, Esquibien, Tel. 02 98 75 09 88, www.lecabestan-hotel.com. Etwa 2 km vom Zentrum entferntes Hotel mit Restaurant, ausgezeichnete Fischspezialitäten.

Ferme de Kerguidy Izella, Kerguidy Izella, Plogoff, Tel. 02 98 70 35 60, www.fermelebars.com. Versteckt abseits der Straße von Audierne nach Plogoff gelegener, romantischer Bauernhof, der zum Gästehaus umgebaut wurde. Auch Camping ist möglich.

Restaurants

L'Epi d'Or, 6, quai Jean Jaurès, Audierne, Tel. 02 98 70 29 41. Stimmungsvolles Lokal am Hafen mit Terrasse und Meerblick.

Le Loch, 2, Le Loch, Plogoff, Tel. 02 98 70 36 26. Gemütliches Restaurant mit Crêperie. Beste Austern und Langusten in bretonischem Ambiente.

Trauer in Stein gemeißelt – die Kreuzabnahme am Calvaire von Tronoën zeigt Gefühle

47 Notre-Dame-de-Tronoën

Ältester Calvaire der Bretagne.

Südöstlich von Audierne erstreckt sich ein flaches, melancholisch wirkendes Land, in dem nur wenige kleine Dörfer liegen. Stichstraßen führen zu einer Reihe wilder Sandstrände. Wenige Kilometer südlich von Plonéour-Lanvern zweigt der Weg ab zu einem der interessantesten Calvaires der Bretagne. Die kleine Kirche **Notre-Dame-de-Tronoën** liegt einsam in der flachen Landschaft 2 km vom Meer entfernt und ist gerade ihrer kargen Umgebung wegen von großer Wirkung.

Der vielbesuchte **Calvaire** wurde 1450–70 neben der Kirche errichtet und ist der älteste der Bretagne. Von drei Kreuzen überragt, stehen die Figuren hier nicht wie bei den meisten Calvaires frei, sondern gruppieren sich in zwei Reliefreihen um einen massiven rechteckigen Sockel. Auf der dem Meer zugewandten Seite haben Wind und Salz die Konturen der Figuren verwaschen. Die Verkündigungsszene, die Taufe Christi, die Kreuztragung und die bekannteste Szene, Maria im Wochenbett mit dem Jesusknaben neben sich, der die Weltkugel hält – zwei

◁ *In der Wiege des Windes: Meer, Wellen und Sturm haben die Felsen an der Pointe du Raz zu natürlichen Skulpturen geformt – ein landschaftliches Highlight der Bretagne*

zeitlich disparate Motive mithin zu einer Szene kombiniert – sind jedoch deutlich erkennbar. Sie wirken aufgrund der Archaik des Ausdrucks ihrer Figuren besonders intensiv.

48 Pont-l'Abbé

Ruhige Kleinstadt, Hauptstadt der Region Bigouden.

Das Bigoudenland, der südliche Teil der Cornouaille, ist nach der traditionellen Kopfbedeckung der Frauen in der Region, den hohen **Spitzenhauben**, benannt. Ein Bauernaufstand im Jahr 1675 hat den Bewohnern den Ruf außergewöhnlicher Eigenständigkeit eingebracht. In dieser Revolte der ›Bonnets Rouges‹ wählten die Gemeinden um die Hauptstadt Pont-l'Abbé ihre Abgeordneten selbst und proklamierten in einem Kodex eine Art Freiheitscharta. Der Herzog de Chaulnes unterdrückte den Aufstand und ließ die

Hoch hinaus – zur Tracht des Bigoudenlandes gehört die traditionelle Kopfbedeckung

Glockentürme in Pont-l'Abbé und Umgebung niederreißen. Die Legende besagt, dass die hohen Spitzenhauben Ersatz für die zerstörten Kirchtürme darstellen sollten.

Pont-l'Abbé – am Ende des gleichnamigen Mündungstrichters unweit der Küste gelegen – ist nach der alten **Brücke** benannt, die über den Fluss und einen angrenzenden kleinen See führt. Die ruhige Kleinstadt gilt als Zentrum für Stickerei und gehäkelte Spitzen. Sie besitzt eine hübsche **Altstadt** mit beschaulichen Plätzen und vielen kleinen Geschäften.

Im wuchtigen Burgturm des **Château** (14.–18. Jh.) direkt an der alten Brücke ist heute neben der Stadtverwaltung das **Museé Bigouden** (Tel. 02 98 66 09 03, www.museebigouden.fr, April/Mai Di–So 14–18, Juni–Sept. tgl. 10–12.30 und 14–18.30 Uhr) untergebracht, in dem man sich einen Überblick über die Geschichte der Region, das Kunsthandwerk und insbesondere die Trachten des Bigoudenlandes verschaffen kann. In mehreren Stockwerken sind eine Vielzahl von regional typischen Gebrauchsgegenständen, darunter die traditionellen Kopfbedeckungen, Kostüme und Möbel, aber auch sakrale Kunst ausgestellt.

Ausflüge

Nur 5 km südöstlich von Pont-l'Abbé lohnt der keine Bade- und Fischerort **Loctudy** seiner romanischen Kirche wegen einen Besuch. Die **Église St-Tudy** aus dem 12. Jh. gehört zu den besterhaltenen romanischen Kirchen der Bretagne. Fassade und Glockenturm sind zwar im 18. Jh. erneuert worden, das Innere aber besticht noch immer durch seine klaren einfachen Formen. Das vierjochige Hauptschiff wird von zwei schmalen Seitenschiffen flankiert und von einem hölzernen Tonnengewölbe überfangen. Hauptfokus ist der halbrunde Chor mit drei kleinen Kapellen. Seine vier mit Kapitellen geschmückten Säulen geben den Blick frei zum angrenzenden Chorumgang. Die Kapitelle und Basen der Säulen mit ihrer geometrischen und vegetativen Ornamentik sind die Schmuckstücke des Chors.

13 km westlich, an der Küste, liegt der größte Fischereihafen Frankreichs, **Le Guilvinec**. Wenn am späten Nachmittag die Trawler ihren Fang anlanden und anschließend der frische Fisch bei der **Criée** (Mo–Fr 16–17.30 Uhr) versteigert wird, dann ist das ein ganz besonderes Erleb-

Selten in der Bretagne: Romanik wie in der stimmungsvollen Kirche von Loctudy

nis. Um daran teilzuhaben, muss man vorher das Fischereimuseum **Haliotika** (Le Port Terrasse panoramique, Tel. 02 98 58 28 38, www.haliotika.com, April–Juni Mo–Fr 10–12.30 und 14.30–18.30, Juli/Aug. Mo–Fr 9.30–19, Sa/So 15–18 Uhr, Okt. Mo–Fr 15–18 Uhr) besuchen.

i Praktische Hinweise

Information

Office de Tourisme, 11, place Gambetta, Pont-l'Abbé, Tel. 02 98 82 37 99, www.pontlabbe-lesconil.com

Hotels

****Hôtel de Bretagne**, 24, place de la République, Pont-l'Abbé, Tel. 02 98 87 17 22, www.hoteldebretagne29.com. Gut ausgestattetes, zentral gelegenes Mittelklassehotel.

****La Tour d'Auvergne**, 22, place Gambetta, Pont-l'Abbé, Tel. 02 98 87 00 47, www.tourdauvergne.fr. Schlichtes, aber angenehmes Haus im Zentrum.

Südküste – geheimnisvolle Steinreihen und Gräber unserer Vorfahren

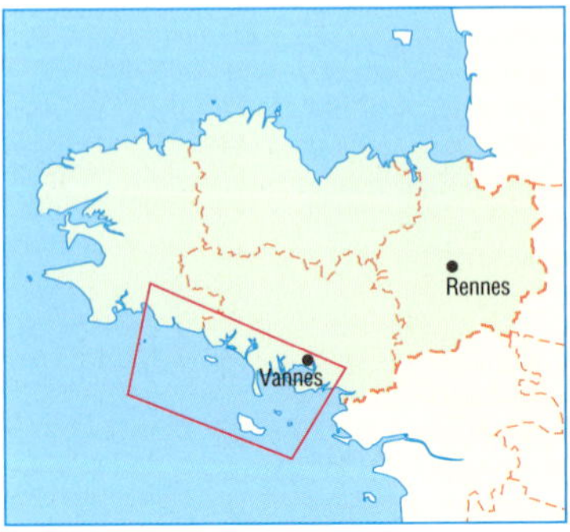

Der von der *Pointe de Penmarch* im äußersten Südwesten bis zur Vilaine-Mündung reichende südliche Küstenabschnitt ist größtenteils dicht besiedelt und deutlich touristischer als der Westen und Norden der Bretagne. Nur noch von geringen Gezeitenunterschieden geprägt, bietet die flache und klimatisch mildere Küstenregion gute Bademöglichkeiten, aber auch eine Vielzahl historisch bedeutender Sehenswürdigkeiten. Am reichsten sind die Zeugnisse der *Megalithkultur*, die hier in einer für Europa einzigartigen Anzahl erhalten sind. Die Route führt vom Fischerhafen **Concarneau** in das Gauguinstädtchen **Pont-Aven** und weiter über **Carnac**, das Zentrum der Megalithkultur, nach **Vannes**, der Hauptstadt des Département *Morbihan*.

49 Concarneau

Betriebsames Hafenstädtchen mit berühmter Ville close.

Concarneau ist der viertgrößte Fischereihafen Frankreichs und der größte Thunfischhafen Europas. Die Flotte Concarneaus besteht heute aus ca. 50 Fischerbooten, die innerhalb eines Jahres etwa 100 000 t Thunfisch aus den Weltmeeren anlanden.

TOP TIPP

Die touristische Hauptattraktion der Stadt ist die berühmte **Ville close**, eine befestigte, auf engem Raum zusammengedrängte kleine Stadt auf einer Insel innerhalb des Hafenbeckens. Bereits seit prähistorischen Zeiten gab es in der Gegend Siedlungen, die dank der nahen Sümpfe lange relativ sicher waren. Im 14. Jh. jedoch wurde auf dem Felsen in der Bucht die heutige befestigte Altstadt angelegt. Ihre endgültige Gestalt erhielt sie allerdings erst im 17. Jh. unter dem königlichen Baumeister *Vauban*, der die Befestigungsanlagen ausbaute und die Dächer der Türme entfernte, um auf diesen Plattformen Artillerie installieren zu lassen. Die Ville close, dieses pittoreske mittelalterliche Häuserensemble, macht heute

Das Leben versüßen mit Köstlichkeiten wie dem bretonischen Butterkuchen

In der Ruhe des frühen Morgens: der Hafen und die schöne Ville close von Concarneau

allerdings nur einen kleinen Teil der Stadt Concarneau aus. Mit einer Ausdehnung von 350 m Länge und 100 m Breite ist sie nicht mit der ungleich größeren Altstadt von St-Malo [Nr. 7] zu vergleichen. Da sie dennoch Ziel vieler Touristen ist, empfiehlt sich ein Besuch möglichst außerhalb der Saison oder am frühen Vormittag.

Eine schmale Brücke führt vom Festland auf die Insel, von deren Festungswällen sich ein wunderbarer Blick über die Altstadt, den Fischerei- und den Jachthafen bietet. An einem imposanten Festungsturm und dem Uhrturm vorbei betritt man die enge **Rue Vauban**. Hinter den hübschen Fassaden der kleinen Steinbauten haben sich heute Cafés und Souvenirläden angesiedelt. Das **Musée de la Pêche** (3, rue Vauban, Tel. 02 98 97 10 20, April–Juni, Sept. tgl. 10–18, Juli/Aug. tgl. 9.30–20, Okt.–März tgl. 10–12 und 14–18 Uhr) illustriert den mit der Geschichte der Stadt so eng verbundenen Fischfang und den Schiffbau. Einblicke in den Lebensraum des Meeres bietet das **Marinarium** (Tel. 02 98 50 81 64, www.mnhn.fr/mnhn/conc, Juli/Aug. tgl. 10–19, April–Juni, Sept. tgl. 10–12 und 14–18, Okt–Dez., Febr./März tgl. 14–18 Uhr) an der Place de la Croix. In den Aquarien tummeln sich Pflanzen und Tiere aus dem heimischen Atlantik. Eine Ausstellung informiert zudem über Bedeutung des ›Planeten Ozean‹ sowie über die Artenvielfalt des Plankton und der bretonischen Küstengebiete. Außerdem wird die *Station de biologie marine de Concarneau* vorgestellt, die hier seit 1859 als eine der ersten weltweit tätig ist.

Direkt gegenüber der Altstadt an der **Place J. Jaurès**, auf der Montag vormittags der Markt stattfindet, und entlang der belebten Uferpromenade reihen sich Cafés, Restaurants und Hotels aneinander, während östlich und nördlich die Hafenanlagen mit Fischkuttern, Lagerhallen und Containern das Bild bestimmen. Am Hafen kann man auch die traditionsreiche Konservenfabrik **Conserverie Courtin** (3, quai du Moros, Tel. 02 98 97 01 80, www.conserverie-courtin.com, Führungen Mo–Fr 10 und 11 Uhr) besichtigen, in der der Fang der örtlichen Fischer verarbeitet wird. Ihre Spezialität ist Confit von der Jakobsmuschel.

Die Viertel westlich der Altstadt, entlang der Strände **Plage du Mine** und **Plage de Cornouaille** haben hingegen den Charakter von Villenvierteln. Hier präsentiert sich Concarneau als gepflegter Badeort.

i Praktische Hinweise

Information

Office de Tourisme, quai d'Aiguillon, Concarneau, Tel. 02 98 97 01 44, www.tourismeconcarneau.fr

Hotels

***__Hôtel de l'Océan__, plage des Sables Blancs, Concarneau, Tel. 02 98 50 53 50, www.hotel-ocean.com. Direkt am Strand gelegenes modernes Hotel mit Restaurant und Schwimmbad.

**__Hôtel des Halles,__ place de l'Hôtel de Ville, rue Charles Linement, Concarneau, Tel. 02 98 97 11 41, www.hoteldeshalles.com. Freundlich und individuell eingerichtetes Hotel.

Le Clos du Minaouët, Pont Minaouët, Trégunc, östlich von Concarneau, Tel. 02 98 50 29 30, www.leclosdu minaouet.com. An der Straße zwischen Concarneau und Trégunc gelegenes Hotel mit praktisch eingerichteten, geräumigen Zimmern und gepflegtem Restaurant.

Restaurants

Le Buccin, 1, rue Duguay Trouin, Concarneau, Tel. 02 98 50 54 22, www.le-buccin.com. Die Fischgerichte dieses geschmackvoll eingerichteten Restaurants sind vorzüglich.

Restaurant-Crêperie Le Penfret, 40, rue Vauban, Concarneau, Tel. 02 98 50 70 55. Crêpes, Fisch und Meeresfrüchte in der Ville close.

Malerische Anregungen – im schönen Pont-Aven fanden im 19. Jh. zahlreiche Künstler Muße für ihr großes Schaffen

50 Pont-Aven

Pittoreskes Städtchen voller Erinnerungen an die Künstlerkolonie des ausgehenden 19. Jh.

Das malerisch gelegene Städtchen, das sich in einem engen bewaldeten Tal beiderseits des Aven erstreckt, ist durch die Malergruppe um **Paul Gauguin** (1848–1903) bekannt geworden. Gauguin hatte zwischen 1886 und 1889 immer wieder Wochen und Monate in dem bäuerlichen, lebenslustigen Marktflecken verbracht und hier sowie in der Umgebung zusammen mit seinen Malerkollegen einen expressionistisch-symbolistischen Stil entwickelt. Die Künstlergruppe wurde unter dem Namen *Schule von Pont-Aven* bekannt.

Mittelpunkt des Ortes ist die alte Granitbrücke über den Aven, an der Stelle, an der schon die Römer eine Furt errichtet hatten. Ab Mitte des 19. Jh., als man von Paris aus die beeindruckende Natur und den ursprünglichen Charakter der Bretagne – paradoxerweise durch den Bau der Eisenbahn ermöglicht – zu entdecken begann, trafen auch Maler aus Paris, Irland, Polen und den USA in Pont-Aven ein, das bald darauf als Künstlerkolonie Bekanntheit erlangte. Heute ist der im Wesentlichen aus zwei Straßen bestehende, gepflegte Ort ein beliebtes Touristenziel. Zahlreiche Galerien versuchen, das künstlerische Ambiente und die entsprechende Atmosphäre aufrecht zu erhalten. Ein Spaziergang durch den **Bois d'Amour** (Liebeswald) oberhalb des Flusstals führt an den Schauplätzen vorbei, die Gauguin und seine Kollegen für ihre Landschaftsmalerei wählten. Direkt am Aven entlang, der sich von einem schmalen Bach zu einem ansehnlichen Mündungstrichter wandelt, führt ein ebenfalls reizvoller Weg bis ans Meer.

Am **Quai** liegen malerisch die Jachten. Einige alte *Mühlen* – früher waren es 14 Stück, die am Ufer des Aven standen und dessen Wasserkraft nutzten – sind noch zu sehen. Zahlreiche Crêperien bzw. Biscuiterien offerieren eine weitere Attraktion des Ortes: Pont-Aven ist die Hauptstadt der berühmten bretonischen Butterkekse, der *Galettes Bretonnes*. Der untere Teil der Straße entlang des Aven ist nach *Théodore Botrel* (1868–1925) benannt, der 1905 das erste Folklorefest der Bretagne organisierte. Eine Statue zu Ehren des volkstümlichen Dichters und Sängers am Square Botrel zeigt ihn als schnurrbärtigen älteren Herrn mit einem großen bretonischen Hut in der Hand.

Das **Musée des Beaux-Arts de Pont-Aven** (Tel. 02 98 06 14 43, www.museepont aven.fr, Juli/Aug. tgl. 10–19 Uhr, April–Juni, Sept./Okt. tgl. 10–12.30 und 14–18.30 Uhr, Febr./März, Nov./Dez. tgl. 10–12.30 und 14–18 Uhr) oberhalb der Place de l'Hôtel de Ville macht auf zwei Etagen mit der *Schule von Pont-Aven* bekannt. Neben Gemälden gibt es auch alte Fotografien, Zeitungsausschnitte und historische Dokumente zu sehen. Regelmäßige Wechselausstellungen erschließen darüber hinaus das Werk von Paul Gauguin, Émile Bernard, Paul Sérusier, Maurice Denis u. a. Das Ziel dieser Maler war die Rückkehr zu einer einfachen und ausdrucksstarken Malerei, deshalb propagierten sie die Abkehr vom Pointillismus und Impressionismus und unterstützten die inspirierte Hinwendung zur Abstraktion.

Das Musée des Beaux-Arts zeigt die Werke der Schule von Pont-Aven

Eine prächtige Allee oberhalb von Pont-Aven führt zu der interessanten **Chapelle de Trémalo**. Romantisch auf einem bewaldeten Hügel neben einem Gehöft gelegen, birgt der flache gotische Bau aus dem 16. Jh. ein hölzernes *Kruzifix* (17. Jh.), das Gauguin zu dem berühmten Gemälde ›Der gelbe Christus‹ inspirierte.

Gemächlich durchfließt der Aven die einstige Künstlerkolonie Pont-Aven

Geheimnis in Stein: Menhire in Carnac

Astronomie, Totenkult oder versteinerte Soldaten?

Die Bedeutung der **Alignements** ist bis heute ungeklärt. Die Annahme, die Steinreihen seien angelegt, um **astronomische Berechnungen** der Sonnen- und Mondfinsternisse oder der Sonnenwende zu ermöglichen, ist problematisch, da die Ausrichtung der Reihen doch nicht durchgängig den unterstellten Absichten entspricht. Wahrscheinlicher ist eine **kultische Bedeutung**. So nimmt man u. a. an, die Reihen seien als heilige Straßen oder Prozessionswege gedacht gewesen. Auch als Fruchtbarkeitssymbole hat man die **Menhire** schon interpretiert. Eine andere Auslegung nimmt die auf einigen Steinen eingravierten Zeichen als Ausgangspunkt und versteht die dargestellten Äxte, Pflugformen, Joche, Weizenähren und Krummstäbe als Hinweise auf die in der Region betriebene **Landwirtschaft** und als Symbole der Herrschaft über das Land und die Tiere. Hingegen behauptet eine **Legende**, bei den Steinen handele es sich um heidnische **Soldaten**, die den hl. Cornelius verfolgt hätten, und der habe sich dadurch zur Wehr gesetzt, dass er sie zu Stein erstarren ließ.

Die unmittelbare Nachbarschaft der Steinallen zu Gräbern deutet auch auf einen Zusammenhang mit dem **Totenkult** hin. Die Gravuren in vielen Gräbern sowie die Grabbeigaben weisen auf die Verehrung einer Muttergottheit oder Totengottheit hin, aus deren Schoß die Verstorbenen wiedergeboren werden sollten. Womöglich fanden solche Toten- und Auferstehungsfeiern im Bereich der Alignements statt.

Ausflug

Der Ort **Quimperlé** am Zusammenfluss von Isole und Ellé östlich von Pont-Aven lohnt einen Abstecher wegen der romanischen Kirche **Ste-Croix**. Das monumentale, bereits 1083 errichtete Gotteshaus ist ein Zentralbau über kreisförmigem Grundriss mit einer mächtigen Rotunde und drei Apsiden. Er ist der Grabeskirche in Jerusalem nachempfunden. Nach dem Einsturz des Glockenturms 1862 wurde Ste-Croix komplett restauriert und dabei stark verändert, wodurch das Innere seine ursprüngliche Atmosphäre eingebüßt hat. Die östliche Apsis mit sehenswerten Säulen, Kapitellen und Fenstern ist jedoch weitgehend original erhalten geblieben. Besonderes Augenmerk verdient auch die dreischiffige *Krypta* mit ihren schön ornamentierten Säulenkapitellen und Säulenbasen.

i Praktische Hinweise

Information

Office de Tourisme, 5, place de l'Hôtel de Ville, Pont-Aven, Tel. 02 98 06 04 70, www.pontaven.com

Hotel

*****La Chaumière Roz Aven**, 11, quai Théodore Botrel, Pont-Aven, Tel. 02 98 06 13 06, www.hotelpontaven.online.fr. Traditionshotel mit Restaurant am Ufer des Aven mit Blick auf den Hafen.

Restaurant

La Taupinière, Croissant St-André, route de Concarneau, Pont-Aven, Tel. 02 98 06 03 12, www.la-taupiniere.com. Der Landgasthof gehört zu den besten Lokalen der Region (Mo/Di geschl.).

51 Carnac

Eines der meistbesuchten Seebäder der Bretagne, mit den weltberühmten uralten Steinalleen.

Die Altstadt von **Carnac** liegt etwa 1,5 km vom Strand entfernt. Den Marktplatz in der Dorfmitte beherrscht die Kirche **St-Cornely** (17. Jh.). An ihrer Nordseite wurde nachträglich ein zierlicher Portalvorbau errichtet, dessen dorische Säulen einen Granitbaldachin in Gestalt einer Krone tragen. Am Haupteingang thront der Schutzpatron des Hornviehs, der hl. Cornely, neben Ochsen, Dolmen und Menhiren.

TOP TIPP Gegenüber der Kirche befindet sich das **Musée de Préhistoire** (10, place de la Chapelle, Tel. 02 97 52 22 04, www.museedecarnac.com, Juli/Aug. tgl. 10–18, April–Juni, Sept. Mi–Mo 10–12.30 und 14–18, Okt.–Dez., Febr./März Mi–Mo 10–12.30 und 14–17 Uhr), dessen Besuch nicht nur für Archäologen lohnend ist. Nach modernen Gesichtspunkten werden Funde vor allem aus der Region präsentiert. Das Museum gibt einen detaillierten Überblick über die verschiedenen vor- und frühgeschichtlichen Epochen vom Paläolithikum (450 000 Jahre v. Chr.) über die Megalithkultur (4500–2000 v. Chr.), die Bronze- und Eisenzeit bis zur römischen Antike. Im Mittelpunkt der Ausstellung stehen jedoch Funde aus Siedlungen und Gräbern der Megalithkultur.

TOP TIPP Nordöstlich von Carnac erstrecken sich die berühmten **Alignements** (Steinalleen; www.carnac.monuments-nationaux.fr) quer durch die flache, ginsterbedeckte Landschaft. Während der Saison befindet sich meist ein Strom von Besuchern auf dem Weg zu den drei Steinfeldern, die in west-östlicher Richtung aufeinander folgen: **Kermario**, **Kerlescan** und, das größte mit 1099 Steinen, **Le Ménec**. Die Alignements von Carnac sind weltweit die umfangreichsten ihrer Art. Sie wurden vermutlich in der ausgehenden Jungsteinzeit um 2000 v. Chr. errichtet. Zäune umgeben die Menhire, zum Schutz vor etwa 1 Mio. Besuchern im Jahr. Durch den Besucherandrang waren Bodenerosion und Vegetationsschäden stetig fortgeschritten, viele Menhire waren umsturzgefährdet. Den geheimnisvollen Charakter der unförmigen, verwitterten und von Flechten überwachsenen Steingebilde in ihrer merkwürdigen Anordnung kann man heute nur noch durch Gitterstäbe wahrnehmen.

Man sieht lang gestreckte Felder, die von mehreren parallel verlaufenden Reihen von Menhiren zunehmender Größe gebildet werden. Die jeweils am Westende der Felder stehenden größten Menhire erreichen eine Höhe von über 6 m. Bei den gut erhaltenen Feldern wie dem von Le Ménec laufen die in diesem Fall elf Steinreihen senkrecht auf einen Halbkreis dicht stehender Blöcke zu, den so genannten *Cromlech*. Die hiesigen Steinreihen sind 1167 m lang, sie bilden ein Band von etwa 100 m Breite. In Kermario sind es 1029 Menhire in zehn Reihen, in Kerlescan sind 594 Menhire, davon 39 im Halbrund eines Cromlech, erhalten geblieben. Viele der Menhire sind erst in jüngerer Zeit nach ihrer wissenschaftlichen Erforschung dem ursprünglichen Zustand entsprechend wieder aufgerichtet worden. Im mittleren Feld von Kermario befindet sich neben dem großen Parkplatz ein *Dokumentationspavillon*

Über 4000 Jahre alt und voller Geheimnisse – die Menhire in Carnac sind faszinierende Zeugnisse einer vergangenen Kultur, deren Bedeutung bis heute Rätsel aufgibt

mit Aussichtsterrasse. Von hier bietet sich ein guter Überblick über die faszinierend angeordneten Steinalleen.

Außer den Alignements sind in der Region auch noch etliche megalithische Großsteingräber erhalten, so z. B. das Langgrab von **Manio-Kermario II**, das von einer der Steinreihen überzogen wird, ein Beleg für das ältere Entstehungsdatum dieses etwa 50 m langen und 35 m breiten Grabes. Es ist heute innerhalb der Umzäunung gelegen und daher nicht mehr zugänglich. Der **Tumulus St-Michel** am Ortsende von Carnac (D781 in Richtung La Trinité) ist schätzungsweise 6000 Jahre alt. Der 125 m lange und 10 m hohe Hügel ist der größte Grabhügel Europas. Seit Mitte des 17. Jh. wird er von einer Michaelskapelle bekrönt. Durch einen engen Zugang betritt man mehrere Grabkammern, in denen bei Ausgrabungen im 19. Jh. in zwei zentralen Kammern mit Steinkisten verbrannte Knochenreste von Tieren und Menschen gefunden wurden. Wissenschaftler nehmen an, dass der Tumulus ein Fürstengrab war, in dem ein Feudalherr mit Tieren als Opfergabe bestattet wurde. Zutage kamen auch polierte Steinbeile und Ketten aus Callaisperlen samt Anhänger. Über den beiden Grabkammern wurden Steinschichten und Erde aufgeschüttet, die die eigentliche Grabstätte hermetisch abschotten sollten, um die ungestörte Ruhe des Beigesetzten zu garantieren.

Carnac Plage mit seinen ausgedehnten Stränden und seinem milden Klima ist heute einer der beliebtesten Ferienorte der Bretagne. Dieser dem Meer zugewandte Teil von Carnac ist um 1900 entstanden und erstreckt sich entlang seiner breiten flachen Sandstrände über mehrere Kilometer. Zahlreiche Villen liegen hinter hohen Pinien verborgen. In den Apartments und Ferienhäusern mieten sich zumeist französische Urlauber den Sommer über ein. Eine Segelschule und ein Institut für Meeresheilkunde, zahlreiche Geschäfte, Restaurants und Cafés vermitteln die sympathische Urlaubsatmosphäre eines noch nicht zu mondän geratenen Badeortes, der im Ferienmonat August allerdings überlaufen ist.

Praktische Hinweise

Information

Office de Tourisme, 74, avenue des Druides, Carnac, Tel. 02 97 52 13 52, www.ot-carnac.fr

◁ *Ein spektakulärer Anblick: die ›Nadeln‹ von Port-Coton auf der Südseite der Belle Île*

Hotel

**Hostellerie les Ajoncs d'Or, route de Plouharnel, Kerbachique, Tel. 02 97 52 32 02, www.lesajoncsdor.com. Idyllisches Landgasthaus mit gutem Restaurant.

Restaurant

TOP TIPP **La Fregate**, 14, allée des Alignements, Carnac-Plage, Tel. 02 97 52 97 90. Restaurant mit außergewöhnlich feiner Küche zu erschwinglichen Preisen; gegenüber den Grünanlagen beim Tourismusbüro.

52 Presqu'île de Quiberon und Belle-Île

Badespaß und Landschaftserlebnis.

TOP TIPP Kurz vor Carnac führt die D 769 südlich auf die schmale lang gezogene **Presqu'île de Quiberon**, die heute mit ihren unzähligen Ferienhäuschen, Campingplätzen und Wandermöglichkeiten ein beliebtes Touristenziel ist. Während die Westseite mit ihren wilden Klippen der *Côte Sauvage* landschaftlich reizvoller und ursprünglicher ist, bietet sich die Ostseite mit ihren langen, schönen Sandstränden vor allem in der Nähe von Penthièvre für einen entspannten Badeurlaub an.

Vom Hafen *Port-Maria* am Südwestende der Halbinsel verkehren täglich die Autofähren auf die **Belle-Île**. Nach 45 Minuten Überfahrt erreicht man die mit 17 km Länge und 3–9 km Breite größte bretonische Insel, deren Oberfläche von karger Heide- und Wiesenlandschaft geprägt ist. Der nordöstliche Küstenabschnitt weist eine Reihe schöner Strände auf, während die landschaftlich eindrucksvollere Inselseite wiederum die steil abfallende Westküste ist. Hauptort der Belle-Île ist im Osten die von Stadtmauern umschlossene Hafenstadt **Le Palais**, die von der eindrucksvollen *Citadelle Vauban* (Tel. 02 97 31 84 17, www.citadellevauban.com, Juli/Aug. tgl. 9–19, April–Juni, Sept./Okt. 9.30–18 Uhr, Nov.–März tgl. 9.30–12 und 14–17 Uhr) überragt wird. Sie wurde im 16. Jh. im Auftrag Heinrichs II. errichtet und im 17. Jh. vom königlichen Baumeister Vauban zum Schutz der Insel weiter ausgebaut. Im Innern informiert ein *Museum* über die Geschichte der Insel und ihre illustren Besucher, u. a. Claude Monet und die Schauspielerin Sarah Bernhardt. Sie hatte bereits 1894 an der Pointe des Poulains ein kleines, fortartiges Haus erworben, das mittlerweile als *Musée Sarah Bernhardt* (Tel. 02 97 31 61 29, April–Sept. tgl. 10.30–17.30 Uhr) besichtigt werden kann. Die Insel lässt sich auf vielfältige Weise erkunden: Im Hafen von Le Palais kann man Fahrräder oder ein Auto mieten oder sich einer organisierten Bustour anschließen. Unbedingt besuchen sollte man die Südseite der Belle-Île mit dem Leuchtturm **Grand Phare** und den **Aiguilles de Port-Coton**, bizarren Felsnadeln, die vor der Küste aus dem Wasser ragen.

i Praktische Hinweise

Information

Office de Tourisme, 14, rue de Verdun, Quiberon, Tel. 08 25 13 56 00, www.quiberon.com.

Office de Tourisme, 30, quai Bonnelle, Le Palais, Belle-Île-en-Mer, Tel. 02 97 31 81 93, www.belle-ile.com

Abendstimmung auf der Belle Île: der Jachthafen von Sauzon an der Ostküste der Insel

Hotels

******Castel Clara**, port Goulphar, Bangor, Tel. 02 97 31 84 21, www.castel-clara.com. Luxushotel mit Restaurant, Thalassotherapie und Meerblick.

****De Bretagne**, quai Macé, Le Palais, Tel. 02 97 31 80 14, www.hotel-de-bretagne.fr. Hotel mit Restaurant am Hafen.

****Hotel Vauban**, 1, rue des Remparts, Le Palais, Tel. 02 97 31 45 42, www.hotelvauban.com. Günstiges Hotel oberhalb der Altstadt von Le Palais.

****Le Phare**, quai Guerveur, Sauzon, Tel. 02 97 31 60 36, www.hotelduphare.blogspot.com. Hotel und Restaurant am Hafen.

Restaurants

L'Annexe, 3, quai de l'Yser, Le Palais, Tel. 02 97 31 81 53. Gemütliches Fischerlokal am Hafen. Zartes Lammfleisch von der Belle Île, gefüllte Krabben und frischer Fisch auf dem Holzofengrill zubereitet. Dazu gibt es delikate Desserts.

Le Contre Quai, rue St-Nicolas, Sauzon, Tel. 02 97 31 60 60. Sympathisches kleines Restaurant mit raffinierten Gerichten.

53 Locmariaquer

Top Tipp *Die größten Zeugnisse der Megalithkultur: Grand Menhir und mehrere Dolmen, teilweise direkt am Meer.*

Knapp 15 km östlich von Carnac bietet der kleine Badeort Locmariaquer an der Spitze einer Halbinsel den Höhepunkt der Gräberkultur des Megalith. Offenbar gefiel den Menschen der Steinzeit der Platz, der einen schönen Ausblick nach Süden auf das offene Meer gewährt. Man erreicht den Ort über die D 781 und die Kérisperbrücke, von der man rechts den früheren Hafen von Carnac und heutigen Jachthafen des Badeortes *La Trinité-sur-Mer* sieht. Nach 2 km biegt man rechts ab und gelangt kurz darauf an das Ende der schmalen Halbinsel, die den Golf von Morbihan von Westen fast vollständig abschließt.

Die **Grabanlagen** (Öffnungszeiten stets: Mai/Juni tgl. 10–18, Juli/Aug. tgl. 10–19, Sept.–April tgl. 10–12.30 und 14–17 Uhr) von Locmariaquer befinden sich teils innerhalb, teils außerhalb des Ortes. Der Dolmen *Mané Lud* 1 km nördlich von Locmariaquer ist ein großer, mit einer Erdschicht überzogener Steinhügel. Ein Gang führt zu der ovalen Grabkammer, in der man an den Tragsteinen Gravierungen entdecken kann.

Die markantesten steinernen Zeugen aus jener Epoche sind sicherlich der Table des Marchands und der *Grand Menhir*. Dieser mehr als 20 m lange und 280 t schwere Stein ist der größte bekannte Menhir des Neolithikums. Er liegt in vier Teile zerbrochen am Boden. Wann und wie er dieses Schicksal erfuhr, ist nicht bekannt. Die Ergebnisse der Ausgrabungen Ende des 20. Jh. legen nahe, dass er zu einer Gruppe riesiger Menhire gehörte, die anlässlich einer Kultreform schon im 4. Jtd. v. Chr. zerstört wurde. Die Fundamente dieser Steine wurden neben dem großen Menhir gefunden. Die Überreste der anderen Menhire wurden später in den umliegenden Megalithgräbern als Trag- und Decksteine verbaut.

Unmittelbar neben dem Grand Menhir steht der nicht weniger imposante *Table des Marchands*. Dabei handelt es sich um einen *Cairn*, einen Grabhügel aus Bruchsteinen (rekonstruiert), die über der eigentlichen Bestattungsanlage, einem Gang und einer Kammer aus großen Trag- und Decksteinen, aufgeschüttet wurden. Anders als beim Tumulus St-Michel von Carnac [s. S. 97] hat man bei diesem Typus der *Gangdolmen* den Zutritt zu den eigentlichen Grabkammern durch einen Gang ermöglicht. Der gewaltige dreieckige Tragstein am Ende der Kammer ist als einziger nicht aus Granit, sondern aus einem sehr harten Sandstein. Seine *Gravuren*, vier Reihen von sich nach links bzw. rechts neigenden Krummstäben, sind eindrucksvoll. Da auch die für den Besucher heute verdeckte Rückseite Gravuren aufweist, ist anzunehmen, dass er vor dem Bau des Grabes frei stand. Der Deckstein der zentralen Grabkammer ist eine gewaltige Platte von 6 m Länge, 4 m Breite und 50 t Gewicht. Die Gravuren, eine Pflugschar, ein Krummstab und ein Rind, sind gut zu erkennen. Die Archäologen haben herausgefunden, dass er einer von drei Teilen eines gewaltigen 14 m hohen Menhirs war, der einst neben dem Grand Menhir stand. Die anderen beiden Teile bilden die Deckplatten eines Grabes auf der 4 km entfernten Île Gavrinis [s. S. 105] und des **Cairn Er Vinglé** gleich nebenan. Dabei handelt es sich um eine 170 m lange Grabanlage, die mit Bruchsteinen bedeckt ist. Offensichtlich wurde sie im Laufe der Zeit mehrmals verlängert.

Weitere Gräber der Gegend sind der Tumulus **Mané-er-Hroeck** sowie an der Südspitze der Halbinsel das 5000 Jahre alte Langgrab **Pierres-Plates**, das besonders eindrucksvolle schildförmige Gravuren aufweist (symbolhafte Darstellungen der Mutter- und Totengöttin).

i Praktische Hinweise

Hotel

*****Hôtel des Trois Fontaines**, route d'Auray, Locmariaquer, Tel. 02 97 57 42 70, www.hotel-troisfontaines.com. Von einem gepflegten Garten umgebenes Hotel mit Blick auf den Golfe du Morbihan.

54 Vannes

Plan Seite 102

Traditionsreiche Hauptstadt des Départements Morbihan mit hübscher Altstadt.

Die Stadt Vannes (58 000 Einwohner), am Golfe du Morbihan gelegen, ähnelt mit ihren vorkragenden Fachwerkbauten den

Gewaltige Zeugnisse aus Stein – bei Locmariaquer befinden sich zahlreiche Dolmen sowie der Grand Menhir, der in vier Teile zerbrochen ist

Stadtbildern von Quimper [Nr. 42] und Dinan [Nr. 9]. Von besonderem Reiz sind der Hafen sowie die teils noch gut erhaltene Stadtbefestigung.

Geschichte Der Name der Stadt geht auf den Stamm der *Veneter* zurück, die an der Stelle des heutigen Vannes im 2. Jh. v. Chr. ihre Hauptstadt errichtet hatten. 56 v. Chr. wurden sie von Caesar in einer Seeschlacht im Golf von Morbihan besiegt und nahezu ausgerottet, die Stadt wurde von den Römern übernommen und hieß fortan **Darioritum**. Im 5. Jh. wurde das Bistum Vannes gegründet. 826 machte Herzog *Nominoë* die Stadt zu seiner Hauptstadt, die im 10. Jh. von den Normannen zerstört und anschließend wieder aufgebaut wurde. 1532 war Vannes Schauplatz der Unterzeichnung des Vertrages, in dem die Angliederung des Herzogtums an Frankreich beschlossen wurde. In den folgenden Jahrhunderten, als in Vannes zeitweise das bretonische Parlament residierte, entwickelte sich die Stadt zu einem wichtigen **Handelszentrum**, das sie teilweise bis heute geblieben ist. Der Handelshafen hat sich zum *Sporthafen* gewandelt, die malerische Altstadt ist besonders im Sommer bei Touristen beliebt.

Besichtigung Die Altstadt wird im Westen von der Rue Thiers mit dem Rathaus, im Süden vom Hafen und im Osten von der alten Befestigungsmauer begrenzt. Drei alte Stadttore sind noch vorhanden. Die im 18. Jh. im klassizistischen Stil erneuerte **Porte St-Vincent** 1 im Süden wird von den Gebäuden an der halbkreisförmigen *Place Gambetta* eingeschlossen. In einer Nische des Turms steht die Figur des hl. Vincent Ferrier, des Schutzpatrons der Stadt. Die Rue St-Vincent mit Bürgerhäusern aus dem 17. und 18. Jh. führt zur *Place des Lices*, die ihren Namen den hier im Mittelalter ausgetragenen Turnieren verdankt. Heute findet auf dem Platz mittwochs und samstags ein bunter Markt statt.

Links an der Rue Noé befindet sich das ehemalige Parlamentsgebäude *Château-Gaillard* aus dem 15. Jh., in dem heute das **Musée d'histoire de Vannes** 2 (Tel. 02 97 01 63 00, Mitte Mai–Mitte Juni tgl. 13.30–18, Mitte Juni–Sept. tgl. 10–18 Uhr,

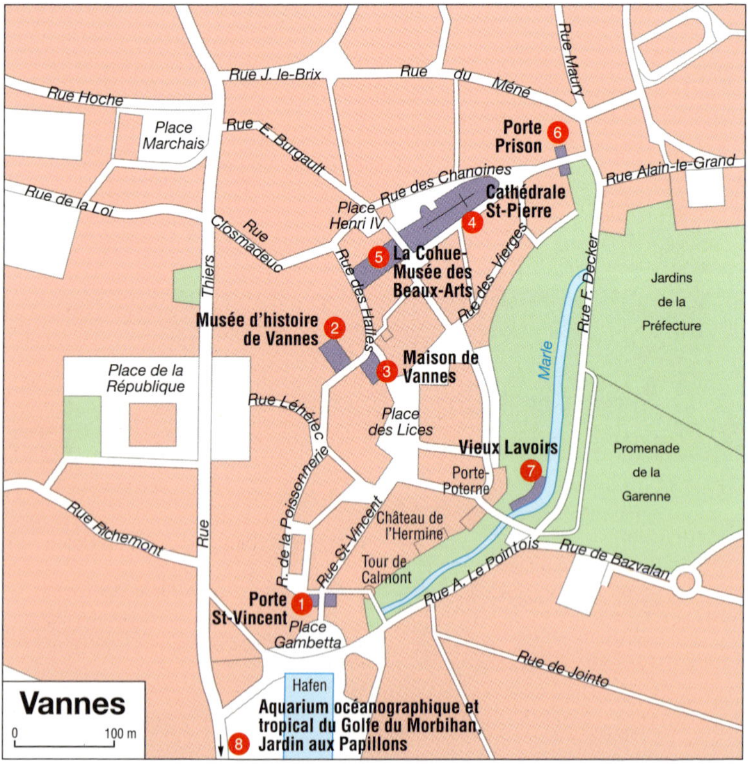

Hinter zahlreichen Fachwerkhäusern erhebt sich die mächtige Cathédrale St-Pierre

Okt.–Mitte Mai nur für Gruppen nach Anmeldung geöffnet) untergebracht ist. In seinen seit dem Mittelalter kaum veränderten Räumen zeigt es prähistorische und antike Funde aus dem Umkreis des Golfe du Morbihan und Gebrauchskunst aus dem Mittelalter. Überdies sind Kunstwerke regionaler Maler zu sehen.

An der Ecke zur Place Valencia steht die **Maison de Vannes** 3 mit zwei skurrilen, bunt bemalten Granitköpfen im Giebel: *Vannes et sa femme*.

Mittelalterliches Zentrum ist die kleine *Place Henri IV.*, die von Fachwerkhäusern des 15.–17. Jh. sehr malerisch eingerahmt wird. Von hier sind es nur ein paar Schritte zur **Cathédrale St-Pierre** 4. Der gewaltige Bau kontrastiert mit den zierlichen Fachwerk- und Granithäusern des Viertels. Aus dem 13. Jh., als mit der Errichtung

Die Straßencafés an der Place des Lices laden zu einer wohlverdienten Ruhepause ein

der Kathedrale begonnen wurde, hat sich der untere Teil des nördlichen Eckturms erhalten. Der Bau zeigt ansonsten im Langhaus (15. Jh.) spätgotische Formensprache, Querschiff und Chor stammen aus dem 16. und 18. Jh., die Fassade wurde im 19. Jh. im neugotischen Stil überarbeitet. An der Nordseite schließt sich der Überrest eines kleinen *Kreuzgangs* aus dem 16. Jh. an. Durch den Eingang im nördlichen Querschiff gelangt man in das weiträumige **Innere**, das von Kapellen flankiert wird. Die *Rundkapelle* gleich rechts ist nach dem Vorbild der italienischen Renaissance gestaltet. Sie enthält die *Reliquien des hl. Vincent Ferrier*. Dieser spanische Dominikanermönch, vormals Privatgeistlicher des Königs von Aragon und Wunderheiler, reiste als Bußprediger durch die Bretagne und starb 1419 in Vannes. Der *Kapitelsaal* am Chorumgang enthält den *Kirchenschatz*, der aus wertvollen Gold- und Silberkreuzen, Kelchen und Hostiengefäßen besteht.

Mit dem Schiff in die Vergangenheit: das Großgrab auf der Île Gavrinis

Gegenüber dem westlichen Portal befindet sich das kleine Museum **La Cohue – Musée des Beaux-Arts** 5 (Tel. 02 97 01 63 00, Mitte Juni–Sept. tgl. 10–18, Okt.–Mitte Juni tgl. Mo–Sa 13.30–18 Uhr). Die ehemalige Markthalle *La Cohue* entstand im 13. Jh. und beherbergte einst im ersten Stock das Gericht der Stadt. Nun sind in den ehrwürdigen Räumen Gemälde des 19.und 20. Jh. mit bretonischen Motiven zu sehen.

Die malerische Rue St-Guenhaël südlich der Kathedrale führt zur **Porte Prison** 6, in der 1795 Royalisten vor ihrer Hinrichtung eingekerkert waren. Das Tor gehört zu den ältesten Teilen der 1370 unter Herzog Jean IV. begonnenen Stadtbefestigung. Der von hier in südlicher Richtung verlaufende alte Stadtwall wird außerhalb von Grünanlagen und dem Flüsschen Marle begrenzt. Neben der *Porte-Poterne* liegt am Wasser ein altes Waschhaus, **Vieux Lavoirs** 7, das abends angestrahlt ist. Das pittoreske Erscheinungsbild lässt die Mühen der Wäscherinen von einst fast vergessen.

TOP TIPP

Neben der Bootsanlegestelle am Schiffshafen *Parc du Golfe* liegt das moderne **Aquarium océanographique et tropical du Golfe du Morbihan** 8 (21, rue Daniel Gilard Tel. 08 10 40 69 01, www.aquarium-du-golfe.com, Juli/Aug. tgl. 9–19.30, April–Juni, Sept. tgl. 10–12 und 14–18, Okt.–März tgl. 14–18 Uhr) von Vannes. Zu sehen gibt es hier fast alles, was sich im Meer tummelt: Fische, Quallen, Krebse, Seepferdchen, Schildkröten und auch Krokodile. Nebenan lockt der **Jardin aux Papillons** (Tel. 08 10 40 69 01, www.jardinauxpapillons.com, Juli/Aug. 10–19, April–Juni, Sept. tgl. 10–12 und 14–18 Uhr) mit rund 15 000 exotischen Schmetterlingen, deren farbenfrohe Vielfalt man in einem künstlich geschaffenen tropischen Regenwald be-

Reizvolles ›Kleines Meer‹ – der Golfe du Morbihan

Der Golfe du Morbihan, dem das Département seinen Namen verdankt, heißt übersetzt aus dem Bretonischen ›Kleines Meer‹. Früher, noch zur Blütezeit der **Megalithkultur**, befand sich hier eine hügelige Landschaft, die von mehreren Flussläufen durchzogen war. Der Anstieg des Meeresspiegels und kontinuierliche Landabsenkung ließen mit der Zeit Teile dieser Landschaft im Meer versinken. Zurück blieb eine Vielzahl von Inseln, Halbinseln und Buchten, deren Erscheinungsbild sich durch den starken Wechsel der Gezeiten ständig verändert.

Die Megalithdenkmäler der Inseln wie Gavrinis, Er Lannic oder Île aux Moines standen zur Zeit ihrer Erbauung also noch auf dem Festland. Schon damals herrschte hier ein besonders mildes Klima, vielleicht auch der Grund für die große Konzentration von megalithischen Bauten im und um den Golfe du Morbihan. Heute findet man auf den Inseln eine **Vegetation**, die eigentlich typisch ist für mediterrane Regionen, z.B. Erdbeerbäume, Mimosen, immergrüne Eichen, Palmen und Feigenbäume.

Zur **Römerzeit** sah der Golfe du Morbihan in etwa so aus wie heute. 56 v. Chr. soll sich hier die entscheidende Schlacht zwischen den Truppen **Julius Caesars** und den **Venetern** zugetragen haben (De bello Gallico, 3. Buch, Kap. 8–16). Die Veneter, die dank ihrer flachkieligen Schiffe mit den festen Ledersegeln für die regionalen Verhältnisse eigentlich besser ausgerüstet waren, wurden während einer Flaute von den römischen Rudergaleeren vernichtend geschlagen. Die Veneter waren der letzte keltische Stamm, der sich – vergleichbar dem letzten keltischen Dorf aus der Asterix-Geschichte – seine Unabhängigkeit erhalten hatte. Nun wurde er von der römischen Besatzungsmacht unterworfen und weitgehend vernichtet.

wundern kann. Wenige Schritte weiter starten Boote zu Rundfahrten durch den *Golfe du Morbihan* mit seinem Labyrinth von kleinen Buchten, Küstenvorsprüngen, Felsen und Inseln.

Ausflug

Von den zahllosen Inseln und Inselchen im Golfe du Morbihan ragt die **Île Gavrinis** im Westen heraus, zu deren Besuch man sich in Larmor-Baden, 15 km südwestlich von Vannes, einschiffen muss. Auf Gavrinis ist eines der interessantesten *Großgräber* der Megalithkultur zu sehen. Der 6000 Jahre alte, gestufte Steinhügel enthält in seinem Innern einen 14 m langen Gang und eine zentrale Grabkammer. Die darüber liegenden Tragsteine sind mit interessanten Spiral- und Kreis-Gravuren versehen, die großen Fingerabdrücken ähneln und die weibliche Gottheit symbolisieren. Die

TOP TIPP

Deckplatte in der engen Grabkammer selbst ist über 4 m lang. Die übereinstimmenden Gravuren lassen darauf schließen, dass diese Platte einst mit dem Deckstein des 4 km entfernten Table des Marchands in Locmariaquer [Nr. 53] zusammenhing. Sie bildete mit diesem und der Platte des nahe gelegenen Grabes von Er-Vinglé einen einzigen riesigen Menhir.

i Praktische Hinweise

Information

Office de Tourisme, Quai Tabarly, Vannes, Tel. 08 25 13 56 10, www.tourisme-vannes.com

Hotels

*****Mercure Hotel**, Le Parc du Golfe, 19, rue Daniel Gilard, Vannes, Tel. 02 97 40 44 52, www.mercure.com. Modernes Hotel mit Meerblick und gutem Restaurant, 2 km südlich vom Zentrum.

****Kyriad Vannes Centre**, 8, place de la Libération, Vannes, Tel. 02 97 63 27 36, www.kyriad.fr. Mittelklassehotel mit komfortablen Zimmern und Restaurant am Rand der Altstadt.

****Au Relais du Golfe**, 10, place du Général de Gaulle, Vannes, Tel. 02 97 47 14 74. Am Fuß der Stadtmauer gelegenes preiswertes Hotel garni.

Sommerfrische und Schlosskultur – an der Südküste der Halbinsel Rhuys thront das stolze Château de Suscinio

55 Château de Suscinio

Imposantes mittelalterliches Schloss der bretonischen Herzöge.

Nahe der Südküste der Halbinsel Rhuys thront eindrucksvoll das Chateau de Suscinio (Tel. 02 97 41 91 91, www.suscinio.info, April–Sept. tgl. 10–19, Febr./März, Okt. tgl. 10–12 und 14–18, Nov.–Jan. tgl. 10–12 und 14–17 Uhr). Früher lag direkt am Meer, doch haben Anschwemmungen die Küstenlinie verändert, sodass nun Sumpfland das Château vom Wasser trennt. Als Sommerresidenz der bretonischen Herzöge wurde Suscinio vor allem zur Jagd genutzt. Als François II. um 1466 Nantes als Residenz wählte, verlor Suscinio an Bedeutung. Während der Französischen Revolution wurden Steine des Gebäudes für andere Bauten genutzt. 1965 begann man mit der Restaurierung der Ruine.

Die mächtige quadratische Anlage aus dem 13. Jh., die von sechs Türmen überragt wird, war Vorbild für das Schloss von Nantes [Nr. 65]. Sie besteht aus zwei gegenüberliegenden Flügeln, die zusammen mit den verbindenden Wehrmauern einen *Ehrenhof* einfassen. Im restaurierten Eingangsgebäude, zu dem eine Zugbrücke über den Burggraben führt, ist heute ein **Museum** zur bretonischen Geschichte eingerichtet. Höhepunkt der Besichtigung des Château sind die farbigen Fußböden aus dem 13. und 14. Jh. Ebenfalls eindrucksvoll sind der große Zeremoniensaal, eine alte Kapelle (13. Jh.) und die pechnasenbestückten Wehrgänge, die die Atmosphäre einer mittelalterlichen Residenz vermitteln.

Argoat – das Landesinnere: auf den Spuren der Mythen und Legenden

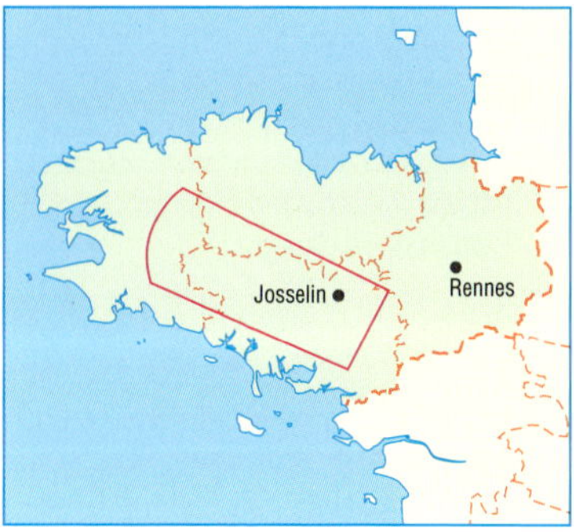

Mit dem keltischen Namen **Argoat** (Land des Waldes) bezeichnet man noch heute das einstmals zu großen Teilen bewaldete bretonische **Binnenland**. Im Unterschied zu den belebten Küstenregionen ist es über weite Strecken dünn besiedelt, macht einen manchmal verlassenen Eindruck, bietet jedoch landschaftlich große Vielfalt. Kahle und herbe Höhenzüge wechseln mit lieblichen Flusstälern und sanft gewellten Feldern und Wiesen ab. Das Argoat bietet kein dramatisches Naturschauspiel wie an der Küste, stattdessen ein friedliches, bäuerliches Ambiente mit verschlafenen Dörfern und sehenswerten Landkapellen. Die Wiesen und Felder sind mit Hecken und Mauern eingefasst. Von den großen Wäldern sind **Forêt de Paimpont** im Westen des Départements Ille-et-Vilaine und der Wald von **Huelgoat** südlich der **Monts d'Arrée** erhalten geblieben.

56 Monts d'Arrée

Bizarrer Bergzug mit den höchsten Gipfeln der Bretagne und einem künstlichen See.

Einst ein mächtiges Gebirge, erreichen die Schiefer- und Quarzitgipfel der Monts d'Arrée heute noch nicht einmal mehr 400 m Höhe. Da sie aber teilweise jäh aus der flachen Ebene ansteigen, haben sie fast schon alpinen Charakter. Bestes Beispiel hierfür ist der 384 m hohe **Roc Trévezel**, höchster Gipfel der Bretagne, 20 km südwestlich von Morlaix gelegen und über die D 785 zu erreichen. Nach einem kurzen Spaziergang vom Parkplatz aus erreicht man den Gipfel und kann von dort aus ein atemberaubendes Panorama genießen. Im Norden ist bei klarer Sicht die Küste zu erahnen, im Osten und Westen ragen weitere Zacken der Monts d'Arrée empor. Im Süden liegt eine große Wasserfläche, das *Réservoir St-Michel*, ein künstlicher See, der ab 1966 das inzwischen still gelegte Atomkraftwerk von Brennilis mit Kühlwasser versorgte. Westlich des Sees erhebt sich der markante **Montagne St-Michel** (380 m) mit seiner Michaelskapelle.

Einen Besuch wert ist die restaurierte Kirche der ehemaligen Zisterzienserabtei von **Le Releg** (östlich von Plounéour-Ménez an der D 111 gelegen). Besonders malerisch und noch nicht so überlaufen wie viele andere bretonische Wallfahrten sind hier der *Pardon de Ste-Anne* am vorletzten Julisonntag und der farbenprächtige *Pardon de Notre-Dame-du-Releg* am 15. August. Nach der Prozession findet dabei immer noch ein Volksfest mit bretonischem Tanz und Gesang statt.

57 Huelgoat

Ort und Wald von bezaubernder und verzauberter Atmosphäre.

Huelgoat, Überbleibsel der großen, längst gerodeten innerbretonischen Wälder, eignet sich bestens für Spaziergänge und Wanderungen. Ausgangspunkt ist der kleine Ort Huelgoat, ursprünglich ein lebhaftes Bergwerksstädtchen, da bis ins 19. Jh. im nahen Wald silberhaltige Bleiminen ausgebeutet wurden. Wanderungen durch die **Forêt de Huelgoat** führen an der *Rivière d'Argent* (Silberfluss) mit seinen Felsenmeeren aus Granit oder an den alten Kanälen der Bergarbeiter entlang. Man kann die *Grotte du Diable* (Teufelsgrotte), die *Roche Tremblante* (Schwankender Fels) sowie den *Sentier des Amoureux* (Liebespfad) und andere fantastische Gesteinsformationen besuchen. Besonders sehenswert ist das *Camp Artus*, ein keltisches Oppidum, d. h. eine befestigte Zivil- und Militärsiedlung auf einer Anhöhe, deren Umfassungsmauer heute noch gut zu erkennen ist. Da die Forêt de Huelgoat einst mit den anderen bretonischen Wäldern verbunden war, sind hier auch dieselben Legenden und Märchen lebendig. Sie erzählen von König Artus, von schönen Feen und gefährlichen Zauberern wie in der östlich gelegenen Forêt de Paimpont [Nr. 61].

Ausflug

7 km südwestlich von Huelgoat ist über die D 14 der Ort **St-Herbot** zu erreichen. Bei dem spätgotischen Bau der gleichnamigen *Kirche* dominiert schon aus der Ferne der mächtige Glockenturm. Auf dem Vorplatz erhebt sich ein eindrucksvolles Kreuz mit Granitfiguren. Das Kircheninnere birgt eine sehenswerte, mit reichen Schnitzereien versehene Chorschranke aus Eichenholz. Daneben nehmen zwei Steintische die dargebrachten Schwanzhaare von Rindern auf, die die Bauern der Umgebung bei der jährlichen Wallfahrt zu Ehren des Schutzheiligen des Hornviehs, St-Herbot, hier ablegen.

i Praktische Hinweise

Information

Office de Tourisme, 18 Place Aristide Briand, Huelgoat, Tel. 02 98 99 72 32, www.tourismehuelgoat.fr.

Hotel

****Du Lac**, 9, rue du Général de Gaulle, Huelgoat, Tel. 02 98 99 71 14, www.hoteldulac-huelgoat.com. Am See gelegenes Hotel und Restaurant mit bretonischen Spezialitäten.

58 Le Faouët

Kleine Kapellen mit ungewöhnlicher Innenausstattung.

Le Faouët, etwa 35 km nördlich von Vannes, war schon im 16. Jh. ein wichtiger Handelsplatz. Den Mittelpunkt des ruhigen kleinen Ortes bildet ein weiter, quadratischer, von einstöckigen Renaissancehäusern eingerahmter Marktplatz. Seine Mitte nimmt eine mehr als 50 m lange und knapp 20 m breite **Markthalle** ein, die um die Wende vom 15. zum 16. Jh. errichtet wurde. Das tief heruntergezogene Schieferdach ruht an den Längsseiten auf kleinen Granitsäulen. Das Dach wird von einem zierlichen Glockenturm bekrönt. Jeweils am 1. und 3. Mittwoch im Monat findet hier ein malerischer Markt statt.

Zahlreiche sehenswerte Landkapellen locken zu Ausflügen in die Umgebung von Le Faouët. Die Kapelle **Ste-Barbe** erreicht man, wenn man am nördlichen Stadtrand von Le Faouët rechts abbiegt (ausgeschildert). Wenig später erreicht man ein Hochplateau, das einen schönen

Die Felsenmeere in der Forêt de Huelgoat muten wie das Spielzeug von Riesen an

Die schöne alte Markthalle von Le Faouët wird heute noch an Markttagen genutzt

Blick über die Landschaft bietet. Die Kirche ist vor allem aufgrund ihrer ungewöhnlichen Lage bemerkenswert. Sie klebt an dem Felsvorsprung eines steilen bewaldeten Hangs oberhalb des Flusses Ellé. Eine imposante, um das Jahr 1700 konstruierte *Treppenanlage*, die vom Hochplateau zur Kapelle hinabführt, sowie auf halber Höhe eine kleine *Gebetskapelle*, die über eine schmale steinerne Brücke erreichbar ist, fügen sich zu einem ungewöhnlichen architektonischen Ensemble. Ihre *Entstehung* verdankt sie – der Legende nach – der Errettung eines Edelmannes vor einem Unwetter, das diesen am Rand der Klippen überraschte. Sein Gebet an die hl. Barbara, von der man sagt, sie rette vor Blitzschlag, wurde prompt erhört. Aus Dank ließ der Edelmann an eben dieser Stelle die Kapelle errichten. Der spätgotische Bau (1489–1512) besteht lediglich aus einem Querhaus mit kurzem Chor. Wegen der Lage inmitten des schattigen Waldes ist das *Innere* nur schwach erleuchtet. Mehrere farbige Fenster aus dem 16. Jh. erzählen die Gründungslegende. An jedem letzten Sonntag im Juni findet hier der *Pardon de Ste-Barbe* statt.

TOP TIPP

Ein kunstgeschichtliches Schmuckstück nicht nur dieser Region, ondern der Bretagne insgesamt birgt die spätgotische Kapelle **St-Fiacre**, 3 km südlich von Le Faouët. Sie liegt inmitten einer landwirtschaftlich geprägten Gegend in der Nähe einiger Gehöfte und frappiert zunächst durch die merkwürdigen Asymmetrien ihrer Westfassade, die in keinem achsialen Bezug zu dem majestätischen gotischen Glockenturm

Idylle in Granit – die Kapelle von St-Fiacre liegt abseits des Touristenstroms

und seinen beiden Seitentürmen zu stehen scheint. Die Ungleichmäßigkeit setzt sich im *Innern* mit einem Haupt- und lediglich einem linken Seitenschiff fort. In der schwach erhellten und wiederum schlichten, kaum mit Mobiliar ausgestatteten Kapelle kommt der farbige *Holzlettner* von 1480 schön zur Geltung, der den Chor vom Hauptschiff abtrennt. Er ist eines der hervorragendsten Werke spätgotischer Schnitzkunst und ein feines Beispiel für die lebhafte Fantasie bretonischer Volkskunst, geschaffen von dem Bretonen Olivier de Loergan. Eine breite, durch feines Maßwerk gestaltete Empore erhebt sich über einem filigranen Holzgitter. Sie wird von der ausdrucksstarken Christusfigur am Kreuz überragt, während die beiden gekreuzigten Schächer vor der Brüstung erscheinen. Den unteren Abschluss der Empore bilden kleine Engelchen, die von den Arkaden herabzuschweben scheinen. Oberhalb der Eingangspforte treten die Schnitzfiguren von Maria und Johannes deutlich hervor, rechts davon ist der Sündenfall, links die Verkündigung dargestellt. Der verblasste bläulich-rötliche Farbauftrag verleiht dem Schnitzwerk einen schimmernden Glanz. Die Rückseite des Lettners ist mit allegorischen Szenen geschmückt, die in naiv-realistischer Manier verschiedene Laster vor Augen führen. Die Trunkenheit beispielsweise wird durch einen Mann symbolisiert, der einen Fuchs aus seinem Mund herauswürgt; eine Figur, die in einem Apfelbaum klettert, soll vor Diebstahl warnen und ein Liebespaar ist wohl als Hinweis auf die Unzucht zu verstehen. Zurück zum Leben Christi führt das Passionsfenster aus dem 16. Jh. im Chor

Der böse Schächer am hölzernen Lettner von St-Fiacre büßt für seine Sünden

Auch die Kapelle **St-Nicolas** besitzt einen sehenswerten, wenn auch um vieles einfacheren Holzlettner. Sie steht verlassen abseits der Straße nach Priziac westlich von Le Faouët (D 132) inmitten von Wiesen; hohes Gras umsteht den im Innern vernachlässigten Bau aus dem 16. Jh. Dem *Renaissancelettner*, der auch hier den Chor vollständig vom Hauptschiff abschließt, fehlt die Kreuzigungsgruppe. Das Gitterwerk des Lettners ist mit reich verzierten Säulen und einem Fries geschmückt. Drei Türen öffnen sich zum Chor. Auf der Rückseite führt eine Treppe zur Empore hinauf. Die neun Reliefs an ihrer Brüstung schildern die Vita des hl. Nikolaus.

i Praktische Hinweise

Information

Office de Tourisme, 3, rue des Cendres, Le Faouët, Tel. 02 97 23 23 23, www.paysroimorvan.com

Hotel

****La Croix d'Or**, 9, place Bellanger, Le Faouët, Tel. 02 97 23 07 33, www.lacroixdor.com. Hübsches kleines Hotel mit Restaurant am Marktplatz.

59 Kernascléden

Gotische Kirche mit in der Bretagne einzigartigen Fresken.

Ein weiterer Höhepunkt der Kirchenkunst erwartet den Besucher 15 km südöstlich von Le Faouët an der D 782. Die stolze spätgotische Kirche **Notre-Dame**, die den kleinen Ort Kernascléden dominiert, wurde zwischen 1420 und 1464 von der Familie Rohan gestiftet. Schlicht zeigt sich die granitgraue *Westfassade*, die von einem Rosettenfenster durchbrochen und von einem hoch aufragenden spitzen Glockenturm überragt wird. Die *Südseite* mit ihren zwei Vorhallen bringt hingegen den filigranen Reichtum der

Spätgotik zum Ausdruck. Die Kirche ist auf kreuzförmigem Grundriss errichtet, wobei der dreijochige, mit zwei Seitenschiffen versehene Chor die selbe Länge hat wie das Langhaus. An einer Säule im Chor steht eine sehr schöne und ausdrucksstarke polychrome Marienfigur.

Zweifellos die Hauptattraktion sind jedoch die **Fresken** vom Ende des 15. Jh., die das Chorgewölbe und die Querschiffe schmücken. Der *Chor* ist vollständig ausgemalt: In den 24 Feldern des Kreuzrippengewölbes wird das Leben Mariens, an den beiden Seiten, oberhalb der Arkadenbögen, in acht Szenen das Leben Jesu erzählt. Komposition und Farbgebung sind ausgewogen und zeugen von hoher Kunstfertigkeit. Der anmutige Ausdruck lässt eher auf einen nicht-bretonischen Künstler, vielleicht aus der Île de France, schließen. Erst im 19. Jh. hat man bei Restaurierungsarbeiten unter dem Putz des *südlichen Querschiffs* weitere Fresken entdeckt, die einen Totentanz und die Höllenqualen des Jüngsten Gerichts schildern. Diese einzigartige Verbindung machte die Kapelle berühmt. Die Totentanzdarstellung übertrifft in ihrer realistischen Lebendigkeit die Fresken gleichen Themas von Kermaria-an-Iskuit [Nr. 15]. Die Bilder aus der Hölle dagegen – mit einer Vielzahl schauriger gehörnter Teufel und grinsender Monster, die die in einem Kessel schmorenden Sünder martern und Trunkenbolde in einem Fass genüsslich umherrühren – sind an volkstümlicher Drastik kaum zu überbieten. Sie erfüllen abschreckende Funktion und stehen daher auch im krassen Gegensatz zu den etwa gleichzeitig entstandenen Chorfresken mit ihrer Erlösungsbotschaft.

Grausige Szenen – die Fresken von Kernascléden erzählen die Höllenqualen

60 Josselin

Hübsche Altstadt und bedeutendes Rohanschloss.

Josselin, an der N 24, die Lorient mit Rennes verbindet, ist wegen seines **Château de Rohan**, der Stammburg des bedeutenden altfranzösischen Geschlechts der *Rohan*, einer der meistbesuchten Orte im Landesinnern der Bretagne. Lohnend ist auch ein Bummel durch die von schönen *Fachwerkhäusern* und kleinen *Cafés* gesäumten Straßen von Josselin.

Geschichte Josselin entwickelte sich um die im Jahr 1008 vom Grafen Guethenoc de Porhoët erbaute Burg. Bereits im Jahr 1168 ließ der englische König Heinrich II. sie zerstören, um seine Herrschaft über die Bretagne zu sichern. Eudon de Porhoët ließ Stadt und Schloss anschließend wieder aufbauen. Auch während des Hundertjährigen Krieges im 14./15. Jh. erlebte die Stadt schwere Stunden, wurde das Schloss mehrfach zerstört. Mit dem Ende des Krieges begann der Aufschwung der Stadt, vor allem dank der Tuchproduktion und Seilerei. Mittlerweile sorgt der Tourismus für das Auskommen vieler Einwohner.

Besichtigung Das **Château de Rohan** (Tel. 02 97 22 36 45, www.chateaujosselin.com, April–Mitte Juli, Sept. tgl. 14–18, Mitte Juli–Aug. tgl. 11–18, Okt. Sa/So 14–17.30 Uhr) blickt auf eine tausendjährige Geschichte zurück. Von der allerersten, im 11. Jh. errichteten und 1168 von Heinrich II. von England zerstörten Feste sind nur einige Grundmauern erhalten. Ab 1370 residierte in Josselin *Olivier de Clisson*, ein Waffengefährte des Bertrand du Guesclin und dessen Nachfolger als Konnetabel von Frankreich. Er hatte das Château zu einer neuntürmigen Anlage ausgebaut und zu seinem Stammsitz gemacht. Zu diesem älteren Teil des Schlosses gehören die Front, die den Oust überblickt, und die vier erhaltenen Rundtürme. Auch sein Enkel, Alain IX. de Rohan, erwies sich als eifriger Baumeister und fügte ab 1407 einen 70 m langen Baukörper an. Die Flamboyantfassade stammt aus der Zeit zwischen 1490 und 1510, als Jean II. de Rohan mit der finanziellen Unterstützung des französischen Königs Karl VIII. das Schloss erweitern ließ. Aber auch dieser Bau blieb nicht von der Zerstörung verschont. Weil die Rohan in den Religionskriegen zwischen 1620 und 1630 mit den Hugenotten gegen Kardinal Richelieu kämpften, ließ er 1629 einen großen Teil schleifen. Im weiteren Verlauf des 17. und 18. Jh. gaben die Rohan Josselin auf. Seit Mitte des 19. Jh. wird das Schloss jedoch wieder von der Familie bewohnt.

Mit seiner hohen wehrhaften *Fassade*, die von drei Rundtürmen überragt wird, bietet sich ein romantisches und imposantes Bild. Die schlichte Granitfront wird nur in der Dachpartie durch eine Reihe von Pechnasen und sechs kleinere Giebel

*Wer das berühmte Château de Rohan (**rechts**) und die Stadt Josselin genügend bewundert hat, sollte in einem der gemütlichen Straßencafés (**unten**) das Flair des Ortes genießen*

unterbrochen. Im Kontrast hierzu steht die Rückseite des Baus, die eines der schönsten Beispiele für die raffinierte Fassadengestaltung des Flamboyantstils bietet. Die 60 m lange, verhältnismäßig niedrige Fassade des *Innenhofs* wird optisch bestimmt von zehn zweistöckigen Dachfenstern (Lukarnen), die durch eine reich verzierte Galerie miteinander verbunden sind. Jede Lukarne endet in einem von Fialen flankierten Spitzgiebel, der im Giebelfeld, aber auch zwischen den Fenstern üppige Granitornamente aufweist. In der Galerie selbst sind die verschiedensten Muster eingearbeitet, u. a. das Motto des Hauses Rohan, ›À plus‹, was soviel wie ›darüber geht nichts mehr‹ bedeutet.

Da das Schloss bewohnt ist, steht im *Innern* nur das Erdgeschoss zur Besichtigung frei. Salon, Speisesaal, Bibliothek und die weiteren Räume sind in der zweiten Hälfte des 19. Jh. in neugotischem Stil gestaltet worden und spiegeln die einstige Macht und das Ansehen der Familie wider. Im Salon ist über dem großen Kamin aus dem 15. Jh. wiederum das Motto des Hauses angebracht. Mehrere Porträts von Mitgliedern der Familie zieren die Wände. Die rückwärtige Seite des Speisesaals nimmt die fast lebensgroße Reiterstatue des Olivier de Clisson ein, darüber steht dessen Motto ›pour ce qui me plaît‹.

Vom Château de Rohan aus kann man die kleine Stadt bequem zu Fuß durchwandern. Zahlreiche Fachwerkbauten säumen die Straßen. In der spätgotischen Kirche **Notre-Dame-du-Roncier** befindet sich in einer Seitenkapelle das mächtige Grabmal Olivier de Clissons und seiner Gattin Marguerite de Rohan.

In der Rue des Trente Nr. 3 lohnt das **Musée de Poupées** (Öffnungszeiten wie

Legendär – in der Forêt de Paimpont sollen König Artus und seine Ritter getagt haben

König Artus und die Ritter der Tafelrunde

Die Gestalt des König Artus bewegt sich, ihrem sagenhaften Wesen entsprechend, im Grenzbereich von Historie und Fiktion. Zum ersten Mal tritt Artus in der ›Historia Brittonum‹ des Geschichtsschreibers **Nennius** (9. Jh.) auf. Als König keltischer Briten bekämpft er siegreich die in das Land eindringenden Sachsen. Im 12. Jh. beschreibt der Kleriker **Geoffrey von Monmouth** (um 1100–1154) in seiner ›Historia Regum Britanniae‹, wie Artus große Teile des Kontinents erobert, bis nach Rom gelangt und dort mit Kaiser Lucius in Konflikt gerät. Bei ihm taucht auch die Figur des **Zauberers Merlin** auf, unter dessen Obhut Artus erzogen wurde. Artus' Tod schließlich markiert den Übergang ins Poetisch-Legendäre. In einem Zweikampf mit dem verräterischen Neffen Modred schwer verwundet, wird er auf die **Insel Avalon** gebracht. Hier wird Artus von der Fee Morgane geheilt, um in der Zukunft zurückzukehren und sein Volk zu befreien. Der Normanne **Wace** (1100–1174) erweitert in seinem ›Roman de Brut‹ den Sagenkreis und führt das Motiv der **Tafelrunde** ein. In den Abenteuern der Ritter von der Tafelrunde wird das Bild eines mittelalterlichen Idealstaats entworfen. Märchenmotive keltischen Ursprungs – wie die Rettung verzauberter Prinzessinnen – werden übernommen und in eine Welt der Wunder und Abenteuer entrückt. Weitere wichtige klassische Darstellungen des Stoffes sind **Chrétien de Troyes**' ›Erec et Enide‹ (um 1170), ›Perceval‹, ›Yvain‹ und ›Lancelot‹ (alle um 1180). Sie bilden die schriftliche Grundlage des Mittelalters für den Mythos um den Heiligen Gral. Ihnen folgen mehrere deutsche Adaptionen: ›Erec‹ (nach 1180) und ›Iwein‹ (vor 1205) von **Hartmann von Aue**, ›Tristan‹ (um 1200) von **Gottfried von Straßburg** und der ›Parzival‹ (um 1210) von **Wolfram von Eschenbach**.

Auch später hat sich der Stoff literarisch als fruchtbar erwiesen. **Mark Twain** z. B. behandelt in seiner Satire ›A Connecticut Yankee in King Arthur's Court‹ (1889) das Thema ironisch. **Jean Cocteaus** Drama ›Les Chevaliers de la Table Ronde‹ wurde 1939 uraufgeführt. Jüngere Aufbereitungen des Stoffes sind das Drama ›Merlin oder Das wüste Land‹ (1981) von **Tankred Dorst** und der Roman ›Die Nebel von Avalon‹ (1982) von **Marion Zimmer Bradley**.

das Château) in den alten Stallungen des Schlosses einen Besuch. Es besitzt eine 600 Exponate zählende Sammlung von Puppen aus dem 17. bis 20. Jh., die von der Urgroßmutter des jetzigen Eigentümers begründet wurde.

i Praktische Hinweise

Information

Office de Tourisme, place de la Congrégation, Josselin, Tel. 02 97 22 36 43, www.paysdejosselin-tourisme.com

Hotels

****De France**, place Notre-Dame, Josselin, Tel. 02 97 70 61 93. Mitten in der Altstadt gelegenes idyllisches Hotel mit Restaurant und Café.

****Du Château**, 1, rue du Général de Gaulle, Josselin, Tel. 02 97 22 20 11, www.hotel-chateau.com. Hotel mit stilvollem Restaurant gegenüber dem Château mit Blick auf den Oust.

61 Forêt de Paimpont

Sagenhafter Wald des König Artus, der Feen und Zauberer.

Der Wald von Paimpont liegt knapp 40 km westlich von Rennes. Das mit etwa 7000 ha größte erhaltene Waldgebiet der Bretagne besitzt mit seinen Laub- und Mischwäldern, seinen Teichen und malerischen Schlössern einen besonders reizvollen, romantischen Charme.

Im von dem französischen Minnesänger Chrétien de Troyes (s. S. 114) verfassten Sagenkreis um König Artus taucht der Wald von Paimpont unter dem Namen *Brocéliande* auf. Dort ließ der Dichter König Artus und seine illustre Tafelrunde tagen. Auch das Grab Merlins, des Ratgebers, Sehers und Zauberers, soll sich hier inmitten der sumpfigen Waldlandschaft befinden.

Von Westen kommend, biegt man bei Campénéac von der N 24, der Hauptstraße nach Rennes, erst auf die D 134, dann auf die D 312 nach Norden ab. Der Weg führt vorbei an dem märchenhaft gelegenen **Château de Trécesson** (in Privatbesitz) aus dem 15. Jh., dessen rötlicher Schieferstein sich im Wasser des Schlossgrabens spiegelt. Nach wenigen Kilometern erreicht man mit dem an einem See gelegenen **Paimpont** den Hauptort des Gebietes. Paimpont entwickelte sich um die *Abbaye de Paimpont* (www.abbayedepaimpont.org, Sommer tgl. 10–12.30 und 15–18.30 Uhr), die bereits 645 gegründet worden war. Das Hauptgebäude stammt aus dem 17. Jh. und grenzt unmittelbar an den See. Die *Abteikirche* stammt noch aus dem 13. und 15. Jh., ihr Inneres ist von der Gotik geprägt, einige Einbauten sind allerdings dem Barock verpflichtet.

7 km weiter nördlich liegt die Ruine des **Château de Comper**, wo die Fee Viviane den Helden Lanzelot groß gezogen haben soll. Hier ist der Legende nach auch der Ort, an dem sie Merlin, nachdem er ihr das Geheimnis seiner Künste preisgegeben hatte, in geheimnisvollen Dauerschlaf bannte. Heute befindet sich hier das *Centre arthurien* (Artus-Zentrum, Tel. 02 97 22 79 96, www.centre-arthurien-broceliande.com, Juli/Aug. Do–Di 10–19 Uhr, Sept. Do–Di 10–17.30 Uhr, April–Juni, Okt. Do–Mo 10–17.30 Uhr), das jedes Jahr neue Ausstellungen über die Welt der Kelten und die Artuslegenden präsentiert.

In das malerische **Val sans retour** (Tal ohne Wiederkehr) bei Tréhorenteuc verbannte Morgane, die Halbschwester des Königs, ihren Freund Guyomart aus Wut über seine Treulosigkeit. Ihre Rache galt aber auch allen anderen untreuen Rittern, derer sie habhaft werden konnte. Sie wurden in dem von einem Riesen bewachten Tal gefangen gehalten, bis sie der treueste aller Ritter, Lanzelot, befreite. Das lauschige Tal mit einem plätschernden Bach (westlich von Paimpont, an der D 141) lädt zu Spaziergängen ein.

Kaum 2 km entfernt erinnern in der kleinen Kirche von **Tréhorenteuc** die (modernen) Fenster im Chor an König Artus und die Geschichte des Heiligen Grals. Sehr unwegsam, inmitten des Waldes, liegt schließlich die **Fontaine de Barenton**, jene verwunschene Quelle, an der Merlin der bezaubernden Viviane begegnet und ihr verfallen sein soll.

i Praktische Hinweise

Information

Office de Tourisme, 5, esplanade de Brocéliande, Paimpont, Tel 02 99 07 84 23, www.paimpont.fr

Hotel

*****Relais de Brocéliande**, 7, rue des Forges, Paimpont, Tel. 02 99 07 84 94, www.le-relais-de-broceliande.fr. Gepflegtes Hotel und Restaurant in einem alten Steinhaus.

Département Loire-Atlantique – Sümpfe, Salz und Metropole

Der Südosten des Reisegebietes gehört zwar historisch und kulturell betrachtet noch zur Bretagne, administrativ zählt das Département Loire-Atlantique mit der Hauptstadt **Nantes** jedoch seit 1964 zur Region Pays de la Loire, deren Kapitale ebenfalls Nantes ist.

Stationen dieser bretonischen Route durch die Nachbarregion sind die malerische und stille Sumpflandschaft **Grande Brière**, das mittelalterliche Städtchen **Guérande** mit den jahrhundertealten Salzgärten seiner Umgebung, die beliebte Badeküste mit dem Hauptort **La Baule** und schließlich die Metropole Nantes, die mit einer bedeutenden Kathedrale, dem Château des Ducs de Bretagne und zahlreichen interessanten Museen aufwarten kann.

62 Grande Brière

Das zweitgrößte Sumpfgebiet Frankreichs.

Nördlich von La Baule und Saint-Nazaire liegt die Grande Brière, ein Teil des 40 000 ha umfassenden **Parc naturel régional de Brière**. Auf knapp 7000 ha breitet sich hier ein riesiges Torfmoor aus. Die wenigen weit verstreuten Dörfer waren einst im Winter nur über die sie verbindenden Kanäle erreichbar. Heute führen Straßen durch die Sümpfe. Das Moor entstand durch Meereseinbruch in ein großes Waldgebiet und nachfolgende Verlandung der Bucht durch Flussaufschwemmungen. Das alte Beförderungsmittel auf den Kanälen, die flachen *Chalands* mit der langen Stange zum Staken, gibt es noch heute, jedoch werden sie fast nur noch für touristische **Bootstouren** benutzt (Anlegestellen in Île de Fédrun westlich von St-Joachim, St-Ly-

Fotogener Blickfang: die schmucken riedgedeckten Häuser der Grande Brière

Gesalzen – auf der Halbinsel Guérande wird das lebenswichtige Mineral aus dem Meerwasser gewonnen

phard, Bréca und la Chaussée-Neuve). Viele Häuser der kleinen Dörfer sind schilfgedeckt. Besonders malerisch ist das nördlich an den Park grenzende Museumsdorf **Kerhinet** (Tel. 02 40 66 85 01, Juli–Sept. tgl. 10–13 und 14.30–18.30 Uhr) zwischen Guérande und Saint-Lyphard. In originalgetreu rekonstruierten Häuser wird das bretonische Landleben im 18. Jh. und die Handwerkskunst der Schilfverarbeitung vorgeführt.

i Praktische Hinweise

Information

Office de Tourisme, 38, rue de la Brière, La-Chapelle-des-Marais, Tel. 02 40 66 85 01, www.parc-naturel-briere.fr

Hotel

TOP TIPP **L'Auberge de Kerhinet**, Kerhinet, St-Lyphard, Tel. 02 40 61 91 46. Kleines strohgedecktes Haus im Museumsdorf mit nur sieben Zimmern.

Restaurant

TOP TIPP **La mare aux oiseaux**, 162, Île de Fédrun, St-Joachim, Tel. 02 40 88 53 01, www.mareauxoiseaux.fr. Liebevoll eingerichtetes Restaurant mit schöner Terrasse. Der junge Chef kocht exzellent, Geflügelgerichte sind seine Spezialität. Auch Hotel.

63 Guérande

Mittelalterliches Städtchen mit intakter Ummauerung am Rande der Salinen der Guérande-Halbinsel.

Das Städtchen Guérande wird von einer 1400 m langen, kreisförmigen Mauer umgeben, die noch aus dem 14./15. Jh. stammt. Vier Tore öffnen den Weg ins Innere, sechs Türme bezeugen die alte Wehrhaftigkeit. Betritt man Guérande durch das Haupttor, die **Porte St-Michel**, trifft man auf die sehr belebte Rue St-Michel, die zur Stiftskirche **St-Aubin** führt. Diese wurde im 12.–16. Jh. erbaut. Im Innern beeindrucken vor allem die romanischen Säulen mit ihren lebendig gestalteten Figurenkapitellen.

Unterhalb der Stadt, zum Meer hin, trifft man auf die alten Salzgärten, die **Marais Salants**, der Guérande-Halbinsel. Schon zur Römerzeit wurde in der Gegend Salz gewonnen, im Mittelalter entstanden die Salinen. Bis heute wird das Salz hier mühsam in Handarbeit gewonnen. Dazu wird zweimal monatlich Flutwasser in ein kompliziertes System von unterschiedlich großen Becken eingeleitet. Das Wasser verdunstet und das Salz wird schließlich in den kleinsten Becken *(Œillets)* von den Salzbauern *(Paludiers)* zusammengerecht. Mit den großen Salinen am Mittelmeer kann man hier zwar nicht konkurrieren, der Staat unterstützt jedoch das jahrhundertealte Gewerbe, außerdem ist das Salz aus dem Atlantik mineralstoffreicher als das aus dem Mittelmeer. Im Sommer stehen am Straßenrand viele

Salzbauern, die das feine weiße und das grobe graue Salz an Touristen verkaufen.

Ausflug

Einen Besuch wert ist die *Maison des Paludiers* (Tel. 02 40 62 21 96, www.maisondespaludiers.fr, März/April tgl. 10–12.30, 14–17, Mai–Aug. tgl. 10–12.30, 14–18, Sept./Okt. tgl. 10–17 Uhr) in **Saillé**, dem Hauptort der Salzgewinnung inmitten der Marais Salants. Werkzeuge, Trachten, Möbel und Dokumente illustrieren die Geschichte der Salzgewinnung und den Alltag der Salzbauern.

i Praktische Hinweise

Information

Office de Tourisme, 1, place du Marché au Bois, Guérande, Tel. 08 20 15 00 44, www.ot-guerande.fr

Hotel

****Les Remparts**, 14–15, boulevard du Nord, Guérande, Tel. 02 40 24 90 69. Kleines Hotel mit Restaurant, außerhalb der Stadtmauer gelegen.

Restaurant

Crêperie La Saline, 15, rue St-Michel, Guérande, Tel. 02 40 62 03 82. Einfaches Lokal im Herzen der Altstadt.

64 La Baule

Badeort an einem herrlichen Sandstrand.

Unmittelbar an die Salinen der Guérande-Halbinsel schließt sich mit dem Badeort La Baule eine völlig andere Welt an: Große und mondäne Hotels sowie Kuranstalten für Thalassotherapie bestimmen das Bild. 1879, als die Bahnverbindung nach Paris eröffnet wurde, entwickelte sich La Baule nicht zuletzt dank der Geschäftstüchtigkeit einzelner Unternehmer zu einem der mondänsten Badeorte am Atlantik. Auch die Dichter Émile Zola und Guillaume Apollinaire genossen zeitweise das milde Klima der Stadt. Heute gibt es ein Casino, Ferienvillen und Appartementblocks, die nur in den Ferienmonaten Juli und August von ihren Eigentümern und Mietern aus Paris, Nantes oder der Loireregion bewohnt werden. Dann verwandelt sich der Ort (17 000 Einwohner) in ein beliebtes Touristenzentrum mit über 150 000 Gästen.

Die Hauptsehenswürdigkeiten der Stadt sind neben dem in der Tat feinen, etwa 12 km langen Strand, der allerdings von der mehrspurigen Uferstraße stark beeinträchtigt wird, die vielen Privatvillen aus der Zeit um 1900 mit ihren unterschiedlichen fantasievollen Baustilen: Mal sind sie mit Erkern und Veranden, mal mit Fachwerkelementen verziert, mal in anglo-normannischer Manier kleinen Burgen nachempfunden. Nicht minder beeindrucken die ehrwürdigen traditionellen Grand Hotels, allen voran das 1926 eröffnete *Hermitage Barrière* (s. u.).

i Praktische Hinweise

Information

Office de Tourisme, 8, place de la Victoire, La Baule, Tel. 02 40 24 34 44, www.labaule.fr. –
Office de Tourisme, 3, boulevard de la République, Pornichet, Tel. 02 40 61 33 33, www.pornichet.org.

Hotels

*******Hermitage Barrière**, 5, esplanade Lucien Barrière, Tel. 02 40 11 46 46, La Baule, www.lucienbarriere.com. Luxushotel direkt am Strand mit ganzjährig beheizten Meerwasserbecken außen und innen sowie vielen Sportangeboten.

******Le Sud Bretagne**, 42, boulevard de la République, Pornichet, Tel. 02 40 11 65 00, www.hotelsudbre

tagne.com. Charmantes und elegantes Luxushotel mit individuell ausgestatteten Zimmern.

****Le Bois d'Amour**, 30, avenue du Bois d'Amour, La Baule, Tel. 02 40 60 00 96. Hotel mit gutem Restaurant, in der Nähe vom Bahnhof.

****Villa Cap d'Ail**, 145, avenue Marechal De Lattre de Tassigny, Tel. 02 40 60 29 30, www.villacapdail.com. Charmantes Hotel mit Garten, nur 250 m vom Meer entfernt.

65 Nantes

Plan hintere Umschlagklappe

Ehemalige Hauptstadt der Bretagne mit bedeutender Kathedrale und Château.

Nantes, einst Hauptstadt der Bretagne und heute Verwaltungssitz des Département Loire-Atlantique und der Region Pays de la Loire, ist mit rund 290 000 Einwohnern die sechstgrößte Stadt Frankreichs. Nantes ist eine pulsierende Metropole, die sich als moderne Industrie- (Schiffsbau, Airbus, Biotechnologie), Verwaltungs- und Universitätsstadt zukunftsorientiert präsentiert, mit einer reichen Geschichte und einem ebensolchen kulturellen Angebot zugleich aber auch einen hohen Freizeitwert und ein lebendiges Nachtleben zu bieten hat. Ein kultureller Schwerpunkt liegt im Museumsbereich. Nantes verfügt über 13 Museen. Im wichtigsten, dem *Musée des Beaux-Arts*, finden neben den festen, fast das ganze Jahr über wechselnde Ausstellungen statt.

Aus der Vogelperspektive mit Blick von Osten: Die Île de Nantes umgeben von der Loire, die Altstadt befindet sich im Hintergrund rechts

Der historische Stadtkern von Nantes bietet eine sehenswerte Kombination von Mittelalter und Klassizismus und besitzt mit der *Cathedrale St.-Pierre-et-St.-Paul* und dem ehemaligen *Château des Ducs* zwei bedeutende Attraktionen. Das Zentrum wird durch den breiten *Cours des 50 Otages*, Teil eines um die Altstadt führenden Ringes, in zwei Abschnitte geteilt. Die Allée trennt die östlich gelegene historische Altstadt von den im 18. und 19. Jh. errichteten neueren Stadtvierteln. Die prächtigen Wohnhäuser der Kaufleute und Reeder von Nantes auf der *Île Feydeau* sind weitere Sehenswürdigkeiten, die man sich nicht entgehen lassen sollte.

Geschichte Nantes verdankt seinen Namen dem keltischen Stamm der *Namneten*, die um 500 v. Chr. hier am Zusammenfluss von Loire und Erdre die erste Siedlung errichteten. Nach der Eroberung des Landes durch Caesar wurde die Stadt Verwaltungszentrum der Region und der Loire abwärts gelegene *portus*

Den königlichen Kathedralen nachgeeifert: St-Pierre-et-St-Paul in Nantes zeigt sich trotz der langen Bauzeit ganz im Stil französischer Hochgotik

namnetum ein wichtiger Hafen. Im 4. Jh. wurde die früh christianisierte Stadt Bistum. Eine erste Kathedrale soll zu dieser Zeit schon bestanden haben. Nach der Eroberung und Zerstörung durch die Normannen im 9. Jh. erlangte Nantes schon im 10. Jh. unter *Herzog Alain Barbe-Torte*, der die Normannen erfolgreich und dauerhaft vertreiben konnte, vorübergehend die Stellung der **Hauptstadt der Bretagne**. Diese wurde ihr jedoch immer wieder von den Grafen von Rennes streitig gemacht. Erst in Folge des *bretonischen Erbfolgekriegs* zwischen den Häusern Montfort und Blois gewann Nantes wieder die führende Rolle, als Jean IV. jenen Krieg siegreich beendete, Stadt und Château ausbaute und weiter befestigte. In dieser frühen Blütezeit entstand eine erste *Universität*. Unter dem Nachfolger Herzog Jean V. wurde 1434 mit dem Bau der heutigen *Kathedrale* begonnen. Mit dem Namen der aus Nantes stammenden *Anne de Bretagne* ist die Angliederung des Landes an Frankreich verbunden, die Nantes seiner Hauptstadtrolle beraubte; Rennes wurde zum ersten Verwaltungssitz des Herzogtums, das ab 1532 nur noch autonome französische Provinz war. 1499 erlebte die Stadt die Hochzeit zwischen Anne und Ludwig XII., ihrem zweiten Königsgatten. 1598 unterzeichnete *König Heinrich IV.* in Nantes jenes berühmte *Edikt*, das die Religionskriege, die das Land fast 40 Jahre verwüstet hatten, beendete und den Protestanten die Glaubensfreiheit und – an bestimmten gesicherten Orten – die Ausübung ihrer Religion gewährte.

Im 17. Jh. wurde Nantes zu einer der reichsten Hafenstädte Europas. Damals waren die Reeder von Nantes am *Dreieckshandel* beteiligt, jenem sich auf das *Sklavengeschäft* konzentrierenden Handel zwischen Afrika, Europa und den Karibischen Inseln. Billigware wie Schmuck wurde an den afrikanischen Küsten gegen schwarze Menschenware (›Ebenholz‹) getauscht, um dann in der Karibik wiederum gegen den wertvollen Rohrzucker, aber auch Kakao, Kaffee und Gewürze, eingetauscht zu werden. Anfang des 18. Jh. entstanden in Nantes neue Stadtteile mit ehrwürdigen Prachtbauten und eleganten Reederhäusern, die noch heute von jener Blütezeit der Stadt zeugen.

Während der *Französischen Revolution* war Nantes Schauplatz grausamer Strafmaßnahmen gegen königstreue Aufständische, die die republikanische Stadt vergeblich belagert hatten. Im Jahr 1793 wehrte Nantes einen Angriff der revoltierenden Bauern aus der südlich an die Loire grenzenden Vendée ab. Es folgten zahllose Hinrichtungen und unter dem Kommando des berüchtigten *Jean-Baptiste Carrier* Massenertränkungen in der Loire, die erst durch dessen eigenen Tod auf der Guillotine ihr Ende fanden. Die weitere Entwicklung der Stadt seit dem 19. Jh. stand im Zeichen der *Industrialisierung*. Heute ist Nantes eine moderne dynamische Metropole und ein attraktives Ziel für Touristen.

Besichtigung Ein Rundgang durch die Stadt orientiert sich am bedeutendsten Bauwerk von Nantes, der **Cathédrale St-Pierre-et-St-Paul** 1 am östlichen Rand der Altstadt. In ihren Dimensionen den großen Kathedralen der Île de France vergleichbar beherrscht sie einen quadratischen, harmonisch wirkenden Platz. Trotz der langen Entstehungszeit von 1434 bis ins 19. Jh. präsentiert der Bau sich einheitlich im Stil französischer Spätgotik.

Die Fassade mit ihren drei Portalen und die stumpfen Doppeltürme stammen vom Ende des 15. Jh., Chor und Gewölbe aus dem 17. Jh. Das harmonische *Innere* von über 100 m Länge, das nach einem Brand 1972 überzeugend restauriert wurde, kommt ganz ohne Schmuckwerk aus und prägt sich dem Betrachter mit einer Gewölbehöhe von 37,5 m insbesondere in seiner steilen Vertikalität ein. Der helle Kalkstein und die Glasfenster verleihen dem Raum einen überaus lichten Charakter. Höhepunkt der Innenausstattung ist das eindrucksvolle marmorne *Grabmal des Herzogs François II. und seiner Frau* im südlichen Querschiff. Es wurde von dem bretonischen Renaissancebildhauer Michel Colombe im Auftrag von Anne de Bretagne Anfang des 16. Jh. für ihre Eltern geschaffen. Die beiden Figuren liegen auf einer schwarzen Marmorplatte. An einer Kette trägt der Herzog das bretonische Herzogwappen. Ein Löwe und ein Windhund liegen beiden zu Füßen, drei Engel halten die Kopfkissen. Die Personifikationen der vier Kardinaltugenden Weisheit, Gerechtigkeit, Tapferkeit und Mäßigung stehen an den Ecken des massiven weißen Marmorsockels.

Vom Vorplatz der Kathedrale führt in südlicher Richtung die Rue Mathelin Rodier zum herzoglichen **Château des Ducs de Bretagne** ❷ (Tel. 02 51 17 49 48, www.chateau-nantes.fr, Juli/Aug. tgl. 9–20, Sept.–Juni tgl. 10–19 Uhr). Eine von zwei mächtigen Türmen flankierte *Zugbrücke* führt über den Burggraben in die Anlage, die sich um einen großen Hof gruppiert. Während das Äußere mit den Festungswällen und Rundtürmen den

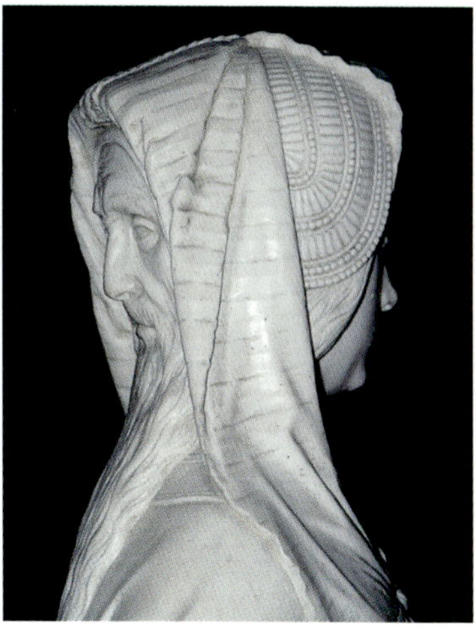

Doppelgesicht: Allegorie der Klugheit am Grabmal von Herzog François II. in der Cathédrale St-Pierre-et-St-Paul von Nantes

Den Eingang zum Château des Ducs de Bretagne flankieren wehrhafte Rundtürme

ursprünglichen fortifikatorischen Charakter bewahrt hat, präsentieren sich die Fassaden des Innenhofs in schmuckvollem Renaissancestil. 1466 ließ Herzog François II. die Burg zu einem repräsentativen Schloss ausbauen. Ab dem 17. Jh. diente das Château als Kaserne. Um 1800 explodierten die in der *Tour des Espagnols* gelagerten Pulvervorräte. Die Explosion vernichtete den Turm und fügte zahlreichen anderen nördlichen Gebäudeteilen erheblichen Schaden zu. Sie konnten jedoch wieder errichtet werden. Prächtig sind die Hoffassade des *Grand Gouvernement* im Westen und die angrenzende sechsstöckige *Tour de la Couronne d'Or*, ein attraktives Stück Renaissancearchitektur bestehend aus einem eckigen Treppenturm und zwei eleganten Loggien.

Die eindrucksvollen Innenräume beherbergen das **Musée d'histoire de Nantes** (Tel. 0251174948, www.chateau-nantes.fr, Juli/Aug. tgl 9.30–19, Sept.–Juni Di–So 10–18 Uhr), das die Geschichte der Burg, der Stadt Nantes sowie der Region bis zur Gegenwart mit über 800 Einzelobjekten und mit ›szenographischen‹ Gestaltungsmitteln präsentiert. Ergänzend finden Wechselausstellungen zu historischen Themen statt.

Stolzes Industriedenkmal und farbenfrohes Wahrzeichen von Nantes: Tour LU mit originalgetreu rekonstruierter Kuppel

Folgt man der breiten Rue Henri IV. auf der östlichen Seite des Schlosses wieder ein Stück nach Norden, erreicht man rechts in der Rue Georges Clémenceau das **Musée des Beaux-Arts** 3 (Tel. 0251174500, Mi–Mo 10–18, Do 10–20 Uhr), eines der bedeutendsten Museen der Region mit Werken insbesondere italienischer und französischer Maler vom 13. Jh. bis zur Gegenwart, darunter Tintoretto, Ingres, Georges de la Tour, Watteau, Delacroix und Courbet. Unter den Modernen ragen Kandinsky, Picasso, Chagall und Delaunay hervor.

Eine kulturelle Attraktion ist auch der Kulturszenetreffpunkt **Le Lieu Unique** 4 (Quai Ferdinand Favre, Tel. 0240121434, www.lelieuunique.com) am Ufer des Saint-Felix-Kanals. Le Lieu Unique ist der Name einer Ausstellungshalle für zeitgenössische Kunst, die in den restaurierten Fabrikhallen der berühmten Keksfabrik *Lefèvre-Utile* aus dem Jahr 1909 eingerichtet worden ist. Blickpunkt der Anlage und Wahrzeichen von Nantes ist die **Tour LU** (Di–Sa 13–19, So 15–19 Uhr), deren Aussichtsplattform einen grandiosen Blick über die Stadt bietet. Im Lieu Unique finden außerdem Tanz- und Konzertveranstaltungen statt. Angesagte Restaurants und Cafés haben sich dazugesellt.

Geht man weiter südlich am Quai Ferdinand Favre entlang, gelangt man zum 1992 erbauten Kongresszentrum **Cité des Congrès** 5 (5, rue de Valmy, Tel. 0251882000, www.congres-nantes.fr). Es ist ein spannungsreiches konstruktivistisches Architekturensemble, bei dem sich ein leichter metallgerahmter Glaszylinder an einen düsteren fensterlosen Riesenquader schmiegt. Seine 3 Auditorien und 30 Säle bieten insgesamt bis zu 4400 Menschen Platz. Hier finden Konzerte und Veranstaltungen statt.

Auch die Neustadt, die im Süden vom Quai de la Fosse, im Osten vom Cours des 50 Otages begrenzt ist, lässt sich zu Fuß erforschen. Sie wurde Ende des 18. Jh. angelegt und ist heute eine elegante Geschäfts- und Einkaufsgegend mit sehenswerter Architektur und vielen Hotels. Von der im Zweiten Weltkrieg zerstörten und anschließend wieder aufgebauten **Place Royale** 6, in deren Mitte ein granitener Brunnen Nantes und die Loire symbolisiert, führt die elegante Geschäftsstraße Rue Crébillon hangaufwärts. Hier befindet sich links die von

Shoppen und Schauen – die vornehme Passage Pommeraye aus dem 19. Jh. in der Neustadt von Nantes fällt durch reich dekorierte Treppenanlagen auf

einem Glasdach überspannte **Passage Pommeraye** 7 (Mo–Sa 8–20, So 9–19 Uhr) aus der Mitte des 19. Jh., deren reich dekorierte Treppenanlagen und Galerien sehenswert sind und ein Einkaufserlebnis besonderer Art bieten.

Die Rue Crébillon mündet in die **Place Graslin** 8, die nach einem reichen Grundstücksbesitzer aus dem 18. Jh. benannt ist. Hier gruppieren sich in einheitlichem Stil gestaltete Rundbauten um das klassizistische **Théâtre Graslin**. Unter den Cafés am Platz sticht die Brasserie **La Cigale** (s. u.)hervor, die mit ihren Spiegeln und Mosaiken ein schönes Beispiel dekorativer Jugendstileinrichtung darstellt.

Westlich des Platzes präsentiert das 1875 gegründete **Muséum d'Histoire Naturelle** 9 (Tel. 0240415500, www.museum.nantes.fr, Mi–Mo 10–18 Uhr) im klassizistischen Bau der alten Münzstätte eine interessante Sammlung zur heimischen Tierwelt und Mineralogie sowie ein Vivarium mit Reptilien und Amphibien.

Wenige Schritte weiter lohnt ein Besuch im Palais Dobrée im gleichnamigen Park. In dieser Stadtvilla ließ einer der reichsten Kaufleute von Nantes im 19. Jh. das **Musée Thomas Dobrée** 10 (Tel. 0240710350, Di–Fr 13.30–17.30, Sa/So 14.30–17.30 Uhr) einrichten, das neben einer kleinen archäologischen Sammlung wertvolle Kunstgegenstände des Mittelalters und der Renaissance, Waffen, Kupferstiche und das Reliquiengefäß für das Herz von Anne de Bretagne enthält.

An den Kaimauern des Port de Nantes lädt das **Musée Naval Maillé Brézé** 11 (Tel. 0979183351, www.maillebreze.com, Juni–Sept. tgl. 14–18 Uhr, Okt.–Mai Mi, Sa, So 14–17, Mo/Di, Do/Fr 15 Uhr und nach Vereinbarung) zu einem Rundgang an Bord des 133 m langen, originalgetreu ausgestatteten französischen Flottenschiffs, das von 1957 bis 1967 im Atlantik und im Mittelmeer im Einsatz war.

Eine Reise in die Welt der Astronomie bietet weiter südich am Ufer der Loire das **Planétarium** 12 (8, rue des Acadiens, Tel. 0240739923, Shows Mo–Fr um 10.30, 14.15 und 15.45, So 15 und 16.30 Uhr). Effektreiche Simulationen und Himmelsschauen eröffnen einen spannenden Einblick in die Entstehung und Entwicklung der Planetensysteme.

In der nahe gelegenen Rue de l'Hermitage Nr. 3 kann der literaturhistorisch Interessierte im **Musée Jules Verne** 13 (Tel. 0240697252, www.nantes.fr/julesverne, Mo, Mi–Sa 10–12 und 14–17 Uhr, So 14–17 Uhr) Dokumentationen über den 1828 in Nantes geborenen berühmten Schriftsteller und Utopisten studieren.

Auf der ehemaligen, heute durch die Überbauung der Loire an die Neustadt angrenzenden **Île Feydeau** 14 stehen die

Wohnhäuser reicher Reeder aus dem 18. Jh. Besonders die Fassaden in der Rue Kervegan bieten ein herrliches Bild der aus Tuff und Granit gebauten Pracht, die vom einstigen Reichtum der Reeder und dem Erfolg des Sklavengeschäfts zeugt. Typisch für die hiesige Bauweise sind die breiten, bauchigen Balkone mit ihren schmiedeeisernen Gittern, die granitenen Konsolen und die stillen Innenhöfe. Das zeitweilig düstere und verlassene Viertel hat längst eine Aufwertung erfahren und einige exquisite Speiselokale haben in den Gebäuden Einzug gehalten.

Südwestlich der Île Feydeau gelangt man über die Brücke *Passerelle Victor Schoelcher* zum 2001 fertiggestellten düsteren **Palais de Justice** ⑮ (Quai François Mitterrand) auf der *Île de Nantes*. Der französische Stararchitekt Jean Nouvel entwarf das schwarze Monument mit seiner dominierenden großen Pfeilerhalle und dem weit vorkragenden Dach am Loire-Ufer. Die schlanken Pfeiler setzen sich im Innern fort, wo sich hinter der verglasten Nordfassade eine 16 m hohe und über 110 m lange Halle ausdehnt. Ein ungewöhnlicher Bau, der die Macht der Justiz symbolisiert.

Im Westen schließt sich das einstige Hafen- und Industriegebiet *Île de Nantes* an. Mittlerweile begleiten Cafés, Geschäfte und Restaurants hier das Ufer der Loire. Bizarr geht es zu bei **Les Machines de l'Île** ⑯ (Boulevard Léon Bureau, Tel. 08 10 12 12 25, www.lesmachines-nantes.fr, Mitte Febr.–März, Nov./Dez. Mi–Fr 14–18, Sa/So 14–19, April–Juni, Sept./Okt. Di–Fr 10–18, Sa/So 10–19, Juli/Aug. tgl. 10–20 Uhr). Von dessen Hallen aus kann man auf einem Holzelefanten und auf einer überdimensionierten Krabbe umherwackeln. In den großen Hallen befinden sich weitere, kleinere Maschinen, die in Bewegung versetzt werden können, wie eine Seeschlange oder ein Tintenfisch. Bis 2011 sollen außerdem zwei gigantische Reiher aus Stahl das Bestiarium ergänzen, in denen jeweils bis zu 20 Passagiere Rundflüge unternehmen können.

Südlich der Île de Nantes lohnt sich ein Abstecher in den Bezirk Rezé zur **Maison Radieuse** ⑰ (Tel. 02 40 84 43 84, www.maisonradieuse.org, Besuch mit Führung Di, Do und Sa vormittags nur nach Voranmeldung). Dieser Wohnkomplex der frühen Moderne wurde von Le Corbusier (1887–1965) entworfen, einem der einflussreichsten Architekten des 20. Jh. Er entwickelte ein Konzept, das ein betont privates Wohngefühl im Rahmen einer größeren Gemeinschaft zum Ziel hatte. Die röhrenförmigen Wohnungen sind an den Seiten geschlossen und an den Enden offen. Die Familie bleibt so innerhalb der Wohnung vor Seiteneinblicken geschützt und kann, sobald sie die Wohnung verlässt, am gesellschaftlichen Leben teilnehmen. Die Maison Radieuse (1955) besteht aus 294 Apartments, hat einen Kindergarten auf dem Dach und einen Park vor der Tür.

Ein Elefant aus Holz und Stahl ist Star im ›Zoo‹ von Les Machines de l'Île

In den Cafés entlang der Loire auf der Île de Nantes lässt es sich wohl sein

Einen Ausflug wert ist auch der südwestlich der Île de Nantes gelegene alte Fischerort **Trentemoult** 18, in dem ein Jachthafen mit attraktiven Kneipen und Restaurants entstanden ist. Man erreicht den malerischen Ort von der Stadtmitte mit den *Navibus* genannten Booten.

Saint-Nazaire

Seit der Mitte des 19. Jh. avancierte Saint-Nazaire zu einem der bedeutendsten Überseehäfen Frankreichs, die Einwohnerzahl stieg von 600 auf 30 000. Weil die deutsche Marine während des Zweiten Weltkrieges einen ihrer größten U-Boot-Stützpunkte in Saint-Nazaire unterhielt, wurde die Stadt durch Luftangriffe nahezu dem Erdboden gleichgemacht. Nur die von meterdicken Betonwänden geschützten U-Boot-Bunker überstanden den Bombenhagel. Dort erwartet den Besucher das spektakuläre Ozeandampfermuseum **Escal' Atlantic**, (www.escal-atlantic.com, Tel. 08 10 88 84 44, April–Mitte Juli, Sept. tgl. 10–12.30 und 14–18, Mitte Juli–Aug. tgl. 10–19 Uhr, Febr./März, Okt. tgl. 14–18 Uhr) das an die große Zeit der Atlantikfahrten erinnert. Von der Kommandobrücke bis zu den Luxuskabinen einschließlich einem Drink in der Schiffsbar lässt sich die luxuriöse Atmosphäre der frühen Zeit der Passagierseefahrten erleben. Auch das U-Boot **Espadon** liegt in einem der Bunker vertäut und kann besichtigt werden.

i Praktische Hinweise

Information

Office de Tourisme, Tel. 08 92 46 40 44, Büros: Île Feydeau: 3, cours Olivier de Clisson, Cathédrale: 2, place Saint-Pierre, www.nantes.fr, www.nantes-tourisme.com

Hotels

*****Domaine d'Orvauld**, chemin des Marais du Cens, Orvauld, Tel. 02 40 76 84 02, www.domaine-orvault.com. Sehr schönes Landhotel 7 km nördlich von Nantes, mit ausgezeichnetem Restaurant.

TOP TIPP ******L'Hôtel**, 6, rue Henri IV, Nantes, Tel. 02 40 29 30 31, www.nanteshotel.com. Hotel garni mit schönen, modern eingerichteten Zimmern in zentraler Lage unweit des Château.

****Amiral**, 26 bis, rue Scribe, Nantes, Tel. 02 40 69 20 21, www.hotel-nantes.fr. Hotel hinter der Oper, sehr zentral.

****Hôtel Pommeraye**, 2, rue Boileau, Nantes, Tel. 02 40 48 78 79, www.hotel-pommeraye.com. Modernes, angenehmes Hotel in der Nähe der Place Graslin.

Restaurants

L'Atlantide, 15 quai E. Renaud, Nantes, Tel. 02 40 73 23 23, www.restaurant-atlantide.net. Modernes, mit 1 Michelin-Stern ausgezeichnetes Edelrestaurant in einem Neubau oberhalb der Loire (So/Fei geschl.).

La Cigale, 4, place Graslin, Nantes, Tel. 02 51 84 94 94, www.lacigale.com. Berühmte, traditionsreiche Brasserie in wunderbarem Jugendstilambiente.

La Civelle, 21, quai Marcel Boissard, Trentemoult, Tel. 02 40 75 46 60, www.la-civelle.com. Direkt am Loireufer gelegene, viel besuchte Brasserie.

Bretagne aktuell A bis Z

Vor Reiseantritt

ADAC Info-Service: Tel. 018 05/10 11 12 (0,14 €/Min.)

Über diese Nummer oder bei den ADAC-Geschäftsstellen können ADAC-Mitglieder kostenlos umfangreiches Informations- und Kartenmaterial anfordern.

ADAC im Internet:
www.adac.de,
www.adac.de/reisefuehrer

Frankreich im Internet:
http://de.franceguide.com
www.tourisme.fr

Bretagne im Internet:
www.tourismebretagne.com
www.bretagne.fr

Atout France (Französische Zentrale für Tourismus)

Deutschland

Zeppelinallee 37, 60325 Frankfurt/Main,
Tel. 090 01/57 00 25 (0,49 €/Min),
info.de@franceguide.com

Österreich

Lugeck 1-2/Stg. 1/Top 7, 1010 Wien,
Tel. 09 00/25 00 15 (max. 0,68 €/Min.),
info.at@franceguide.com

Schweiz

Rennweg 42, 8021 Zürich,
Tel. 044/217 46 00,
info.ch@franceguide.com

Allgemeine Informationen

Reisedokumente

Reisepass oder Personalausweis, unter 16 Jahren Kinderausweis, Kinderreisepass oder Eintrag im Elternpass.

Kfz-Papiere

Führerschein, Zulassungsbescheinigung Teil 1 (ehem. Fahrzeugschein) und Internationale Grüne Versicherungskarte.

Krankenversicherung

Die Europäische Krankenversicherungskarte ist in die übliche Versicherungskarte integriert. Sie wird in ganz EU-Europa anerkannt und garantiert die medizinische Versorgung. Sicherheitshalber empfiehlt sich jedoch der Abschluss einer *Reisekranken- und Rückholversicherung*.

Hunde und Katzen

In der EU sind ein gültiger, vom Tierarzt ausgestellter EU Heimtierausweis sowie die Kennzeichnung durch Mikrochip oder Tätowierung notwendig. Bis zum Jahr 2011 gelten Übergangsregelungen.

Zollbestimmungen

Waren für den persönlichen Bedarf dürfen innerhalb der EU unbegrenzt mitgeführt werden. Als Richtmengen gelten: 800 Zigaretten, 400 Zigarillos, 200 Zigarren, 1 kg Tabak, 10 l Spirituosen, 20 l Zwischenerzeugnisse, 90 l Wein (davon max. 60 l Schaumwein), 110 l Bier.

Reisende aus Drittländern (Schweiz) dürfen abgabenfrei mitführen: 200 Zigaretten oder 100 Zigarillos oder 50 Zigarren oder 250 g Tabak, 1 l Spirituosen und 2 l Wein.

Geld

Die gängigen Kreditkarten werden in Banken, Hotels und vielen Geschäften akzeptiert. An zahlreichen *EC-/Maestro-Geldautomaten* kann man rund um die Uhr Bargeld abheben.

Tourismusämter im Land

Die örtlichen Office de Tourisme sind im Haupttext jeweils unter ›Praktische Hinweise‹ genannt.

Le Comité Régional du Tourisme de Bretagne, 1, rue Raoul Ponchon, 35069 Rennes, Tel. 02 99 36 15 15, www.tourismebretagne.com

Zusätzlich gibt es überregionale Touristenbüros, die **Comités Départemental du Tourisme**, die über reichhaltiges Informationsmaterial verfügen:

Département Côtes-d'Armor,
7, rue St-Benoît, 22046 St-Brieuc,
Tel. 02 96 62 72 00, www.cotesdarmor.com

Département Finistère, 4, rue du 19 mars 1962, 29018 Quimper, Tel. 02 98 76 25 64, www.finisteretourisme.com

Département Ille-et-Vilaine, 5, rue du Pré Botté, 35101 Rennes, Tel. 02 99 78 47 47, www.bretagne35.com

Département Morbihan, allée Nicolas Le Blanc, 56010 Vannes, Tel. 08 25 13 56 56, www.morbihan.com

Département Loire-Atlantique, 11, rue du Château de l'Eraudière, 44306 Nantes, Tel. 02 51 72 95 32, www.ohlaloireatlantique.com

Notrufnummern

Notruf: Tel. 112 (EU-weit)

Polizei: Tel. 17

Unfallrettung/Notarzt: Tel. 15

ADAC-Notrufstation Frankreich: Tel. 08 25 80 08 22 (24 Std.)

ADAC-Notrufzentrale München: Tel. 00 49/(0)89/22 22 22 (24 Std.)

ADAC-Ambulanzdienst München: Tel. 00 49/(0)89/76 76 76 (24 Std.)

ÖAMTC Schutzbrief Nothilfe: Tel. 00 43/(0)1/251 20 00, www.oemtc.at

TCS Zentrale Hilfsstelle: Tel. 00 41/(0)224 17 22 20, www.tcs.ch

Diplomatische Vertretungen

Botschaft der Bundesrepublik Deutschland, 13/15, avenue Franklin D. Roosevelt, 75008 Paris, Tel. 01 53 83 45 00, www.paris.diplo.de

Botschaft der Republik Österreich, 6, rue Fabert, 75007 Paris, Tel. 01 40 63 30 63, www.bmeia.gv.at/botschaft/paris

Botschaft der Schweizerischen Eidgenossenschaft, 142, rue de Grenelle, 75007 Paris, Tel. 01 49 55 67 00, www.eda.admin.ch/paris

Besondere Verkehrsbestimmungen

Tempolimits (in km/h): Für Pkw, Motorräder und Wohnmobile bis 3,5 t innerorts 50, außerhalb 80, auf Landstraßen 90 (bei Nässe 80), auf Autobahnen 130 (bei Nässe 110). Wer seinen Führerschein noch keine zwei Jahre besitzt, darf höchstens 80, auf Autobahnen 110 fahren.

Promillegrenze: 0,5

Im Falle einer Panne oder eines Unfalls außerhalb geschlossener Ortschaften muss eine reflektierenden *Warnweste* bereits vor dem Verlassen des Fahrzeugs angelegt werden. Sie sollte stets griffbereit sein. Für *Radfahrer* besteht die Tragepflicht einer Warnweste nachts sowie tagsüber bei schlechter Sicht außerhalb von Ortschaften.

Abblendlicht ist bei Regen- und Schneefällen sowie in Tunnel und Galerien vorgeschrieben. Im Kreisverkehr haben dank entsprechender Beschilderung meist die Vorfahrt, die sich im Kreis befinden. Vorfahrtstraßen enden an den Ortsschildern. Straßenbahnen haben Vorfahrt.

Gelbe Streifen am Fahrbahnrand bedeuten *Parkverbot*. Das Parken und Halten unter Brücken sowie das Parken in Tunnel oder Unterführungen ist nicht erlaubt. *Verkehrsverstöße*, insbesondere Geschwindigkeitsüberschreitungen, werden im allgemeinen strenger geahndet als in Deutschland. Für Alkoholdelikte werden besonders hohe Geldbußen erhoben.

Anreise

Auto

Die meisten Urlauber, die mit dem Auto unterwegs sind, werden in die Bretagne über **Paris** fahren. Von Paris führt die Autobahn A 10, dann A 11 l'Océane über Chartres nach Le Mans und teilt sich dort Richtung Rennes (Paris–Rennes 350 km) und Nantes.

Autobahnen sind überwiegend **mautpflichtig** (*Péage*). Gebühren zahlt man bar oder mit Kreditkarte. In den **ADAC-Geschäftsstellen** erhalten Mitglieder eine Liste dieser Autobahnen mit Preisangaben.

Bahn und Autoreisezug

Der Weg in die Bretagne mit der Bahn führt über **Paris**. Vom Gare Montparnasse im Süden der Stadt fährt der Hochgeschwindigkeitszug **TGV** in etwas mehr als 2 Std. nach Rennes und erreicht nach weiteren zwei Stunden und Zwischenstopps in St-Brieuc und Morlaix die Hafenstadt Brest. Eine südliche Route führt von Paris nach Nantes und La Baule (Fahrzeit Paris–Nantes ca. 2 Std.).

Fahrplanauskunft:

Deutsche Bahn, Tel. 018 05/99 66 33 (0,14 €/Min.), Tel. 08 00/150 70 90 (sprachgesteuert, gebührenfrei), www.bahn.de

Deutsche Bahn AutoZug, Tel. 018 05/99 66 33 (0,14 €/Min.), www.dbautozug.de

Österreichische Bundesbahn, Tel. 05 17 17, www.oebb.at

Schweizerische Bundesbahnen, Tel. 09 00 30 03 00 (max. 0,68 €/Min.), www.sbb.ch

Bus

Von Deutschland werden Busfahrten in die Bretagne angeboten. Auskünfte erteilt u.a. Atout France in Frankfurt [s. S. 125]. Die Deutsche Touring fährt regelmäßig Nantes und Rennes an:

Deutsche Touring, Am Römerhof 17, 60486 Frankfurt/M., Tel. 069/790 35 01, www.touring.de.

Flugzeug

Alle Flugverbindungen von Deutschland, Österreich und der Schweiz in die Bretagne erfordern den Zwischenstopp Paris. Von Paris-Orly bestehen Flugverbindungen nach Brest, Lorient und Quimper, Lannion und Rennes.

Bank, Post, Telefon

Banken

Öffnungszeiten: Mo–Fr 9–12 und 14–16 Uhr. In größeren Städten öffnen manche Banken auch am Samstag.

Post

Öffnungszeiten: Mo–Fr 8–19 und Sa 8–12 Uhr. In kleineren Orten mit einer Mittagspause von 12 bis 14 Uhr und manchmal frühere Schließzeit. Briefmarken gibt es auch in vielen Tabakläden.

Telefon

Internationale Vorwahlen:
Frankreich 00 33
Deutschland 00 49
Österreich 00 43
Schweiz 00 41

Es folgt die Vorwahl bzw. Teilnehmernummer ohne die Null.

In Frankreich sind alle Telefonnummern zehnstellig und beginnen mit 0. Nur bei Gesprächen vom Ausland nach Frankreich lässt man diese 0 weg.

Für die meisten *öffentlichen Telefone* benötigt man eine Telefonkarte (*Télécarte*), die man in allen Postämtern oder in den Tabakläden kaufen kann. Die Benutzung handelsüblicher Mobiltelefone ist in ganz Frankreich möglich. Man sollte sich jedoch vor Reiseantritt über das günstigste Netz vor Ort informieren und das eigene Mobiltelefon entsprechend programmieren.

Einkaufen

Öffnungszeiten: in der Regel Mo–Sa bzw. Di–Sa 9–19 Uhr. Manche Läden haben um die Mittagszeit 12–14 Uhr geschlossen. Lebensmittelgeschäfte und Bäckereien machen früher auf. Große Supermärkte (Centres commerciaux, Hypermarchés) sind manchmal bis 21 Uhr geöffnet. Auch manche kleinen Lebensmittelläden sind noch spät abends und sogar sonntags geöffnet.

Die Einkaufsmöglichkeiten in der Bretagne sind breit gefächert, die größte Auswahl bietet sich in Nantes, Rennes, Vannes, Quimper und Saint-Brieuc. Ein breites Warenangebot findet man auch auf den **Märkten** (Marché), die fast jede Ortschaft einmal wöchentlich veranstaltet. In der Regel gibt es dort eine bunte Mischung von Antiquitäten, Kleidern und frischen Lebensmitteln. In den Hafenstädten kann man außerdem preiswert frischen Fisch, Krustentiere und Muscheln in großer Auswahl einkaufen.

Kunsthandwerkliche Produkte wie die berühmten Stickereien und gehäkelten Spitzen aus der Bigoudenstadt Pont-l'Abbé oder Fayencen aus Quimper erwirbt man am besten am Ort ihrer Herstellung.

Essen und Trinken

Frühstück und Mittagessen

Das Frühstück (Petit-déjeuner) besteht in Frankreich aus einer Tasse Kaffee oder Tee, einem Croissant oder einem Stück Baguette. Üppige Frühstücksbüffets findet man meist nur in größeren Hotels der gehobeneren Preisklasse. Kaffee gibt es als Café (kleine Tasse schwarzer Kaffee) und als Crème bzw. Grand crème (Kaffee mit Milch). Das bretonische Mittagessen fällt dagegen reicher aus, beschränkt sich aber oft auf einen Gang. Im Unterschied zu deutschen Gewohnheiten genießt man das Mittagsmahl erst zwischen 13 und 15 Uhr.

Bars, Cafés und Brasserien

Während Wein in der Regel nur bei Tisch serviert wird, trinkt man in Bars, Cafés und Brasserien meist Bier. Man bestellt *un demi* und erhält ein kleines (0,3 l) frisch gezapftes Bier (*à la pression*). Als Aperitif wie als Long Drink bieten sich die Anisgetränke Pastis und Anisette an. Häufig bekommt man in Bars und Cafés auch Kleinigkeiten zu essen. Verbreitet sind *Sandwiches*, worunter man in Frankreich ein halbes Baguette versteht, reichlich mit Schinken, Käse, Leberpastete oder Rillettes (ein Wurstaufstrich aus in Schweineschmalz zubereitetem gehackten Schweinefleisch) belegt. Ein *Croque-monsieur* besteht aus einem mit Schinken und Käse überbackenen Toast.

Restaurants

Das Abendessen (Dîner) wird zwischen 19 und 22.30 Uhr eingenommen. Es besteht meist aus drei bis fünf Gängen. Zum Aperitif kommt ein Snack als Appetitanreger (Amuse-gueule), dann folgen Vorspeise (Hors d'œuvre), Zwischengericht (Deuxième entrée), Hauptgericht (Plat principal), Käse (Fromage) und Nachtisch (Dessert). In der Regel werden in Restaurants mehrere Menüs zu verschiedenen Preisen angeboten. Weißbrot mit Salzbutter wird grundsätzlich zum Essen serviert. Wird Steak bzw. Filet geordert, sollte man hinzufügen, ob man es saignant (blutig), à point (medium) oder bien cuit (durchgebraten) wünscht.

Feiertage

1. Januar: Neujahr (*Jour de l'An*), Ostermontag (*Lundi de Pâques*), 1. Mai: Tag der Arbeit (*Fête du travail*), 8. Mai: Tag des Waffenstillstands 1945 (*Armistice*), Christi Himmelfahrt (*Ascension*), 14. Juli: Französischer Nationalfeiertag (*Fête national*), 15. August: Mariä Himmelfahrt (*Assomption*), 1. November: Allerheiligen (*Toussaint*), 11. November: Waffenstillstandstag 1918 (*Armistice 1918*), 25. Dezember: Weihnachten (*Noël*).

Festivals und Events

Die traditionellen **Pardons** spielen eine große Rolle im kulturellen Leben der Bretonen. Pardons sind Prozessionen zu Ehren der lokalen Heiligen, die sich an den Gottesdienst anschließen. Hierbei tragen in Trachten gekleidete Einwohner Kreuze und Banner durch die Straßen.

Mai/Juni

Tréguier (3. So im Mai): *Pardon de St-Yves*

St-Herbot (Christi Himmelfahrt): *Pardon der Pferde*

Moncontour (Pfingsten): *Pardon de St-Mathurin*

Austern, Cidre und Galettes – Gaumenschmaus auf bretonisch

Die bretonische Küche gilt als eine der besten in Frankreich. Einst eher einfach und ländlich, ist sie heute längst verfeinert. Die Bretagne dürfte, was die Zahl an hochwertigen und zugleich alt und stilvoll eingerichteten Restaurants betrifft, so schnell von keiner anderen Region Frankreichs übertroffen werden. Die Küche zeichnet sich vor allem durch ihre Frische, die hohe Qualität und die großzügige Zutatenverwendung aus.

Herausragend sind **Fisch** (Poisson) und vor allem **Meeresfrüchte** (Fruits de mer), die in großer Auswahl in den meisten Restaurants angeboten werden. Die herrlichen Platten von Meeresfrüchten – ein Augenschmaus – bieten Garnelen (Crevettes), Kaisergranat (Langoustines), Seeschnecken (Bulots, Bigorneaux), Venusmuscheln (Palourdes) und vor allem Taschenkrebse (Tourteaux oder Crabes) mit ihren ausladenden Scheren.

Die Bretagne ist ein Zentrum der **Austernzucht**, die vor allem in dem Gebiet rund um Cancale und im Golfe du Morbihan rege betrieben wird. Austern (Huîtres), diese Könige der Schalentiere werden meist als Vorspeise, entweder pochiert, gegrillt, überbacken, am häufigsten aber roh, nur mit Zitrone oder mit Essigsoße gegessen. Man unterscheidet hauptsächlich zwei Sorten: die selteneren flachen *Huîtres plates* und die verbreiteten und preiswerteren *Huîtres creuses*. Sehr gern gegessen werden ferner **Miesmuscheln** (Moules marinières), die meist in Weißweinsoße, sei es als Vor- oder Hauptspeise, serviert werden.

Eine besondere Spezialität ist der **Hummer**, der entweder à la crème oder, als Homard à l'armoricaine, mit einer scharfen, durch Weißwein veredelten Knoblauch-Cayenne-Pfeffersoße serviert wird; die bretonische **Fischsuppe** mit Kartoffeln und Zwiebeln, genannt Cotriade, gehört ebenso wie der **Butteraal** (Anguille au beurre) zu den traditionellen bretonischen Mahlzeiten. Die köstlichen, oft allerdings recht teuren **Jakobsmuscheln** (Coquilles St-Jacques) gibt es als Vorspeise.

An **Fleischspeisen** gelten Lamm und Schwein als gute Wahl. Bretonische Spezialitäten sind die Kaldaunenwurst (Andouillette), Lammkoteletts der Salzwiesenlämmer (Prés-salés) und Hammelkeule (Grigot à la bretonne).

Die Bretagne ist außerdem die Region, in der das meiste **Gemüse** des Landes angebaut wird. Artischocken, Blumenkohl, Zwiebeln und Knoblauch sind die verbreitetsten Vitaminlieferanten. Schmackhaft, aber nicht zu weich gekocht, sind sie delikate Zutaten zu Fisch und Fleisch.

Crêpes und **Galettes** sind das bretonische Nationalgericht schlechthin. Bei den Crêpes handelt es sich um dünne, gebratene Pfannkuchen aus hellem Weizenmehl, die süß mit Schokolade, Eis oder Obst serviert werden. Crêpes gibt es erst seit etwa 100 Jahren, seitdem man das teurere Weizenmehl verwendete. Älter, gewissermaßen Brotersatz, sind die Galettes aus dunklem Buchweizenmehl. Sie werden ausschließlich mit salzigen Füllungen wie Schinken, Käse, Ei oder auch Meeresfrüchten angeboten.

Der **Nachtisch** fällt in der Bretagne eher üppig aus. Das traditionelle bretonische Gericht ist ein aus Weizen, Butter und Milch bestehender Eierkuchen (Far), der meist mit Backpflaumen gefüllt ist. Daneben werden Galettes du goyen (Waffeln), Mandelgebäck und die Tarte aux pommes (Apfelkuchen) angeboten.

Verlockende Auswahl an Meeresfrüchten: Die bretonische Küche bietet kulinarische Spezialitäten ersten Ranges

Das bretonische Nationalgetränk ist der **Cidre**, ein leichter spritziger Apfelwein (2–5% Alkohol), der vor allem in Crêperien getrunken wird. Besonders zu Fischgerichten schmackhaft ist der frische und trockene **Muscadet** oder der **Gros Plant**, beide aus der Gegend um Nantes. Angeboten werden natürlich auch die anderen französischen Weine. Kategorien sind Vin de pays (einfacher Landwein), Vin Délimité de Qualité Supérieure (VDQS) und Weine mit kontrollierter Herkunftsbezeichnung, Appellation d'Origine Contrôlée (AC oder AOC).

Eine bretonische Spezialität ist der **Erdbeerlikör** (Liqueur des fraises de Plougastel) und der Honigwein **Chouchenn**. Nicht auslassen sollte man als ›digestif‹ den normannischen 50-prozentigen Apfelschnaps **Calvados**, oder seine bretonische Variante, den Gnole.

Nantes: Beim *Festiv'îles* treten Musiker, Tänzer, Sänger und Straßenkünstler aus aller Welt auf.

Plougastel-Daoulas (2. Wochenende im Juni): Mit Musik, Tanz und allerlei Köstlichkeiten rund um die Erdbeere geht es bei der *Fête des Fraises* (www.fetedesfraises.fr).

Plouguerneau (letzter So im Juni): *Pardon de St-Pierre-et-St-Paul*

Le Faouët (letzter So im Juni): *Pardon de Ste-Barbe*

Juli

Guingamp (1. Wochenende im Juli): *Pardon de Notre-Dame-de-Bon-Secours*

Rennes: *Les Tombées de la Nuit* halten die Besucher mit Theater, Pantomime, Tanz und Musik in Atem (www.lestombeesdelanuit.com).

Alle vier Jahre treffen sich Windjammern aus aller Welt in der Bucht von Brest

Gourin (Mitte Juli): Der bretonische Pfannkuchen wird bei der *Fête de la Crêpe* mit Musik, Tanz, Spielen und Bergen von Crêpes gefeiert (http://fetedelacrepe.free.fr).

Locronan (2.So im Juli): *Pardon de la Petite Troménie*; alle sechs Jahre findet die Grand Troménie statt, die nächste 2013 [s. S. 85].

Pont-l'Abbé (2.Wochenende im Juli): Bei der *Fête des Brodeuses* feiern die Stickerinnen ihre Handwerkskunst (www.fetedesbrodeuses.com).

Vannes (2.Wochenende im Juli): Streifzüge durch die regionale Geschichte bei *Les Fêtes historiques*.

Brest: Alle vier Jahre kommen Segelschiffbegeisterte aus aller Welt zur Schiffsparade im Hafen (alle vier Jahre, 2012, 2016 etc., www.brest2008.fr).

Quimper: Das *Festival de Cornouaille* ist das traditionellste Fest der Bretagne mit Tanzveranstaltungen und Konzerten (www.festival-cornouaille.com).

Ste-Anne-d'Auray (25./26. Juli.): *Grand Pardon de Ste-Anne*

Juli/August

Vannes: Internationale Künstler präsentiert das *Festival Jazz à Vannes*

Brest: Speziell für Kinder sind *Les Jeudis du Port*, die ›Hafen-Donnerstage‹ mit Clowns, Akrobaten und Pantomimen.

August

Pont-Aven (1.So im Aug.): Beim Ginsterfest *Fête traditionelle des Fleurs d'Ajoncs* wird viel bretonische Folklore geboten.

Lorient: Beim *Festival Interceltique* finden sich auch Kelten aus Wales, Schottland, Irland und Galicien zusammen. Ein aufwendiges Programm von Konzerten, Tanzveranstaltungen und Ausstellungen lockt alljährlich Hunderttausende Besucher an (www.festival-interceltique.com).

Guingamp: Zu bretonischen Klängen zeigen Tänzer und Musiker beim *Festival de la danse bretonne et de la Saint-Loup* in bunten Trachten ihr Können (www.dansebretonne.com).

Crozon: Beim *Festival du bout du monde*, ein Weltmusikfestival, kommen renommierte Musiker aus aller Herren Länder zusammen (www.festivalduboutdu monde.com).

Perros-Guirec (15.8.): *Pardon de Notre Dame de la Clarté*

Bécherel (15.8.): *Troménie de Haute-Bretagne*

Pont-Croix (15.8.): *Pardon de Notre-Dame-de-Roscudon*

Le Releg (15.8.): *Pardon de Notre-Dame-du-Releg*

Le Faouët (vorletzter So im Aug.): *Pardon de St-Fiacre*

Concarneau (Mitte Aug.): Das *Festival des Filets Bleus* galt einst der Segnung der Fischernetze und zeigt sich heute als Stadtfest mit folkloristischem Programm (http://filetsbleus.free.fr).

September

Le Folgoët (1.So im Sept.): *Pardon de Notre-Dame*

Carnac (2.So im Sept.): *Pardon de St-Cornély* zu Ehren des Schutzheiligen des Hornviehs. Früher wurden bei diesen Pardons die Rinder gesegnet.

Josselin (8.9.): *Pardon de Notre-Dame du Roncier*

Oktober

Redon (Ende Okt.): Alles riecht nach gerösteten Esskastanien bei der *Fête du Marron*.

Klima und Reisezeit

Das Klima in der Bretagne ist aufgrund des Einflusses des Golfstroms fast das ganze Jahr über mild. Abgesehen davon zeichnet sich das Wetter durch seine Wechselhaftigkeit aus; innerhalb ein und desselben Tages sind mehrmalige Wechsel zwischen Sonne und Schauern keine Seltenheit. Die Südküste ist etwa zwei Grad wärmer und trockener als die Nordküste. Die günstigste Reisezeit sind die Monate April bis zum Ferienbeginn in Frankreich Anfang Juli und September/Oktober. Im Juni, um die Zeit der Sommersonnenwende, ist es bis etwa 23 Uhr hell.

Klimadaten Brest

Monat	Luft (°C) min./max.	Wasser (°C)	Sonnen-std./Tag	Regen-tage
Januar	4/ 9	10	2	22
Februar	3/ 9	10	3	16
März	5/12	10	5	15
April	6/13	10	7	15
Mai	8/15	12	8	14
Juni	11/18	14	7	13
Juli	12/19	15	7	14
August	12/20	16	7	15
September	11/18	15	5	16
Oktober	9/15	14	4	19
November	6/12	13	2	20
Dezember	4/ 9	11	2	20

Kultur live

Ein vielfältiges kulturelles Angebot bieten vor allem Rennes, Nantes und St-Brieuc. Rennes gilt als das kulturelle Zentrum der Bretagne.

Rennes

Le Triangle, boulevard de Yougoslavie, Rennes, Tel. 02 99 22 27 27, www.letriangle.org. Kulturzentrum für zeitgenössischen Tanz, Literatur und Musik.

Opéra de Rennes, place de la Mairie, Rennes, Tel. 02 99 78 48 78, www.opera-rennes.fr

Théâtre du Vieux St-Etienne, 14, rue d'Echange, Rennes, Tel. 02 23 62 21 03, www.theatre-vse.rennes.fr. Tanz und Theater in einer Kirche.

Théâtre National de Bretagne, 1, rue St-Hélier, Rennes, Tel. 02 99 31 12 31, www.t-n-b.fr

Nantes

La Maison de la Marionnette, 1, rue Dugommier, Nantes, Tel. 02 40 48 70 19, www.maison-marionnette-nantes.com. Originelles Marionettentheater.

Orchestre National des Pays de la Loire, Espace Entreprises de la Cité des Congrès, 7, rue de Valmy, Nantes, Tel. 02 51 25 29 29, www.onpl.fr

Le Théâtre de Poche Graslin, 5, rue Lekain, Nantes, Tel. 02 40 47 34 44, www.theatredepoche.fr

Saint-Brieuc

La Passerelle, Scène Nationale de St-Brieuc, place de la Résistance, 22041 St-Brieuc, Tel. 02 96 68 18 40, www.lapasserelle.info. Darbietungen von Theaterensembles sowie Musik-, Tanz- und Filmaufführungen.

Compagnie Quai Ouest, 6, rue de la Tullaye, Saint-Brieuc, Tel. 02 96 61 37 29, www.compagniequaiouest.fr

Nachtleben

In den Ferienmonaten Juli und August laden die beliebten Badeorte mit ihren Bars und Diskotheken zum Feiern und Tanzen ein. Hauptorte sind Carnac, Presqu'île de Quiberon, Perros-Guirec und Dinard.

In **Brest** und **Rennes** konzentriert sich das Nachtleben auf die Bars und Pubs der Altstadt und auf das Viertel St-Martin in Brest. Relativ viel los, auch über die beiden Hochsommermonate hinaus, ist in der Ville close von **Saint-Malo**. **Nantes** bietet mit seinen Cafés, Bars und Restaurants rund um die Place Graslin ein abwechslungsreiches, großstädtisches Ambiente.

Sport

Angeln

Wer sich dieser in Frankreich beliebten Freizeitbeschäftigung widmen möchte, benötigt einen Angelschein für die Ferien (La carte de pêche – Carte Vacances), welcher in jedem Laden für Anglerbedarf (Magasin de pêche) zu erwerben ist. Info:

Fédération Nationale de la Pêche en France et de la protection du milieu aquatique, 17, rue Bergère, Paris, Tel. 01 48 24 96 00, www.unpf.fr

Golf

Der Golfsport erfreut sich in Frankreich ständig wachsender Beliebtheit. Es gibt in der Bretagne über 30 Golfplätze, die zum großen Teil in atemberaubender Landschaft liegen. Info:

Ligue de Bretagne de Golf, 130, rue Eugène Pottier, Rennes, Tel. 02 99 31 68 80, www.liguebretagnegolf.org

Hausboottouren

Die Flüsse und Kanäle der Bretagne bieten auf mehr als 1600 km Länge die Möglichkeit einer Erkundung des Landes vom Wasser aus. Im Osten verbindet der Ille-et-Rance-Kanal die Kanalküste mit dem Atlantik und führt in Verbindung mit den Flüssen Rance und Vilaine von St-Malo über Dinan, Rennes, Redon bis nach La Roche-Bernard an der Grenze zum Département Loire-Atlantique. Der bereits unter Napoleon I. gebaute Nantes-Brest-Kanal führt teils in kanalisierten Flussbetten von Nantes über Redon, Josselin, Pontivy, den Lac du Guerledan und Châteaulin zur Bucht von Brest. Schließlich kann man den Süden zwischen Pontivy und Lorient auf dem Fluss Blavet erkunden. An den Orten, die diese Wasserwege säumen, ist das Chartern von Hausbooten möglich. Auskünfte geben die Offices de Tourisme.

Segeln

Groß geschrieben wird in der Bretagne der Segelsport. In vielen Badeorten bieten Segelschulen Kurse für Erwachsene und Kinder an. Eine Liste der Ecoles de Voiles wird vom Comité Régional du Tourisme herausgegeben. Außerdem besteht an größeren Stränden die Möglichkeit des Strandsegelns (Char à voile). Info:

Comité Régional du Tourisme de Bretagne, 1, rue Raoul Ponchon, Rennes, Tel. 02 99 28 44 30, www.tourisme bretagne.com

Statistik

Lage: Die Bretagne ragt als Halbinsel im äußersten Nordwesten Frankreichs weit in den Atlantik hinein. Ihre höchsten Erhebungen liegen im zentralen Bergland der Monts d'Arrée (384 m).

Fläche und Bevölkerung: Auf 27 207 km^2 leben 3,09 Mio. Einwohner. Das Département Loire-Atlantique (Hauptstadt Nantes) mit 1,23 Mio. Einwohnern zählt zwar historisch und kulturell zur Bretagne, gehört allerdings offiziell zur Region Pays de la Loire. Die wichtigsten Städte sind Rennes (210 000 Einw.), Nantes (282 000 Einw.), Brest (144 500 Einw.), Lorient (58 500 Einw.), St-Brieuc (46 500 Einw.), Quimper (65 000 Einw.) und Vannes (53 000 Einw.).

Verwaltung: Die Bretagne besteht heute aus den vier Départements Ille-et-Vilaine (Hauptstadt Rennes), Côtes-d'Armor (Hauptstadt St-Brieuc), Finistère (Hauptstadt Quimper) und Morbihan (Hauptstadt Vannes).

Wirtschaft: Das milde ozeanische Klima gestattet in Küstennähe den Anbau von Spezialkulturen (Artischocken, Blumenkohl, Erdbeeren, Saat- und Frühkartoffeln etc.). Hauptzweig der bretonischen *Landwirtschaft* ist jedoch die Viehhaltung (Schweine, Geflügel, Milchvieh), welche die Bretagne inzwischen zu einer führenden Agrarregion werden ließ.

Die *Fischerei*, traditionell der wichtigste Erwerbszweig, nimmt an Bedeutung ab, spielt aber im französischen Vergleich immer noch eine gewichtige Rolle. Betrieben werden Hochsee- und Küstenfischerei (Thunfisch, Kabeljau, Sardinen, Krustentiere und Edelfische). Intensiv werden auch qualitativ hochwertige Muscheln und Austern gezüchtet und Tang gesammelt.

Bedeutender für die bretonische Wirtschaft ist die *Industrie*, an erster Stelle Nahrungsmittelindustrie, aber auch Fahrzeugbau, Werftindustrie, elektrische und elektronische Industrie. Der *Dienstleistungssektor* beschäftigt die meisten Arbeitskräfte, eine wichtige Rolle spielt hier der *Tourismus*.

Brezhoneg – keltische Sprachklänge

Das **Bretonische** (Brezhoneg) gehört zusammen mit dem Walisischen und Kornischen zum britannischen Zweig des Keltischen. Zum gälischen Zweig zählen hingegen das Schottische, das Irische und das auf der Isle of Man gesprochene Manx. Die Sprachgrenze der bretonisch sprechenden Bretagne verläuft etwa entlang einer Linie zwischen St-Brieuc und Vannes. Im Jahr 2007 wurde das Bretonische in diesem Gebiet der **Basse-Bretagne** nur noch von 290 000 Menschen verstanden. Die Zahl der Personen, die es tatsächlich sprechen können, wird auf 172 000 geschätzt. Die meisten, die über eine muttersprachliche Kompetenz verfügen, sind allerdings über 60 Jahre alt. Die jahrhundertelange Verdrängung durch das Fränzösische hinterlässt ihre Spuren. Dennoch: Ortsnamen sind hier wie auch im Osten der Bretagne zweisprachig. In den Schulen ist Bretonisch Wahlfach und an der Universität in Rennes ist ein Lehrstuhl für keltische Sprache eingerichtet. Es gibt auch einige bretonischen Medien (Fernsehsendungen auf FR3 Ouest und TV Breizh, Radios und Zeitschriften).

Bretonische Ausdrücke, auf die man heute noch beim Lesen der Karte oder beim Fahren durch die Landschaft trifft, sind:

aber	*Flussmündungstrichter*
ankou	*Tod*
argoat	*Waldland, Binnenland*
armor	*Land am Meer*
aven	*Fluss*
beg	*Spitze, Landzunge*
bihan	*klein*
bré	*Hügel*
coat	*Wald*
gwenn	*weiß*
hir	*lang*
kaer	*schön*
kemper	*Zusammenfluss*
ker	*Dorf, Haus*
lan	*geweihter Ort, Kloster*
loc	*Einsiedelei*
men	*Stein*
menez	*Berg*
noz	*Nacht*
plou	*Pfarrgemeinde*
roc'h	*Fels*
roz	*Anhöhe*
tol/dol	*Tisch (Dolmen)*
ty	*Haus*

Unterkunft

Camping

Camping ist in Frankreich sehr beliebt. Viele der über 800 Campingplätze in der Bretagne sind mit komfortablen und modernen sanitären Einrichtungen versehen und bisweilen sogar mit Tennis- und Minigolfplätzen sowie Kinderspielplätzen ausgestattet. Wie die Hotels sind sie in vier Kategorien eingeteilt.

Auskünfte über geprüfte Plätze geben die jährlich aktualisierten und im Buchhandel oder Internet erhältlichen *ADAC Camping Caravaning Führer*, *ADAC Stellplatz Führer* und *ADAC Bungalow Mobilheim Führer*. Weitere Infos:

Fédération Française de Camping et de Caravaning, 78, rue de Rivoli, Paris, Tel. 01 42 72 84 08, www.ffcc.fr

Ferienhäuser

Vielerorts gibt es Ferienhäuser, die wochenweise vermietet werden. Sie sind mit allem ausgestattet, was man zur Selbstversorgung braucht. Gîtes de France vermittelt auf dem Land gelegene Ferienwohnungen, die meist in restaurierten Bauernhäusern untergebracht sind. Infos:

Gîtes de France, 56, rue St-Lazare, Paris, Tel. 01 49 70 75 75, www.gites-de-france.com

Weitere Informationen über Ferienhäuser in der Bretagne sind erhältlich bei:

Inter Chalet, Heinrich-von-Stephan-Str. 25, Freiburg, Tel. 07 61/21 00 77, www.interchalet.com

Ferienhäuser am Atlantik, Ursula Neukirchen, Zur Gräfte 16, 48161 Münster, Tel. 025 33/931 30, www.ferienhaus-neukirchen.de

Wolters Reisen, World of TUI, Bremer Str. 61, Stuhr/Bremen, Tel. 04 21/899 90, www.tui-ferienhaus.de

Hotels

Eine Auswahl von empfehlenswerten Hotels findet sich im Haupttext unter ›Praktische Hinweise‹. Die meisten Hotels gehören in die Zwei- und Drei-Sterne-Kategorie. In den größeren Tourismuszentren gibt es auch Luxushotels mit vier Sternen. Die Preise beziehen sich meist auf das Zimmer, gleichgültig ob ein oder zwei Personen darin übernachten. Frühstück ist meist nicht eingeschlossen.

Gute Übernachtungsmöglichkeiten bieten auch die Häuser der **Logis de France**, ein unter Qualitätsstandards erfolgter Zusammenschluss von Hotels mit meist guter Küche und moderaten Preisen. Infos:

Fédération internationale des Logis, 82, ave. d'Italie, 75013 Paris, Tel. 01 45 84 70 00, zentrale Reservierung: Tel. 01 45 84 83 84, www.logishotels.com

Fédération régionale des Logis de France de Bretagne, CRCI, 1, rue du Général Guillaudot, CS 14422, Rennes, Tel. 02 99 25 41 86, www.logis-de-france-bretagne.com

Fédération régionale des Logis de France des Pays Loire Atlantique, 11, rue du Château de l'Eraudière , CS 40698, Nantes, Tel. 02 51 72 95 36, zentrale Reservierung: Tel. 01 45 84 83 84, www.logisdefrance-paysdelaloire.com

Jugendherbergen

Die Adressen sind bei den lokalen Tourismusbüros zu erfahren. Voraussetzung für die Benutzung ist die Mitgliedschaft im Jugendherbergswerk. Info:

Fédération Unie des Auberges de Jeunesse, 27, rue Pajol, Paris, Tel. 01 44 89 87 27, www.fuaj.org

Deutsches Jugendherbergswerk, Bismarckstr. 8, Detmold, Tel. 052 31/740 10, www.djh-service.de, www.jugendherberge.de

Schlösser

Besonders reizvoll ist eine Übernachtung in bretonischen **Schlössern** und **Landsitzen**. Auskünfte zu den teilweise noch von den Nachkommen der Bauherren bewohnten Schlössern sind erhältlich bei:

Grandes Etapes Françaises, 21, square St-Charles, Paris, Tel. 01 40 02 99 99, www.grandesetapes.fr

Châteaux et Hotels Collection, 84, avenue Victor Cresson, 92441 Issy les Moulineaux, zentrale Reservierung: Tel. 08 11 74 37 42, aus dem Ausland: Tel. 01 72 72 92 02, www.chateauxhotels.com

Relais & Châteaux, 15, rue Galvani, 75017 Paris, zentrale Reservierung Frankreich: Tel. 08 25 82 51 80, zentrale Reservierung Deutschland: Tel. 008 00 20 00 00 02, www.relaischateaux.com

Verkehrsmittel im Land

Bahn

Während die Küstenregionen durch Bahnverbindungen gut erschlossen sind, führen in das Landesinnere vor allem Nebenstrecken. Wichtigster Eisenbahnknotenpunkt der Bretagne ist Rennes. Von hier aus sind alle größeren Orte an der Küste gut erreichbar. Weitere Infos: www.sncf.com

Bus

Im Gegensatz zum Bahnnetz bietet das Busnetz zu fast allen, d.h. auch kleineren Orten eine akzeptable Anbindung. Gare Routière heißen die Busbahnhöfe in den Städten, Arrêt die Haltestellen. Fahrpläne sind in den Tourismusbüros erhältlich. Weitere Infos: www.ter-sncf.com

Fähre

Dieses Verkehrsmittel ist in der Bretagne unentbehrlich. Während die Personenbeförderung für nahezu alle Inseln regelmäßig funktioniert, erlauben nur wenige Linien den Autotransport. An der Südküste der Bretagne bestehen Autofährverbindungen von Quiberon zur Belle-Île und von Lorient zur Île de Groix. Da die Abfahrtszeiten der Fähren häufig auf die Gezeiten Rücksicht nehmen müssen, gibt es nur selten feste Fahrpläne. Auskünfte erteilen die örtlichen Tourismusbüros.

Fahrrad

Besonders die ruhigeren Nebenstraßen empfehlen sich für Radtouren quer durch das Land. An den meisten Bahnhöfen werden Fahrräder vermietet (Train et Vélo). Auch auf den bretonischen Inseln können fast überall Fahrräder ausgeliehen werden. Auskünfte über Vermieter erteilen die örtlichen Tourismusbüros.

Mietwagen

Mietwagen der bekannten Verleihfirmen gibt es in den Städten St-Malo, Rennes, Lorient, Brest und St-Brieuc.

ADAC-Mitglieder können über die Geschäftsstellen oder die **ADAC-Autovermietung**, Tel. 018 05/31 81 81 (0,14 €/Min), buchen.

Sprachführer

Französisch für die Reise

Das Wichtigste in Kürze

Ja/Nein	*Oui/Non*
Bitte/Danke	*S'il vous plaît/Merci*
In Ordnung./Einverstanden.	*Très bien./D'accord.*
Entschuldigung!	*Pardon!/Excuse(z)-moi!*
Wie bitte?	*Comment?/Vous dites?*
Ich verstehe Sie nicht.	*Je ne vous comprends pas.*
Ich spreche nur wenig Französisch.	*Je ne parle que peu le français.*
Können Sie mir bitte helfen?	*Pourriez-vous m'aider, s'il vous plaît?*
Das gefällt mir (nicht).	*Cela (ne) me plaît (pas).*
Ich möchte ...	*Je voudrais ...*
Haben Sie ...?	*Avez-vous ...?*
Gibt es ...?	*Y a-t-il ...?*
Wie viel kostet das?	*Cela coûte combien?*
Kann ich mit Kreditkarte bezahlen?	*Puis-je régler avec une carte de crédit?*
Wie viel Uhr ist es?	*Quelle heure est-il?*
Guten Morgen!/Guten Tag!	*Bonjour!*
Guten Abend!	*Bonsoir!*
Gute Nacht!	*Bonne nuit!*
Hallo!/Tschüs!	*Salut!*
Mein Name ist ...	*Je m'appelle ...*
Wie ist Ihr Name, bitte?	*Quel est votre nom, s'il vous plaît?*
Wie geht es Ihnen?	*Comment allez-vous?*
Auf Wiedersehen!	*Au revoir!*
Bis bald!	*À bientôt!*
Bis morgen!	*À demain!*
gestern/heute/morgen	*hier/aujourd'hui/demain*
am Vormittag/am Nachmittag	*le matin/l'après-midi*
am Abend/in der Nacht	*le soir/la nuit*
um 1 Uhr/2 Uhr ...	*à une heure/à deux heures ...*
um Viertel vor/nach ...	*à ... moins le quart/et quart*
um ... Uhr 30	*à ... heure(s) trente*
Minute(n)/Stunde(n)	*minute(s)/heure(s)*
Tag(e)/Woche(n)	*jour(s)/semaine(s)*
Monat(e)/Jahr(e)	*mois/an(s)/année(s)*

Zahlen

0	*zéro*	19	*dix-neuf*
1	*un*	20	*vingt*
2	*deux*	21	*vingt-et-un*
3	*trois*	22	*vingt-deux*
4	*quatre*	30	*trente*
5	*cinq*	40	*quarante*
6	*six*	50	*cinquante*
7	*sept*	60	*soixante*
8	*huit*	70	*soixante-dix*
9	*neuf*	80	*quatre-vingt*
10	*dix*	90	*quatre-vingt-dix*
11	*onze*	100	*cent*
12	*douze*	200	*deux cents*
13	*treize*	1000	*mille*
14	*quatorze*	2000	*deux mille*
15	*quinze*	10 000	*dix mille*
16	*seize*	100 000	*un million*
17	*dix-sept*	½	*un demi*
18	*dix-huit*	¼	*un quart*

Wochentage

Montag	*lundi*
Dienstag	*mardi*
Mittwoch	*mercredi*
Donnerstag	*jeudi*
Freitag	*vendredi*
Samstag	*samedi*
Sonntag	*dimanche*

Monate

Januar	*janvier*
Februar	*février*
März	*mars*
April	*avril*
Mai	*mai*
Juni	*juin*
Juli	*juillet*
August	*août*
September	*septembre*
Oktober	*octobre*
November	*novembre*
Dezember	*décembre*

Maße

Kilometer	*kilomètre*
Meter	*mètre*
Zentimeter	*centimètre*
Kilogramm	*kilogramme*
Pfund	*livre*
Gramm	*gramme*
Liter	*litre*

Unterwegs

Nord/Süd/West/Ost	*nord/sud/ouest/est*
oben/unten	*en haut/dessous*
geöffnet/geschlossen	*ouvert/fermé*
geradeaus/links/ rechts/zurück	*tout droit/gauche/ droite/en arrière*
nah/weit	*proche/loin*
Wie weit ist das?	*A quelle distance d'ici se trouve-t-il?*
Wo sind die Toiletten?	*Où sont les toilettes?*
Wo ist die (der) nächste ...	*Où se trouve ...*
Telefonzelle/	*la cabine téléphonique/*
Bank/	*la banque/*
Post/	*le bureau de poste/*
Polizei/	*le poste de police/*
Geldautomat?	*le distributeur automatique de billets? la/le plus proche?*
Wo ist ...	*Où se trouve ...*
der Bahnhof/	*la gare/*
die U-Bahn/	*le métro/*
der Flughafen?	*l'aéroport?*
Wo finde ich ...	*Où se trouve ...*
eine Bäckerei/	*une boulangerie/*
ein Kaufhaus/	*un grand magasin/*
ein Lebensmittelgeschäft/	*une épicerie/*
einen Markt?	*un marché?*
Ist das der Weg/ die Straße nach ...?	*Est-ce que c'est le chemin/la route/ la rue pour ...?*
Gibt es einen anderen Weg?	*Y a-t-il un autre chemin?*
Ich möchte mit dem	*Je voudrais prendre*
Zug/	*le train/*
Schiff/	*le bateau/*
Fähre/Flugzeug	*le ferry-boat/l'avion*
nach ... fahren.	*pour ...*
Ist der Preis für Hin- und Rückfahrt?	*Est-ce que c'est le prix aller-retour?*
Wie lange gilt das Ticket?	*Pour combien de temps le ticket sera valide?*
Wo ist das ...	*Où se trouve*
Tourismusbüro/ Reisebüro?	*l'office de Tourisme/ l'agence de voyages?*
Ich benötige eine Hotelunterkunft.	*J'ai besoin d'un hôtel.*
Wo kann ich mein Gepäck lassen?	*Où puis-je laisser mes bagages?*

Hinweise zur Aussprache

ai	wie ›ä‹, Bsp.: lait
au	wie ›o‹, Bsp.: auto, gauche
eu	wie ›ö‹, Bsp.: peu, deux
ou	wie ›u‹, Bsp.: rouge
ue	wie ›ü‹, Bsp.: rue, avenue
c	vor ›e‹ und ›i‹ wie ›s‹, Bsp.: ce, cide
c	vor ›a‹ und ›o‹ wie ›k‹, Bsp.: cabinet, compagnie
ch	wie ›sch‹ Bsp.: chips
h	am Wortanfang ist immer stumm, Bsp.: hommage
g	vor ›e‹ und ›i‹ wie ›dsch‹, Bsp.: gentille, gilet
gn	wie ›nj‹, Bsp.: cognac, agneau
p, s, t	sind am Wortende meist stumm, Bsp.: trop, très, mot
-tion	bei dieser Silbe ›t‹ wie ›s‹, Bsp.: nation
q, qu	wie ›k‹, Bsp.: coq, qui
v	wie ›w‹, Bsp.: vie
z	wie ›s‹, Bsp.: zéro

Notfall

Ich möchte eine Anzeige erstatten.	*Je voudrais déposer une plainte.*
Man hat mir ...	*On m'a volé ...*
Geld/	*de l'argent/*
meine Tasche /	*mon sac/*
meine Papiere/	*mes papiers/*
die Schlüssel/	*les clés/*
meinen Fotoapparat/	*mon appareil photo/*
meinen Koffer/	*ma valise/*
mein Fahrrad gestohlen.	*ma bicyclette.*

Freizeit

Ich möchte ein ...	*Je voudrais louer ...*
Fahrrad/	*une bicyclette/*
Mountainbike/	*un v.t.t./*
Motorrad/	*une moto/*
Surfbrett/	*une planche à voile/*
Boot mieten.	*un bateau.*
Gibt es ein(en)	*Y a-t-il ...*
Freibad/	*une piscine/*
Golfplatz/	*un terrain de golf/*
Strand	*une plage*
in der Nähe?	*près d'ici?*
Wann hat ... geöffnet?	*Quelles sont les horaires d'ouverture ...?*

Bank, Post, Telefon

Brauchen Sie meinen Ausweis?	*Avez-vous besoin de ma carte d'identité?*
Wo soll ich unterschreiben?	*Où dois-je signer?*

Wie lautet die Vorwahl für ...?	*Quel est le préfixe pour ...?*
Wo gibt es ... Telefonkarten/ Briefmarken?	*Où peut-on trouver ... téléphoniques/ des timbres?*

Tankstelle

Wo ist die nächste Tankstelle?	*Où est-ce que se trouve la station d'essence la plus proche?*
Ich möchte ... Liter ... Super/ Diesel bleifrei/ mit ... Oktan.	*Je voudrais ... litres ... de super/ de gasoil sans plomb/ à ... octane.*
Volltanken, bitte.	*Faites le plein, s'il vous plaît.*
Prüfen Sie bitte ...	*Vérifiez s'il vous plaît, ...*
den Reifendruck/	*la pression de gonflage/*
den Ölstand/	*le niveau d'huile/*
den Wasserstand/	*le niveau d'eau/*
das Wasser für die Scheibenwisch-anlage/	*l'eau pour le système essuieglaces/*
die Batterie.	*la batterie.*
Würden Sie bitte ...	*Pourriez-vous s'il vous plaît ...*
den Ölwechsel vornehmen/	*faire la vidange d'huile/*
den Radwechsel vornehmen/	*effectuer le change-ment de roue(s)/*
die Sicherung austauschen/	*échanger le fusible/*
die Zündkerzen erneuern/	*échanger les bougies/*
die Zündung nachstellen?	*régler l'allumage?*

Panne

Ich habe eine Panne.	*Je suis en panne.*
Der Motor startet nicht.	*Le moteur ne démarre pas.*
Ich habe die Schlüssel im Wagen gelassen.	*J'ai laissé les clés dans la voiture.*
Ich habe kein Benzin/Diesel mehr.	*Je n'ai plus d'essence/de diesel.*
Gibt es hier in der Nähe eine Werkstatt?	*Est-ce qu'il y a un garage près d'ici?*
Können Sie mir einen Abschleppwagen schicken?	*Est-ce que vous-pouvez m'envoyer une dépanneuse?*
Können Sie den Wagen reparieren?	*Pouvez-vous réparer la voiture?*
Wann wird er fertig sein?	*Quand sera-t-elle prête?*

Mietwagen

Ich möchte ein Auto mieten.	*Je voudrais louer une voiture.*
Was kostet die Miete ...	*Combien coûte la location ...*
pro Tag/	*par jour/*
pro Woche/	*par semaine/*
mit unbegrenzter km-Zahl/	*avec kilométrage illimité/*
mit Kasko-versicherung/	*avec assurance tous risques/*
mit Kaution?	*avec la caution?*
Wo kann ich den Wagen zurückgeben?	*Où puis-je rendre le véhicule?*

Unfall

Hilfe!	*Au secours!*
Achtung!/Vorsicht!	*Attention!*
Bitte rufen Sie schnell ...	*S'il vous plaît, appelez vite ...*
einen Kranken-wagen/	*une ambulance/*
die Polizei/	*la police/*
die Feuerwehr.	*les sapeurs-pompiers.*
Es ist (nicht) meine Schuld.	*C'est (Ce n'est pas) de ma faute.*
Geben Sie mir bitte Ihren Namen und Ihre Adresse.	*Veuillez me donner votre nom et adresse, s'il vous plaît.*
Ich brauche die Angaben zu Ihrer Autoversicherung.	*J'aurais besoin des données de votre assurance auto-mobile.*

Krankheit

Können Sie mir einen guten Deutsch sprechenden Arzt/ Zahnarzt empfehlen?	*Pourriez-vous me conseiller un bon médecin/ dentiste qui parle allemand?*
Ich habe (starke) Schmerzen	*J'ai (très) mal.*
Herzbeschwerden	*problémes cardiaques*
Wann hat er Sprechstunde?	*Quelles sont ses heures de consultation?*
Wo ist die nächste Apotheke?	*Où est-ce que se trouve la pharma-cie la plus proche?*
Ich brauche ein Mittel gegen ...	*J'aurais besoin d'un médicament contre ...*
Durchfall/Fieber/	*la diarrhée/la fièvre/*
Insektenstiche/	*les piqûres d'insecte/*
Verstopfung/	*la constipation/*
Zahnschmerzen.	*le mal de dents.*

Hotel

Ich habe bei Ihnen ein Zimmer reserviert.	*J'ai réservé une chambre chez vous.*
Haben Sie ein ...	*Auriez-vous ...*
Einzel-/ Doppelzimmer ...	*une chambre à un lit/une chambre à deux lits...*
mit Dusche/ mit Bad/WC?	*avec douche/ avec salle de bains/WC?*
für eine Nacht/ für eine Woche?	*pour une nuit/ pour une semaine/*
mit Blick aufs Meer?	*avec vue sur la mer?*
Was kostet das Zimmer ...	*Combien coûte la chambre ...*
mit Frühstück/	*avec petit-déjeuner/*
mit Halbpension/	*avec demi-pension/*
mit Vollpension?	*avec pension complète?*
Haben Sie ...	*Avez-vous ...*
ein Fax/	*un fax/*
Internetzugang/	*accès à internet/*
einen Hotelsafe?	*un coffre-fort?*
Wie lange gibt es Frühstück?	*Jusqu'à quelle heure peut-on prendre le petit-déjeuner?*
Ich möchte um ... Uhr geweckt werden.	*Je voudrais qu'on me réveille à ... heure(s).*
Ich reise heute Abend/ morgen früh ab.	*Je pars ce soir/ demain matin.*
Kann ich mit Kreditkarte bezahlen?	*Puis-je régler avec une carte de crédit?*

Restaurant

Wo gibt es ein gutes/günstiges Restaurant?	*Pourriez-vous m'indiquer un bon restaurant/ un restaurant pas trop cher?*
Die Speisekarte/ Getränkekarte, bitte.	*Je voudrais la carte/ la carte des boissons, s'il vous plaît.*
Ich möchte nur eine Kleinigkeit essen.	*Je voudrais manger qu'un petit quelque chose.*
Ich möchte das Tagesgericht/Menü (zu ...)	*Je voudrais le plat du jour/le menu (à ...).*
Welches Gericht können Sie besonders empfehlen?	*Quel plat pourriez-vous recommander particulièrement?*
Haben Sie vegetarische Gerichte?	*Avez-vous des plats végétariens?*
Haben Sie alkoholfreie Getränke?	*Avez-vous des boissons sans alcool?*
Prosit!/Auf Ihr Wohl!	*À votre santé!*
Können Sie mir bitte ...	*Pourriez-vous m'apporter ...*
ein Messer/ eine Gabel/ einen Löffel bringen?	*un couteau/ une fourchette/ une cuillère, s'il vous plaît?*
Die Rechnung bitte!	*L'addition, s'il vous plaît!*

Essen und Trinken

Apfel	*pomme*
Artischocke	*artichaut*
Austern	*huîtres*
Bier	*bière*
Brot	*pain*
Brötchen	*petit pain*
Butter	*beurre*
Ei	*oeuf*
Eiscreme	*glace*
Erdbeeren	*fraises*
Essig	*vinaigre*
Fisch	*poisson*
Flasche	*bouteille*
Fleisch	*viande*
Fruchtsaft	*jus de fruits*
Gemüse	*légumes*
Glas	*verre*
Hammelfleisch	*mouton*
Himbeeren	*framboises*
Hummer	*homard*
Joghurt	*yaourt*
Kaffee mit Milch	*café au lait*
Kaffee, schwarzer	*café noir*
Kalbfleisch	*veau*
Kartoffeln	*pommes de terre*
Käse	*fromage*
Krabben, Garnelen	*crevettes*
Kuchen	*gâteau*
Lammfleisch	*agneau*
Leber	*foie*
Leberpastete	*pâté de foie*
Meeresfrüchte	*fruits de mer*
Milch	*lait*
Mineralwasser (mit/ohne Kohlensäure)	*l'eau minérale (gazeuse/ non gazeuse)*
Obst	*fruits*
Öl	*huile*
Pfeffer	*poivre*
Pfirsiche	*pêches*
Reis	*riz*
Rindfleisch	*bœuf*
Salz	*sel*
Schinken	*jambon*
Schweinefleisch	*porc*
Spinat	*épinards*
Suppe	*soupe*
Tomaten	*tomates*
Wein (Weiß/Rot/ Rosé)	*vin (blanc/rouge/ rosé)*
Zwiebeln	*oignons*

Mehr erleben, besser reisen!

Titel	ADAC Reiseführer	ADAC Reiseführer plus	ADAC Reiseführer Audio
Ägypten	■	■	
Algarve	■	■	
Allgäu	■	■	
Alpen – Freizeitparadies	■		
Amsterdam	■	■	■
Andalusien	■	■	
Australien	■	■	
Bali & Lombok	■		
Baltikum	■	■	
Barcelona	■	■	■
Bayerischer Wald	■	■	
Berlin	■	■	■
Bodensee	■	■	
Brandenburg	■	■	
Brasilien	■		
Bretagne	■	■	
Budapest	■	■	■
Bulg. Schwarzmeerküste	■		
Burgund	■		
City Guide Germany	■		
Costa Brava und Costa Dorada	■		
Côte d'Azur	■	■	
Dänemark	■	■	
Deutschland – Die schönsten Autotouren		■	
Deutschland – Die schönsten Orte und Regionen	■		
Deutschland – Die schönsten Städtetouren	■		
Dominikanische Republik	■		
Dresden	■	■	■
Dubai, Vereinigte Arab. Emirate, Oman	■	■	
Elsass	■	■	
Emilia Romagna	■		
Florenz	■	■	■
Florida	■	■	
Franz. Atlantikküste	■	■	
Fuerteventura	■	■	
Gardasee	■	■	
Golf von Neapel	■	■	
Gran Canaria	■	■	
Hamburg	■	■	■
Harz	■	■	
Hongkong & Macau	■		
Ibiza & Formentera	■		
Irland	■	■	
Israel	■		
Istanbul	■	■	
Italien – Die schönsten Orte und Regionen	■		
Italienische Adria	■	■	
Italienische Riviera	■	■	
Jamaika	■		
Kalifornien	■	■	
Kanada – Der Osten	■	■	
Kanada – Der Westen	■	■	
Karibik	■	■	
Kenia	■	■	
Korfu & Ionische Inseln	■	■	
Kreta	■	■	
Kroatische Küste – Dalmatien	■	■	
Kroatische Küste – Istrien	■	■	
Kuba	■	■	
Kykladen	■		
Lanzarote	■	■	
Leipzig	■	■	■
Lissabon	■	■	■
London	■	■	■
Madeira	■	■	
Mallorca	■	■	
Malta	■	■	
Marokko	■	■	
Mauritius & Rodrigues	■		
Mecklenburg-Vorpommern	■	■	
Mexiko	■		
München	■	■	■
Neuengland	■	■	
Neuseeland	■	■	
New York	■	■	■
Niederlande	■	■	
Norwegen	■	■	
Oberbayern	■	■	
Österreich	■	■	
Paris	■	■	■
Peloponnes	■		
Piemont, Lombardei, Valle d'Aosta	■	■	
Polen	■	■	
Portugal	■	■	
Prag	■	■	■
Provence	■	■	
Rhodos	■	■	
Rom	■	■	■
Rügen, Hiddensee, Stralsund	■	■	
Salzburg	■	■	■
St. Petersburg	■	■	
Sardinien	■	■	
Schleswig-Holstein	■	■	
Schottland	■	■	
Schwarzwald	■	■	
Schweden	■	■	
Schweiz	■	■	
Sizilien	■	■	
Spanien	■	■	
Südafrika	■	■	
Südengland	■	■	
Südtirol	■	■	
Sylt	■	■	
Teneriffa	■	■	
Tessin	■	■	
Thailand	■	■	
Thüringen	■	■	
Toskana	■	■	
Trentino		■	
Türkei – Südküste	■	■	
Türkei – Westküste	■	■	
Tunesien	■	■	
Umbrien	■		
Ungarn	■	■	
USA – Südstaaten	■		
USA – Südwest	■	■	
Usedom	■	■	
Venedig	■	■	■
Venetien & Friaul	■	■	
Wien	■	■	■
Zypern	■	■	

■ **ADAC Reiseführer**
je Band 144 bzw. 192 Seiten

■ **ADAC Reiseführer plus**
(mit Extraplan)
je Band 144 bzw. 192 Seiten

■ **ADAC Reiseführer Audio**
(mit Extraplan und Audio-CD)
je Band 144 oder 192 Seiten

Mehr erleben, besser reisen ... mit ADAC Reiseführern!

Stand: 12/2009

Register

Impressum

Redaktionsleitung: Dr. Dagmar Walden
Lektorat und Bildredaktion: Karin Lucke-Huss
Aktualisierung: Julia Nippgen
Karten: Huber Kartographie, München
Herstellung: Martina Baur
Druck, Bindung: Stürtz GmbH, Würzburg
Printed in Germany

Ansprechpartner für den Anzeigenverkauf:
Kommunalverlag GmbH & Co KG,
MediaCenterMünchen, Tel. 089/92 80 96-44

ISBN 978-3-89905-432-3
ISBN 978-3-89905-740-9 Reiseführer Plus

Neu bearbeitete Auflage 2010

Bildnachweis

Umschlag-Vorderseite: Der Leuchtturm von Ploumanac'h an der Côte de Granit Rose.
Foto: Laif, Köln (Meyer)
Umschlag-Vorderseite Reiseführer Plus: Die Kapelle Saint They in Cleden am Cap Sizun.
Foto: Laif, Köln (Paul Andrew Sandford/Hoa-qui)

Titelseite
Oben: Die Côte de Granit Rose (Wh. von S. 53)
Mitte: In der Altstadt von Josselin (Wh. von S. 112)
Unten: Das Château de Rohan in Josselin (Wh. von S. 112/113)

Andia, Pacé: 18/19 (Gile), 48/49 (Pacé), 77 (Sandford), 81 unten (Betermin), 104 oben (Rozé), 105 (Haken) – Dpa Picture Alliance, Frankfurt am Main: 11 oben (HB Verlag), 20/21 (Jerome Fouquet), 62, 106 (Burkhard Juettner) – Franz Marc Frei, München: 10 links, 42, 70, 82/83, 86, 112/113 – Friedrich Gier, Bonn: 6/7, 7 oben rechts, 73, 75, 97, 114, 131 – Bildagentur Huber, Garmisch-Partenkirchen: 16/17, 29, 31, 37, 40/41, 51, 53, 112 (Gräfenhain), 33 (Belenos), 100 (Dutton Colin), 126 unten rechts (Leplat) – Laif, Köln: 8/9, 9 unten (Heeb), 27, 84 oben (Meyer), 45 (Heeb), 50 (Patrick Frilet), 55 (Rene Mattes/hemis.fr), 57, 98/99 (Hemispheres), 58/59 (Moirenc/hemis.fr), 81 oben, 104 unten (Christophe Boisvieux/eyedea/Hoa-qui), 84 unten (Patrick Le Floch/eyedea/Hoa-qui), 90, 93 (Manfred Linke), 95 oben (Emile Luider/Rapho), 95 unten (Alain Le Bot/Gamma), 117 (Jean-Marie Liot/hemis.fr), 120, 121 unten, 123, 125 (Hughes/hemis.fr), 124 (Moschetti/REA), 126 unten links (Prignet/Le Figaro Magazine), 126 oben links (Sophie Henkelmann), 132 (Guizion/hemis.fr) – Look, München: 8 oben (Florian Werner), 12, 24, 54, 60 (Heeb), 13 oben (Karl-Heinz Raach), 68/69, 126 oben rechts (The Travel Library) – Karin Lucke-Huss, Wiggensbach: 20, 25, 26, 61, 63, 65, 66, 67, 71, 78, 89, 91, 109 oben, 109 unten, 110, 111, 116, 121 oben – Mauritius Images, Mittenwald: 32 (Steve Vidler), 44 (CuboImages), 74 (Rene Mattes), 94 (Rudolf Pigneter) – Franz M. Mehling, München: 87 – Office de Tourisme de Nantes-Atlantique, Nantes: 118/119, 122 (Vincent Sarazin) – Schapowalow, Hamburg: 56 (Robert Harding), 126 Mitte (Atlantide) – Hubert Stadler, Fürstenfeldbruck: 6, 11 unten, 23, 34, 38/39, 42/43, 48 unten, 82 unten, 96 – Bildarchiv Steffens, Mainz: 7 oben links – Süddeutscher Verlag, Bilderdienst, München: 14, 15 – Martin Thomas, Aachen: 10 rechts, 92, 101, 103, 108 – Verlagsarchiv: 9 oben, 13 unten, 76 oben – Visum, Hamburg: 76 unten – Hugo Walser, Fürth: 88/89